고대 로마인의 생각과 힘

고대 로마인의
생각과 힘

이디스 해밀턴

정기문 옮김

까치

THE ROMAN WAY

by Edith Hamilton

역자 정기문(鄭技抆)
서울대학교 사범대학 역사교육학과를 졸업하고, 동대학원 서양사학과에서 로마사를 전공하여 박사학위를 받았다. 현재 군산대학교 사학과 교수로 재직 중이다. 『한국인을 위한 서양사』를 비롯한 몇 권의 책을 썼고, 『교양 다시 읽기』를 비롯한 몇 권의 책을 번역했다. 최근에는 주로 로마사와 기독교사를 공부하고 있다.

고대 로마인의 생각과 힘

저자 / 이디스 해밀턴
역자 / 정기문
발행처 / 까치글방
발행인 / 박후영
주소 / 서울시 용산구 서빙고로 67, 파크타워 103동 1003호
전화 / 02 · 735 · 8998, 736 · 7768
팩시밀리 / 02 · 723 · 4591
홈페이지 / www.kachibooks.co.kr
전자우편 / kachibooks@gmail.com
등록번호 / 1-528
등록일 / 1977. 8. 5
초판 1쇄 발행일 / 2009. 3. 2
2판 1쇄 발행일 / 2020. 5. 11

값 / 뒤표지에 쓰여 있음
ISBN 978-89-7291-691-8 03920

이 도서의 국립중앙도서관 출판예정도서목록(CIP)은 서지정보유통지원시스템 홈페이지(http://seoji. nl.go.kr)와 국가자료종합목록 구축시스템(http://kolis-net.nl.go.kr)에서 이용하실 수 있습니다.(CIP제 어번호 : CIP2019023393)

도리스 필딩 리드에게

그는 확실히 우리 말의 판정관이었다
– nostrorum sermonum candide iudex

일러두기

1. 이 책은 Edith Hamilton, *The Roman Way*(W. W. Norton & Company)의 1993년 판(版)을 옮긴 것이다.

2. 원문에는 고유명사와 전문용어의 음역, 고대문헌이나 문학작품의 제목이 영어식으로 표기되어 있지만, 역서에서는 되도록 해당 언어로 음역하고, 작품 제목의 경우 원어의 제목을 함께 표기하는 것을 원칙으로 삼았다. 예를 들면, Pompey는 폼페이우스라고 음역했고, 아리스토파네스의「말벌들」은 영어 제목(Wasps) 대신에 그리스어 제목(Sphēkes)으로 표기했다. 그러나 영어식 지명이나 인명이 우리에게 더 익숙한 경우에는 이 원칙을 따르지 않았다.

3. 각주의 경우, 원문에는 본문 뒤에 "참고 문헌(References)"으로 따로 편집되어 있는 것을 독자들의 편의를 위하여 본문에 삽입한 것이다. 역자는 저자의 참고 문헌에 거의 수정을 가하지 않고 그대로 전달하려고 노력했다. 그러나 저자가 인용한 문헌과 번역문의 제목이나 출처가 불분명한 경우에는 각주에 싣지 않았고, 인용되고 있는 구절의 문헌상의 위치가 정확하지 않은 경우에는 수정을 했다. 그러나 그러한 경우는 극히 적은 수에 불과하며 역서의 각주는 원문을 충실히 따르고 있다.

4. 저자는 고대 로마의 문학작품을 영어로 번역하면서 고대 로마어의 운율을 재현했다고 밝히고 있다. 그러나 우리말로 번역하면서 라틴어나 영어의 운율을 살리는 것은 거의 불가능하고, 또한 그러한 작업을 하기에는 역자의 역량이 부족하다고 판단하여 역서에서는 아쉽게도 운율의 묘미를 전달하지 못하게 되었음을 밝혀둔다. 그러나 원문을 참고하고자 하는 독자들을 위하여 저자가 운율을 재현했다고 밝힌 곳은 그대로 표기해두었다.

차례

머리말

내가 일곱 살 때 딱딱한 공부를 부드럽게 가르치는 방법에 대해서 전혀 알지 못했던 아버지는 어린 나에게 「카이사르를 읽기 위한 6주 연습(*Six Weeks' Preparation for Caesar*)」을 읽게 했다. 그 후 나는 프랑스 문학과 독일 문학을 읽을 때 그랬듯이, 단지 즐거움을 얻기 위해서 라틴 문학을 줄곧 읽어왔다. 나의 라틴 문학 읽기는 대학 시절에만 잠시 중단되었다. 나는 정말 즐거웠기 때문에 키케로, 호라티우스, 베르길리우스의 책을 펼쳤던 것이지, 그것들이 라틴어로 쓰였기 때문에 혹은 로마의 역사를 파악하는 데 필수적인 것이었기 때문에 읽어야 한다는 생각은 털끝만큼도 해보지 않았다. 나는 늘 로마인들의 업적보다는 그들이 누구인지에 대해서 더 깊은 관심을 기울였다. 또한 역사가들이 그들을 어떤 존재라고 이야기하는 것보다는 로마인들이 직접 자신들에 대해서 말하는 것에 비교할 수 없이 더 큰 흥미를 느꼈다.

따라서 내가 「고대 로마인의 생각과 힘(*The Roman Way*)」의

윤곽을 구상할 때, 로마 작가들의 생각에 근거해서 범위를 정해야겠다고 생각한 것은 너무나 자연스러운 일이었다. 나는 이 책을 쓰면서 오직 로마 작가들만을 생각했다. 따라서 이 책은 결코 일반적인 의미의 로마사가 아니라, 로마의 위대한 작가들의 작품에 그려진 로마인이 어떤 존재였는지, 그 작가들이 고대의 다른 종족과 구별되는 로마인의 독특한 특성을 무엇이라고 생각했는지 파악해보려는 시도이다. 한 종족의 문학은 그들의 실체를 파악하는 데 가장 유용한 텍스트이다. 글은 글을 쓴 시대 사람들의 품성을 어떤 역사서보다 더 명확하게 보여준다. 가령 어떤 역사가의 설명을 듣는 것보다 앤서니 트롤럽이나 W. S. 길버트의 작품을 읽음으로써, 중기 빅토리아 시대의 잉글랜드를 훨씬 더 잘 파악할 수 있다. 그들의 작품은 혜택을 받은 소수에게 유례없는 번영을 가져다준 그 시절의 배경에 작용하는 힘과, 영국 상류계급의 특징과 사고방식을 이해하는 데 가장 중요한 텍스트들이다.

나는 이런 종류의 텍스트에 전적으로 의존했다. 각 시대를 설명할 때면 오직 그 시대 작가들의 설명만을 참조했다. 그런 작가들을 선정하는 데 가장 중요한 기준은 나의 개인적인 선호가 아니라, 그 작가가 동시대에 살았던 사람들의 삶과 특징을 얼마나 많이 보여주는가였다. 이런 관점에서 본다면 플라우투스와 테렌티우스가 가장 중요한데, 그들이 우리에게 전해 내려오는 로마인에 대한 최초의 상(像)을 매우 세밀하게 그렸기 때문이다. 테렌티우스와 키케로 사이의 시기는 다루지 않았는데, 그 시대에 이루어진 어떤 저술도 남아 있지 않기 때문이다. 다른 어떤 시기보다 키케로의 로마를 자세히 다루었는데, 로마뿐만 아니라 고대세계 전체를 통틀어 특정 시대를 그의 작품만큼 상세하게 전하는 자료는 없기 때문이다.

　로마가 로마인을 만들어냈던 힘이 로마 문학의 모든 페이지에 명백히 담겨 있다. 로마의 모든 문필가는 먼저 로마인이고, 그 후에야 개별 예술가로 분류된다. 물론 그들은 각기 다르다. 가령 키케로는 타키투스와 달랐고, 호라티우스는 유베날리스와 달랐지만, 그 다름은 그들이 가지고 있던 근본적인 닮음에 비하면 피상적이다. 우리가 알고 있듯이, 라틴 문학이 시작되어 종언을 고하기까지는 약 400년이 걸렸는데, 그 기간의 모든 작가들이 "고대 로마인의 생각과 힘"의 주요 윤곽을 보여준다.

1
—
희극의 거울

고대 로마를 하나의 거대한 연극(drama)이라고 했을 때, 시작 신호에 따라서 처음 막이 오르면 막 밑에는 놀랍게도 두 명의 희극작가가 있을 것이다. 그들은 그 광대한 무대에 최초로 모습을 드러낸 사람들이다. 로마 문학 가운데 현존하는 가장 오래된 작품은 희극 모음집이다. 초기의 작가들 중 오직 두 명만이 알려져 있고, 현존하는 그들의 작품은 몇 행에 불과하다. 이 희극들은 조잡하고 통속적이지 않으며, 세련된 진정한 의미의 풍속 희극으로 라틴 문학의 뿌리일 뿐만 아니라, 우리에게 로마에 대해서 직접 이야기해주는 원천이기도 하다. 이 사실은 깊은 숙고의 대상이 되는 일이 매우 드물었기 때문에 상당히 당혹스럽다. 우리 모두는 로마인이 다른 어떤 종족보다 불굴의 용기를 가졌고, 엄격하고 단호하며, 진지한 사람들이라고 생각하는데, 이것은 우리가 받은 교육과 읽은 책들이 그런 생각을 심어주었기 때문이다. 그러나 기이하게도 이 모든 것들과 정반대되는 것들이 로마에 대한 우리 지식의 출발점을 제공한다. 우리의 통상적인 관념에 따르면, 세계의 주인이었던 로마 문학의 출발점은 전사적이고 장쾌한 것으로, 영감을 받은 음유시인들이 용감한 사람들과 그들의 무공을 노래하는 오래된 발라드(ballad)가 되어야할 것이며, 위대한 서사시, 즉 라틴어로 쓴 「일리아스(Ilias)」에서 정점에 도달해야 할 것이다. 그러나 사실 로마 문학은 문학 내의 여러 장르 면에서 발라드와는 너무나 거리가 먼 일련의 희극으로 시작된다. 그리고 그 희극들은 널리 인정되고 있듯이, 당시 그리스의 대중적인 희극들에 근거했다.

어떤 위대한 종족의 문학도 로마 문학처럼 모든 것을 차용해서 시작되지 않았다. 그리스에서 문학의 발전은 자연스럽게 이루어졌다. 노래와 이야기가 입에서 입으로 끊임없이 전해졌고, 여러 세대를 거치면서 부지불식간에 덧붙여졌다. 백성들이, 다시 말해서 농부, 양치기, 전사들이 자발적으로 상상력을 발휘하여 표현하고자 했으며, 그런 표현들이 결국에는 문학의 외양을 갖추어 보존되었다. 로마인은 전혀 다른 길을 걸었다. 먼저, 바다 건너 그리스로부터 문학의 외형이 전해졌다. 이렇게 적절한 표현수단을 이용할 수 있게 되고 나서야 표현하려는 욕구가 생겨났다. 이 사실은 로마인의 심성에서 매우 중요한 의미를 가지고 있다.

로마 문학은 기원전 3세기, 즉 제1차 포에니 전쟁이 끝난 후 갑작스럽게 등장했는데, 희극뿐만 아니라 다른 것도 모두 그리스를 모방했다. 심지어 로마 고유의 생산물이 하나라도 있었고, 그것이 수입품에 의해서 대체되었다는 암시조차 전혀 없다. 사실상 로마인은 그리스 작품을 최초로 번역한 사람이 도입하기 이전에는 운율(metre)을 전혀 사용하지 않았으며, 고작 해야 후대의 작가들이 소년 시절에 옛 발라드를 들은 적이 있다고 몇 번 언급했을 뿐이다. 로마의 양치기와 농부가 후대 로마인이 명확하게 보여주었던 강렬한 실용적 성향을 가지고 있어서 노래를 부르거나 이야기를 짓는 데에 소중한 시간을 낭비할 생각이 전혀 없었기 때문이든, 마침내 등장한 문학가들이 외부 문화를 로마에 신속하게 도입하고자 열망한 나머지 대중의 생산물을 전혀 고려할 대상이 아니라고 무시했기 때문이든 로마의 토착 문학이 전혀 없었다는 것은 중요한 의미를 가진다. 로마인은 시에 소질이 별로 없었다. 그들의 타고난 성품은 예술적으로 표현하도록 그들을 자극하지 않았다. 로마는 기원전 753년에 건국되었지만, 최초의 로마 문학작품이 등장한 것은 그로부터 약 500년이 지난 제1차 포에니 전쟁이 끝난 무렵이었다. 그것은 바로 그리스의 「오디세이아(Odysseia)」의 번역물이다. 그 기간에 로마인은 세상이 그들에게 보여준 것들과 살면서 겪은 것들을 어떤 형태로든 표현해야겠다는 충동을 거의 느끼지 않았다. 후대의 로마 비평가들이 축제에서 토착 희극이나 연극이 즉석에서 공연되었다고 이야기했지만, 그것들이 기록되어 있지 않으므로 근거가 전혀 없고, 그것들을 직접 계승한 문학도 발견되지 않았다.

로마 문학은 그리스 양식으로 희극을 쓴 플라우투스에서 시작된다. 그는 로마인의 삶을 후대에 전하는 최초의 작가이다. 그러나 우리는 오직 잠깐 동안만 로마를 볼 수 있는데, 그와 그의 후계자 테렌티우스를 위해서 열렸던 로마라는 연극의 막이 이내 내려지기 때문이다. 막이 다시 올랐을 때 우리는 키케로 시대를 응시하게 된다. 이렇게 막이 내려져 있는 동안, 켄소르(센서스 및 풍기 감찰을 책임진 로마의 고위 관리/역주)를 지냈고 불굴의 도덕론자였던 대(大) 카토가 쓴 「농업론(De agri cultura)」만이 기묘하게 남아 있을 뿐이며, 그 외의 작품들은 오직 단편적으로만 전해 내려온다. 따라서 이미 세계를 주도하는 열강이었던 로마를 재구성하는 데 확고한 기반이 될 만한 것은 전혀 없다. 플라우투스의 뒤를 이어 테렌티우스가 희곡을 쓰고 있을 때, 그리스인 폴리비오스는 로마가 열강으로 등장하고 성장하는 것에 대해서 위대한 역사서를 썼다. 그 역사서의 많은 부분이 지금도 남아 있지만, 폴리비오스가 관심을 기울였던 것은 로마의 전쟁과 로마인의 전사적인 측면이었다. 기원전 1세기까지 로마인의 삶의 다른 측면에 대해서 정보를 제공하는 유일한 1차 사료는 두 희극작가의 작품뿐이다.

희극이 전해 내려오는 것은 참으로 다행스러운 일인데, 어떤 시대든 사람들이 관람했던 희극보다 그 시대 사람들을 더 잘 보여주는 것은 없기 때문이다. 대중적인 연극은 대중의 품성을 다른 어떤 장르보다 잘 보여주는데, 이 점에서 희극이 비극보다 뛰어나다. 희극은 관객에게 그들의 삶의 모습을 있는 그대로 보여주어야 하지만, 비극은 그럴 필요가 없기 때문이다. 각 시대의 희극은 그 시대 사람들을 비추는 비할 데 없이 훌륭한 거울이다. 현재까지 전해 내려오는 작품을 남긴 고대 희극작가는, 그리스인 아리스토파네스와 메난드로스, 로마인 플라우투스와 테렌티우스밖에 없다. 그들의 희극은 우리에게 중요한 의미를 가지고 있는 시기, 즉 우리의 사상과 예술에서 지금도 그 영향을 느낄 수 있는 그리스의 위대한 시기와, 그것을 직접 계승한 시기의 그리스를, 그리고 그로부터 약 100년 후 카르타고를 두 번이나 물리치면서 우리 문명의 직접적인 뿌리를 이루는 로마 문명의 기반을 탄탄하게 세운 시기의 로마를 비추는 거울이다. 우리가 가장 알고 싶어하는 것은, 고대의 위대한 이 두 종족을 구성했던 보통 사람들이 과연 어떤 사람들이었는가에 대해서이다. 전쟁과 법에 초점을 맞춘 역사는 이런 것을 말해주지 않는다. 특히 그들이 희극을 보기 위해서 극장에 무리지어 갔기 때문에 우리는 그곳에서 그들을 볼 수 있을뿐더러, 대중적인 희극은 평범한 사람들을 반영한다.

그리스의 비극작가들이 거의 잊혀지고, 오직 아리스토파네스만 전해 내려왔다고 해도 페리클레스 시절 아테네에 살았던 평민의 생활을 훌륭하게 복원할 수 있을 것이다. 우리는 아리스토파네스의 작품 하나하나에서 그가 다른 시대 다른 지역에서 극장에 갔던 사람과 진정으로 달랐으며, 완벽하게 다른 종류의 즐거움을 추구했다는 것을 알 수 있다. 아리스토파네스 자신이 말했듯이, 그는 희극에서 그 이전의 다른 모든 작가와 달랐고, 그 이후의 어떤 작가도 결코 따르지 못했던 독특한 비결을 가지고 있었다. 아테네에서 가장 인기 있는 희극작가였던 그는 「말벌들(Sphēkes)」과 「평화(Eirēne)」의 합창부에서 대중을 끌기 위해서 자신이 사용했던 방법을 다음과 같이 묘사했다.

당신들의 시인은 그의 모든 희곡들에서 상당수의 비열한 사람들과
　　그들의 무가치한 관습을
경멸하면서 무대에 올려 당신들이 볼 수 있도록 했습니다. 그가
　　당신들에게 제시한 위대한 주제는 이 시대입니다.
그는 붉게 타오르는 눈을 가진 괴물들을 비열하게 위중하는 무리
　　들의 추잡한 악행을 발가벗겨왔습니다.
그는 유령의 모습으로 온 나라를 괴롭히는 역병과 오한(소피스트
　　들과 소크라테스 일파를 풍자하는 말/역주)과 싸워왔습니다.[1]

바로 그가 무대 위를 소란스럽게 돌아다니는 저 어중이떠중이들을,
　　탐욕스러운 신들, 부랑자들, 야바위 치는 망나니들, 투덜대는 노예
　　들, 억센 거지들, 비열한 무리들을 분개하여 무대에서 쓸어버렸
　　습니다.
그는 그렇게 상스럽고, 경멸스러운 쓰레기들에게 즉시 극장에서
　　떠나라고 명령했습니다.
그러고 나서 예술을 위풍당당하고 장엄한 건물처럼 세우고 고귀하

---

1) 「말벌들」, V, 1027.

게 만들었습니다.

그는 고귀한 생각, 고귀한 언어, 격조 높고 쉽게 볼 수 없는 유머를
    무대에 가져왔고,

지극히 평범한 남자와 여자의 문제를 공격하기 위해서 상스러운
    익살을 비루하게 구사하지 않았습니다.[2]

아리스토파네스와 그의 청중들이 희극의 무사(Mousa) 여신
에게 원했던 것이 여기에 명확하게 기록되어 있다. 그들의 생각
에 따르면, 그녀는 위대한 희극의 여신으로 비극의 여신과 동등
한 위엄과 본질적으로 같은 깊이의 진지함을 가졌기 때문에 그
녀와 나란히 설 수 있었다. 아테네의 구희극(Old Comedy : 아테
네 희극의 첫 단계로 기원전 5세기경에 발달했고, 공적[公的]
인물과 사건들을 화려하고 활기 넘치게 풍자했다/역주)은 비길
데 없이 독특했다. 페리클레스 시대의 아테네가 다른 모든 시대
와 달랐듯이, 그것은 다른 모든 지역 모든 시대의 희극과 달랐
다. 아리스토파네스는 지극히 평범한 남자와 여자의 문제에 전
혀 관심을 두지 않았다. 그는 거대한 주제들과 세계에 대한 웅
장한 개념을, 아이스킬로스가 비극의 여신의 몫이라고 생각했
던 것만큼 희극의 여신의 몫이라고 생각했다. 그는 어중이떠중
이들과, 각각 일정한 형태의 기이한 행동과 진부한 농담을 하는
전형적인 인물(stock character)들을— 그의 말을 빌리자면 "상

---

2) 「평화」, V. 739.

당수의 비열한 사람들과 그들의 무가치한 관습"을 — 무대에서 일소해버리고 그 자리에 놀라운 인물들을 세웠다. 하늘에 도시를 세우는 새들이 지상의 모든 도시들을 부끄럽게 만들었다(아리스토파네스의 「새들」에 대한 언급/역주). 허리를 단단히 졸라매고 윙윙거리는 말벌의 무리는 법정의 실상을 폭로했다(아리스토파네스의 「말벌들」에 대한 언급/역주). 평화(의 여신)는 너무나 아름답게 빛났다(아리스토파네스의 「평화」에 대한 언급/역주). 예술이 최종적으로 상을 받은 곳은 사자(死者)들의 무정한 세계였다. 이것이 아리스토파네스가 생각한 희극의 여신의 영역이다. 이런 생각은 그가 사망한 후 사라졌고, 결코 다시는 극장에 등장하지 않았다.

아리스토파네스와 그의 청중들이 사라진 후에 흥미를 자아내는 옛 방식이 다시 전면에 부각되었다. 아리스토파네스가 위대한 희극의 여신의 이름으로 선언했던 추방 명령은 그가 사망하자 효력을 상실했다. 교활한 종, 허풍선이, 사기꾼, 술고래, 약삭빠른 도둑, 그리고 그가 말했던 기타 전형적인 인물들이 기원전 약 4세기 초에 귀양살이에서 돌아왔다. 과거에 대해서 우리가 한없이 무지하다는 사실이 이렇게 절실히 느껴지는 경우는 흔치 않다. 우리는 사람들로 붐비고 번잡하던 이 시기의 극장 가운데 어떤 곳도, 그리고 종종 빛나는 마음을 가졌던 사람들이 만들어낸 훌륭한 오락거리였음에 틀림없는 것 가운데 어떤 것도 알지 못한다. 이 시기의 작가들은 부조리한 것을 짚어내는 놀라운 감각과, 인간의 본성을 관찰하고 그 특성을 묘사하는 뛰어난 자질을 발휘하여, 아리스토파네스가 살았던 짧은 예외적 시기만 제외하고, 무대에서 늘 자리를 차지했던 인물들을 최초로 무대에 올렸다. 라틴 희극과 그 후의 모든 근대 희극은 무명의 그리스 극작가들이 잘 알려지지 않은 이 시기에 만들었던 흥미로운 인물들을 끌어들였다. 또한 위대한 아테네인 아리스토파네스와 그의 시대가 무시했던 평범한 사람들의 일이 무대에서뿐만 아니라 문학에서도 영원한 영지(領地)를 차지했다. 아리스토파네스는 진정 누구하고도 비교할 수 없는 존재였다. 살라미스에서 싸웠고, 아크로폴리스를 설계했으며, 파르테논의 조각상들을 조각했던 사람들은 아테네의 연극에 규범을 제시했지만, 그들이 사라진 후에 대비극과 대희극을 관람할 관객은 더 이상 존재하지 않았다.

아테네 민주주의가 고대세계에서 문명의 필요조건이었던 노예제도에 근거하고 있었다고 자주 이야기되지만, 이 점을 제외하면 아테네는 모든 사람이 자유롭고 정치적으로 평등한 곳이었다. 그러나 시대마다 민주주의의 모습은 각기 다르다. 페리클레스 시대의 민주주의는 그 후의 민주주의와 달랐다. 막 피어나는 민주주의와 성숙한 민주주의는 확실히 다르다. 전자에는 귀족정치의 잔재가 여전히 남아 있었고, 귀족정치의 규범이 성행하고 있었다. 마운트 버넌의 워싱턴이 발달시켰던 민주주의의 모습은 버몬트 출신의 쿨리지가 이끌었던 민주주의와 달랐다. 페리클레스는 귀족적인 민주주의자였고, 플라톤의 글에 등장하는 젊은이들의 민주주의는 대단히 높은 자질을 갖춘 자들의 것이었다. 그 시절 극장의 관객들은 높은 수준의 교양을 갖추고 있었고, 진부한 것들에 흥겨워하지 않았다. 그러나 기원전 4세기에 아테네의 상황은 완전히 달라졌다. 귀족정치는 사라졌고 민주주의가 확고하게 자리잡았다. 더 이상 민주주의를 위해서 싸우고 고통받을 필요가 없었다. 아테네인들은 평안했고, 특별하지 않았으며, 안락한 중간 계층의 삶을 살았다. 여러 고대 작가들이 확인해주듯이 신희극(New Comedy : 기원전 320년경부터 3세기 중반까지 당대의 아테네 사회, 특히 그 사회의 보편적인 문제와 가정 문제를 가볍게 풍자한 그리스의 희극/역주)은 이 시대를 반영하고 있고, 이 점에서 혁신의 대표적 주창자로 빛나는 인물인 메난드로스가 특히 뛰어났다. 한 열광적인 알렉산드리아인은 "오 인생이여, 오 메난드로스여, 당신들 가운데 누가 표절자입니까?"라고 큰 소리로 외쳤다.

동료 예술가 가운데 오직 메난드로스만이 살아남았지만, 그의 작품도 극히 단편적으로 전해올 뿐 작품 전체가 온전하게 전해지는 희곡은 한 편도 없었다. 사실 몇 년 전까지만 해도 그가 직접 쓴 작품으로 전해 내려오는 것은, 어떤 사실을 예증하기 위해서 언급된 몇 행(行)의 짧은 인용구들뿐이었다. 하지만 그에 대한 많은 것들이 간접적으로 전해지는데, 고대의 비평가들과 작가들이 그를 아무 조건 없이 찬양하고, 열정적으로 모방했기 때문이었다. 그러나 그의 희곡 한 편 거의 전부와 다른 몇 편의 상당 부분이 발견되면서 그가 누렸던 위대한 명성이 얼마나 정당한 것이었는지에 대해서 의구심이 일었다. 그 희곡들은 유쾌하게 쓰였고, 인물들은 종종 기교 있고 섬세한 필치로 다루어졌으며, 대화는 때때로 재미있고 플롯은 상당히 교묘하게 고안되었다. 그러나 좋게 평가해도 이 이상은 말할 수 없으며, 나쁘게 평가한다면 지독하게 지루하다. 그 희곡들에는 익살이 없다. 그 작품들은 평범한 사람들을 다룬 작은 연극이고, 매우 조용한 음조로 현실을 축소해서 보여주는 예술(miniature art)이며, 부자들과 철저히 진부한 사회를 차분하게 그려낸다. 악한 자가 벌을 받고 착한 자가 상을 받는다는 것을 보여주지만, 묘사된 악행이나 선행은 대단치 않은 것이어서 벌이나 상이 그렇게 크지는 않다. 그리고 늘 행복한 결혼으로 끝난다. 아리스토파네스라면 그 작품들을 어떻게 썼을까? 그의 비상한 상상력을 희미하게나마 보여주는 것, 그의 포효하는 조소를 아주 조금이나마 반향하는 것은 전혀 없다. 이 두 희곡작가의 차이만큼 50년도 안 되는 기간에 아테네인들에게 닥쳤던 변화를 더 잘 보여주는 것은 아무것도 없다.

영웅적 행위를 파악하고, 다가오는 거대한 모험을 기쁨으로 맞을 용기가 충만했던 고귀하고 의기양양한 정신의 소유자들이 그렇게 짧은 시간 동안 천재성을 꽃피웠고, 그 시기는 그리스뿐만 아니라 서구세계 전체의 황금시대였다. 이 시기의 관객들은 아리스토파네스의 자유분방한 반항 정신에 환호했다. 그들은 아리스토파네스의 뛰어난 풍자 한마디 한마디에 기뻐했고, 대가(大家)의 마음을 따라가려는 열의를 가지고 정교한 패러디 각각을 분별해냈다. 그러나 그렇게 격렬했고, 작열했으며, 신속하게 꺼져버린 불꽃은 오직 난로의 편안한 온기만을 남겼을 뿐이다. 메난드로스의 관객들은 아리스토파네스적인 것을 조금도 원하지 않았다. 그들은 일상생활처럼 편안하며, 특히 무엇보다도 특별한 지성을 요구하지 않는 유쾌하면서도 자극적이지 않은 오락을 추구했다. 안락함, 번영, 안전함이 신희극을 만들어낸 새로운 시대의 질서였다. 이런 상황들이 마음을 편안하게 해주자 아테네인들은 스스로가 놀랄 정도로 너무나 재빠르게 변해서, 그들 자신도 원인을 찾다가 그것을 스파르타의 탓으로 돌렸다. 이후 세계는 그들의 견해를 줄곧 되풀이하고 있다. 그러나 메난드로스를 읽음으로써 페리클레스 시대의 소멸이 왜 불가피했는가를 완벽하게 이해하고, 펠로폰네소스 전쟁에서 스파르타가 승리했다는 것보다 훨씬 더 근본적인 다른 원인을 파악할 수 있다.

우리에게 로마의 희극은 훨씬 더 중요한 의미를 가지고 있다. 로마의 두 희극작가가 그리스의 희극작가들보다 훨씬 더 중요하다는 것은 그들이 유럽 희극의 실질적인 모델을 만들었다는 한 가지 점만을 보아도 명백하다. 그들과 함께 우리는 우리의 문명 형성에 그리스 문명과는 비교할 수 없는 거대한 영향을, 그것도 직접적이고 전면적인 영향을 끼친 라틴 문명의 시대에 들어선다. 아리스토파네스는 학파를 형성하지 않았고, 고대에나 근대에도 추종자를 얻지 못했다. 메난드로스는 로마의 희곡 속에 살아남았지만, 그림자와 같은 존재에 지나지 않았다. 반면에 플라우투스와 테렌티우스는 현재 우리가 알고 있는 형태의 연극을 창시했다.

그러나 그들이 그들 시대의 삶을 희극의 거울에 얼마나 비추었는가는 쉽게 파악하기 힘들다. 앞에서 말했듯이, 그들 시대의 문학으로 현존하는 것은 오직 그들의 작품뿐이다. 로마에 대한 정보원(情報源)으로 그들의 신뢰성을 비교 측정해볼 수 있는 당대의 기록은 전혀 없다. 그들이 그리스의 신희극을 얼마나 면밀히 모방하고 번역했는지, 아니면 그들 자신의 소질을 발휘했는지의 문제는 학자의 심성을 가진 자들을 기쁘게 하는 데 그 문제가 학문적 기준으로 결코 완전히 해결될 수 없는 것이기 때문이다. 학자들의 논쟁은 영원히 계속될 것이다. 아무리 뛰어난 학자라고 해도 이 문제에서 완전히 승리를 거둘 수는 없는데, 메난드로스의 작품이 너무 적게 남아 있는데다 그의 동료들의 작품은 전혀 남아 있지 않기 때문이다. 그러나 확실한 사실들의 부재가 논증을 불가능하게 만드는 것은 아니다. 학자들은 그 사실 하나만으로 정말로 관심을 가지게 된다. 이 문제를 해결하는 데 반드시 살펴보아야 하는 질문의 일반적인 측면들이 있는데, 그것들은 두 로마 희극작가의 독창성을 결정적으로 이야기해준다.

두 작가는 자신들의 작품에 대하여 말하면서 메난드로스에게 항상 매우 우호적인 태도를 취했다. 그들은 작품의 머리말에서 그리스의 희곡작품들, 즉 메난드로스나 그 학파의 작가의 작품 가운데 하나를 모델로 삼았음을 밝혔다. 두 사람 모두 때때로 그리스의 작품 두 개를 통합하여 하나의 작품으로 만드는 과정에서 약간의 창조성을 발휘했다고 인정했지만, 그 이상으로 독창성을 주장하지는 않았다. 테렌티우스는 자신이 쓴 머리말에서 어떤 사건을 단어 하나 바꾸지 않고 그대로 번역했다고 자랑했다. 그러나 여기서 한 가지 명심해야 할 것은, 고대에는 모방자가 뛰어나다고 알려진 작품을 모방하면 하찮은 존재로 여겨지는 게 아니라 크게 존중받았다는 사실이다. 플라우투스와 테렌티우스에게는 그토록 찬양받는 메난드로스와 자신들의 연계를 강조할 충분한 동기가 있었다. 이 사실을 염두에 두고 희극의 본질적인 성격을 고려하면 매우 중요한 인식을 얻을 수 있다. 이는 형세를 변화시켜서 두 작가의 희극이 참으로 로마적이었음을 결정적으로 입증해줄 것이다.

두 희극작가가 청중들에게 로마가 아니라 그리스를, 다시 말해서 로마인에게 생소한 방식으로 살아가는 외국인들을 제시했다고 주장하는 사람들은 희극의 본질을 모르는 사람들이다. 희극은 반드시 친숙한 것을 제시해야 하고, 어떤 일이 진행되고 있는지를 관객이 쉽게 파악하는 것이 필수적이다. 관객들이 이야기의 진행에 당혹해하거나, 혹은 그것을 불가피하게 거부하면 희극은 끝난다. 따라서 희극을 보는 관객은 그들의 마음을 지리적, 종족적 경계를 넘어 확대할 수 없다. 관객들은 그들이 알고 있는 사람을, 그들의 방식대로 이루어진 삶을 보기 원한다. 외국의 바보스러워 보이는 관념에 따라 행동하는 지나가는 외국인 한두 명은 웃음을 자아내는 주요 인물이지만, 그런 사람들로 가득 찬 무대는 전혀 재미없을 것이다. 플라우투스의 한 희극에서 어느 주인이 일을 잘한 노예에게 포도주 한 통을 상으로 내리고, 친구들을 불러다가 함께 먹는 것을 허락해주었다. 그 다음에 열린 술자리는 원래 그리스 작품의 플롯에 필수적인 것이었기 때문에, 플라우투스가 이 장면을 생략할 수는 없었다. 그러나 그는 자신의 관객에게 그 장면이 기이하게 보일 것임을, 노예를 다루는 로마 방식과 너무나 달라서 충격적으로 보일 것임을 잘 알고 있었기 때문에 그 노예로 하여금 관객들을 향해 다음과 같이 말하게 했다. "노예가 술을 마시고, 구애하고, 저녁식사 초대를 하는 것에 놀라지 마십시오. 아테네에서는 노예들도 그렇게 합니다." 여기서 희극작가로서의 플라우투스의 본능이 분명히 발휘되었다. 그는 배우들로 하여금 자신의 대중들과 함께 호흡하도록 만들었다. 그러나 이것은 그가 설명이 필요하다고 느꼈던 유일한 경우이다.

이 희극들을 보고 웃었던 관객들은 등장인물들에게 우호적이고 친밀함을 느꼈으며, 그들의 행동방식에 "외래적인" 것은 전혀 느끼지 못했다. 그렇지 않다고 주장하는 사람들은 당연히 셰익스피어가 플라우투스 작품의 등장인물을 모방하여 만든 인물인 안티폴루스와 드로미오(Antipholus, Dromio : 셰익스피어의 희극「실수 연발」에 등장하는 인물들/역주)를 엘리자베스 시대 사람이 아니라 로마인 혹은 그리스인이라고 주장하는 것과 같다. 그러나 셰익스피어는 결코 자신의 희극들에 로마인을 등장시키려고 하지 않았다.「한여름 밤의 꿈(*A Midsummer-Night's Dream*)」이 아테네와 아무런 관계가 없듯이,「실수 연발(*The Comedy of Errors*)」은 로마 혹은 에페소스와 아무런 관련이 없다. 영국 소인(消印)이 보텀(Bottom :「한여름 밤의 꿈」의 등장인물/역주)과 그의 선원들만큼이나 두 드로미오(쌍둥이 형제/역주)에게도 선명하게 찍혔다. 「스카팽의 간계(*Les Fourberies de Scapin*)」는 많은 장면에서 테렌티우스의 「포르미오(*Phormio*)」를 너무나 비슷하게 모방했고, 때때로 대화가 원작의 직접적인 번역으로 이루어진다. 그러나 몰리에르는 오로지 프랑스인만을 등장인물로 삼는 것을 잊어버리는 치명적인 실수를 결코 범하지 않았다. 몰리에르가 잘 알고 있었듯이 희극은 민족의 국경을 넘을 수 없는데, 그것은 심지어 오늘날과 같은 국제화 시대에도 마찬가지이다. 대륙의 모든 희극은 그것이 미국에 수입되려면 미국인이 받아들일 수 있는 방식으로 반드시 개작되어야 한다.

로마인들이 희극의 등장인물들에게 그리스 식 이름을 붙이고, 또 희극의 배경을 항상 그리스의 도시라고 이야기한 것은 사실이다. 그러나 이것은 나의 주장에 아무런 영향을 주지 못한다. 로마인에게 그런 관습이 있었던 것은 명확한 이유가 존재했기 때문이며, 희극의 국적과는 아무런 관련이 없다. 로마의 희극작가들이 희극의 배경으로 먼 나라를 선택했던 데에는 매우 중요한 현실적인 이유가 있었다. 연극 무대는 입법자들에게 늘 가장 매력적인 장(場)이었고, 열정적으로 세상의 모든 것에 대해서 법을 만들었던 로마인은 검열제도를 발달시켰다. 12표법(十二表法)은 글로써 명예를 훼손시키는 자를 채찍으로 다스리도록 규정했는데, 플라우투스의 한 동료는 자신의 희극에서 단한 번, 그것도 암시적으로 권위자들을 경멸했다는 이유로 구금되었다가 추방당했다. 이는 당시로서는 죽음 다음가는 가혹한처벌이었다. 명예훼손을 이렇게 엄격하게 다루었던 것은 로마시민이 어떤 존재여야 하는가에 대해서 확고한 생각이 있었기때문이었다. 어떤 신성함이 로마 시민을 감싸고 있었으므로 희극작가가 상스럽게 그를 조롱해서는 안 되었다. 희극을 쓸 때재미를 추구해야 하면서도 로마인을 재밋거리로 삼아서는 안된다는 이런 딜레마에서 벗어나기 위해서 로마의 희극작가들은의도적으로 외국을 희극의 배경으로 삼았다. 즉 로마 작가들이그렇게 외국을 배경으로 삼았던 것은 일종의 편의적인 조처였다. 그들 작품의 주인공들은 그리스 식 이름에 포룸(forum)을걷고, 카피톨리움(Capitolium)에 가고, 로마 가정의 수호신을 숭배하면서도 "그리스인들"을 경멸조로 언급했다. 일관성을 갖추는 것이 아니라 검열을 피해가는 것이 중요했다.

정치적 암시 또한 똑같이 위험할 수 있었다. 로마에서 아리스토파네스를 상상한다는 것은 정말 불가능했다. 로마 시민이 나쁜 짓을 하면 국가는 "공화국의 위엄을 감소시켰기 때문에"라는문구를 공식처럼 이용해서 처벌했다. 로마에서 그렇게 위엄을크게 훼손시킨 자의 운명은 신속하게 정해지곤 했는데, 다시는희극을 쓸 수 없게 되는 것이다. 이런 생각은 적어도 플라우투스에게는 중요했다. 그가 흥겨움을 발산하고 쾌활한 정신과 넘쳐나는 활력을 가졌다는 사실은 매우 희미할지라도 구희극을 생각나게 한다. 그가 로마의 아리스토파네스가 되어, 아리스토파네스가 아테네에 대해서 그랬듯이 자신의 명민하고 반짝이는 눈을 로마 시민들의 개인적인 어리석음뿐만 아니라 공공의 어리석음으로 돌리면서, 로마의 행정가와 정치가들, 그리고 사회의 중대사에 대해서 전해주는 장면을 상상하는 것은 어렵지 않다. 그러나 "로마의 길"은 "그리스의 길"과 매우 달랐다. 자유로운 무대나, 다른 자유로운 것은 로마인의 것이 아니었다. 로마의 이상은 관리들의 엄격한 강제하에 있는 질서였다.

인간 본성의 사실들에 맞서는 이론들은 그 운명이 이미 정해졌다. 로마에서 희극이 희극이 되기 위해서는 반드시 로마적인 것이 되어야 했고, 어떤 논증—그것이 언어적인 것이든, 역사학적인 것이든, 고고학적인 것이든—도 이 기본적인 진실의 무게를 감소시킬 수 없다. 플라우투스와 테렌티우스의 거울은 낯설고 그림자 같은 그리스가 아니라, 그들 자신의 시대, 그들 자신의 도시, 진정한 공화국 로마를 비춘다.

2

플라우투스와 테렌티우스에 투영된 고대 로마

어디에서든 희극이 하는 역할은 동일하며, 이 점에서 로마의 희극도 다르지 않다. 그것은 인류 역사상 위대한 국가였던 로마라는 연극무대의 이면을 우리에게 보여준다. 호기심이 강한 자는 플라우투스의 거울에서 우리가 어린 학동 시절부터 엄격한 인물이라고 확고하게 믿어왔던 고대 로마인이 열심히 재미를 추구하고 있을 때 어떤 모습이었는지 파악할 수 있을 것이다.

공화국 로마 하면 어떤 단어들이 떠오르는가? 무엇보다도 가장 먼저 떠오르는 것은 규율이고, 다음은 검약, 불굴의 인내, 하얀 토가를 입은 비할 데 없이 높은 위엄을 갖춘 인물, 군사적 엄격함으로 철저하게 훈련받은 전사 집단, 영웅적 수준까지는 아니더라도 어쨌든 항구적인 전장에서 영위되던 단순한 생활의 특이한 분위기, 쟁기를 끄는 킨키나투스, 비록 승리했지만 명령을 어겼기 때문에 아버지에 의해서 사형을 당한 아들(티투스 만리우스의 아들/역주)의 죽음일 것이다. 이런 것들이 우리가 초기 로마에 대해서 떠올리는 내용이다. 이렇게 교훈적인 상(像)은 로마의 희극에 의해서 다양해지고 확대된다. 플라우투스의 작품에서 우리는 완전히 다른 측면들, 즉 토가가 아니라 로마식 실내복을 입고 실내화를 착용한 원로원 의원, 갑옷과 군율을 벗어던진 군인을 볼 수 있다. 또한 위엄, 강철 같은 결의, 의무의 엄격한 강제를 비롯한 고대 로마인의 모든 덕성들이 완전히 포기되어 방기된 모습을 볼 수 있다.

플라우투스의 가장 흥미로운 희극 중 하나인 「상인(Mercator)」에는 아버지의 명으로 장사를 하러 간 한 젊은이가 등장하는데, 그는 집을 떠나 있는 동안 아름다운 소녀를 사가지고 막 고향 땅에 도착한다. 젊은이가 무대에 오르자, 그의 노예가 숨차게 달려와서는 숨을 헐떡이며 말한다. "끔찍하고, 무시무시하고, 무서운, 무서운 소식, 아 나쁜, 나쁜 소식입니다."

주인 : (정확하게 이야기하라고 여러 번 채근한 후에) 망설이지 말고 터놓고 이야기해라. 무엇이 문제냐? 나쁜 소식이라도 망설이지 말고 이야기해라.[1]

---

1) 이 희극을 포함해서 이후의 모든 희극들은 텍스트를 축약해서 번역했다. 원본대로 인용하기에 적합한 희극은 극히 드물다. 배우들은 필수적이기 때문에 고칠 수 없고, 누구든 그들을 실질적으로 평가한다면 당연히 그래야 한다. 그러나 거의 대부분의 로마 희극을 축자적으로 번역하는 것은 잘못이다. 로마의 희극은 배우에게 넓은 활동 범위를 제공하지만, 독자가 읽기에는 너무나 느리게 움직인다. 문장을 원래대로 제시하면, 이 책에서 제시한 짧은 인용에서 얻을

노예 : 오, 묻지 마십시오. 너무나 두려운 소식입니다.

주인 : 신께 맹세코, 너를 흠씬 두들겨패줄 것이다.

노예 : 만약 그래야 한다면 그래야겠지요. 주인님의 아버지가 ―.

주인 : (두려움에 떨면서) 아버지! 무엇을?

노예 : 그가 그 소녀를 보았습니다.

주인 : 빌어먹을! 어떻게 아버지가 보았지?

노예 : 그의 눈으로요.

주인 : 그러니까 어떻게, 이 바보 같은 녀석아?

노예 : 그의 눈을 떠서.

주인 : 빌어먹을 놈. 내 목숨이 위태로운데 쓸데없는 말장난을 하
다니.

노예 : 오, 기운을 내세요. 상황은 더 나빠질 텐데, 그 늙은 악한은
소녀를 보자마자 애무하기 시작할 것입니다.

주인 : 오 하늘이시여! 설마 그녀를?

노예 : (콧방귀를 뀌며) 저에게는 전혀 이상하게 보이지 않는데요.
(두 젊은이는 소녀를 안전하게 빼돌리기 위해서 떠나고, 아버지가
자신과 동갑인 바로 옆집에 사는 친구와 함께 들어온다.)

아버지 : (매우 쾌활하게) 이보게, 내가 몇 살처럼 보이나?

친구 : (침착하게 그를 훑어보며) 늙어빠졌네. 한 발은 무덤에 들어
가 있어.

아버지 : (잠시 좌절했다가, 다시 평정을 되찾고) 오, 자네 눈이 잘못

수 있는 논점을 완전히 잃게 된다. 각각의 경우 원문장의 운율을 살렸다.

되었군. 나는 소년이야, 늙은 친구여. 여덟 살도 되지 않았지.

친구 : 완전히 미쳤구나? 오, 두 번째 아동기가 찾아온 거로군. 그
래, 정말 동의하네.

아버지 : 아니야, 아니야. (짓궂게) 늙은 친구여, 나는 이제 학교에
가기 시작했네. 오늘 두 글자를 배웠지.

친구 : 뭐? 두 글자?

아버지 : 사랑.

친구 : (매정하게 쳐다보며) 백발이 성성한 머리로 사랑에 빠졌다
고? (관객을 향해) 여러분, 한번이라도 사랑에 빠진 자의 초상을
본 적이 있다면, 저기 있는 저 사람을 보십시오.

늙어서 힘이 없고, 걸음도 제대로 걷지 못하면서 여자에게 빠진
늙은이. 여러분 정말 그림 좋지요.

(그러나 친구는 오랜 교우 관계를 외면하지 못하고 아버지가 배에
가서 그 소녀를 사는 데 따라간다. 그리고 자신의 아내가 집을 비우
고 없다며, 소녀가 머물 곳을 마련할 때까지 자기 집에 데리고 있겠
다고 제안한다. 다음 막에서 친구는 매우 불안해하는 소녀를 데리
고 들어온다.)

친구 : 내 소녀야, 이리 오렴. 울지 마라. 너의 아름다운 눈을 혹사
시키지 마라.

소녀 : (흐느껴 울며) 저에게 친절을 베풀어주세요, 그리고 말해주
세요.

친구 : 저런, 저런. 너는 정말 착한 아이야. 좋은 시절이 올 거야.

소녀 : 오, 사랑스러운 어르신, 사랑스러운 어르신. 가엾은 저를.

친구 : 무슨 소리냐?

소녀 : 제가 온 곳에서는 상스러운 소녀들이 재미를 봅니다.

친구 : 얌전한 여자 아이는 하나도 없다는 소리냐?

소녀 : 진실로 아니에요. 저는 모든 사람이 알고 있는 것들을 말한
것이 아니에요.

친구 : (옆집 늙은 바보가 차지하기에는 그녀가 너무 괜찮다고 생각
하며) 유피테르에게 맹세코, 이 소녀는 완벽한 진주로구나. (혼
잣말로) 그녀의 이야기를 듣는 것만으로도 그녀에게 들어간 비
용보다 훨씬 더 가치가 있구나. 자, 이제 이리 오너라 나의 어여
쁜 이여.
네가 머물 집으로 빨리.

소녀 : 그렇게 하겠습니다, 당신 사랑스러운 늙은이여.

이런 취지의 발췌는 거듭해서 이루어질 수 있다. 플라우투스
는 이렇게 경박한 행동을 하는 원로원 의원을 즐겨 묘사했다.
그는 또한 병사를 즐겨 묘사했다. 그의 「허풍선이 군인(*Miles
Gloriosus*)」의 첫 장면에서, 군인은 종자 아르토트로구스와 거
대한 방패를 든 전령 몇 명을 대동하고 등장한다.

군인 : (거드름을 피우며 왔다 갔다 하고, 아르토트로구스는 그를 흉
내내면서 꽁무니를 쫓아다닌다.)
너희들 내 방패를 빛나는 태양보다 더 반짝이게 닦아라.
전투에서 나와 맞서려는 수많은 무리들을 눈부시게 만들어야지.

(그의 검을 뽑으며) 이제 이 칼날이 불쌍하게 느껴지는구나. 적들의 몸을 산산이 조각내버리기를 그렇게 간절히 원했으면서도 게으르게 걸려 있기만 하니 말이다. 아르토트로구스!

아르토트로구스 : (전령들에게 눈짓을 하고 갑자기 튀어나오며) 네, 대장님, 그렇습니다, 어떤 용맹한 전사도 당신과는 비교할 수 없지요. 오, 정말 대단한 영웅이십니다.

군인 : (깊은 생각에 잠기며) 내가 구해주었던 그 사람이 누구지?

아르토트로구스 : 대장님이 단숨에 적을 불어서 날려버렸던 그때 말입니까?

군인 : 정말 하찮은 일이지. 나에게는 거의 아무것도 아니야.

아르토트로구스 : 예, 대장님, 당연히 그러시죠. 대장님이 결코 하지 않은 것을 (제외하고) 제가 알고 있는 다른 공적과 비교한다면 그 정도는 아무것도 아니죠. (큰 소리로) 인도에서는 저 코끼리를— 대장님께서 오직 주먹만을 이용해서 코끼리의 앞다리를 뭉개버리셨잖아요.

군인 : 아 그것 말인가? 신경쓰지 않고 살짝 건드렸을 뿐인데.

아르토트로구스 : 오, 대장님, 또 한 번은 한칼에 500명을 거의 죽여놓으셨잖아요.

군인 : 아 그랬지, 그 숫자는 보병만 계산한 거야. 불쌍한 녀석들, 그래서 그들을 살려주었지.

아르토트로구스 : 아, 정말 비할 데 없이 탁월하십니다!

그리고 모든 여자들이 당신을 미치도록, 정말 미치도록 좋아합니다.

어제는 그런 소녀 두 명이 ─.

군인 : (아무런 관심이 없는 체하며) 그들이 뭐라고 말하던가?

아르토트로구스 : 대장님, 물론 대장님에 관해서요. 한 명은 대장
님이 아킬레우스(Archilleus)인지 물었습니다.

그리고 제가 대장님의 형제인지 물었습니다. 다른 한 명은 대
장님이 너무나 고귀하게 보인다고 말했습니다. 그러고 나서
둘 다 저에게 간청하기를, 자기들의 눈이 즐겁도록, 대장님을
모시고 행진하는 것처럼 그들 집을 지나쳐달라고 간청했습
니다.

군인 : (하품을 하며) 나는 너무 잘생겨서 정말 괴로워.

근엄한 역사책에 공화국 로마의 위엄을 상징하는 인물로 등
장하는 "국가의 아버지들"(원로원 의원의 별칭/역주)이나, 용맹
한 군인들의 선조로 제시되곤 하는 카이사르 군단병들도 이른
바 "가정의 관점(point of view of the home)"으로 그들의 가벼운
측면들을 제시하면 바로 이런 모습을 하게 된다. 오늘날 우리가
알고 있듯이, 본질적으로 연극인 가정극(domestic drama : 18세
기에 등장한 장르로, 보통 사람들의 삶이 영웅이나 전설적인 인
물의 삶 못지않게 감동을 줄 수 있다고 주장하면서 보통 사람들
을 주인공으로 삼았다/역주)의 직접적인 기원은 바로 이런 라틴
희곡들이다. 모든 라틴 희곡들은 가족 간의 유대가 매우 인상적
으로 이루어졌던 로마 가정의 친밀한 가정생활을 중추로 삼았
고, 이후의 극장이 결코 지나쳐버리지 않은 인물들을 차례로 제

시했다. 라틴 희곡에서 세계 모든 나라의 관객들에게 너무나 소중한 등장인물이 될 어머니가 최초로 무대에 등장했다. 로마인이 만들어낸 어머니 상은 오랜 세월을 거쳐 흰 카네이션과 어머니의 날로 기념되며, 우리 세대에까지 전해 내려온다. 그리스는 결코 그런 어머니 상을 만들지 않았으며, 그리스인들에게 대문자로 쓴 어머니는 생소한 개념이었다. 그러나 로마인은 이 점에서 우리와 같았으며, 종종 우리보다 더 그랬다. 테렌티우스의 희곡에 등장하는 한 훌륭한 젊은이는 막 여행에서 돌아와서는 새로이 맞이한 아내가 아마도 시어머니와의 갈등 때문에 친정으로 돌아가버린 것을 발견하고, 즉각 자신이 무엇을 해야 하는지 깨달았다.

그녀가 나의 어머니의 사고방식을 받아들이지 않고 그녀의 자존심
　　이 허락하지 않는다고 말하니,
나는 아내와 어머니 가운데 한 명을 떠나보낼 수밖에 없는 것 같다.
이 선택에서 당연히 아들의 의무가 먼저이다.

아버지 : 옳다, 아들아. 너의 어머니가 더 중요하다.
　　네가 너의 어머니보다 더 소중히 여길 것은 아무것도 없다.

아버지의 지위는 훨씬 더 주목을 끈다. 로마인들이 부권(Patria Potestas)이라고 불렀던 것은 명백히 경외할 만한 것이어서, 부권에 맞선다는 것은 불가능했다. 플라우투스의 「당나귀 희

극(*Asinaria*)」에서 아들이 사랑하는 소녀에게 빠진 한 아버지는 식탁에서 그녀 옆에 앉아서는 매우 즐거워한다. 아들은 매우 슬퍼하며 맞은편에 앉아 있다.

아버지 : 어서 오너라, 아들아, 그녀가 내 옆에 앉는다고 해도 마음 상하지 않지, 그렇지?

아들 : (애통해하며) 저는 아버지의 아들입니다. 아버지, 저는 제 의무를 알고 있으니, 한마디도 하지 않겠습니다.

아버지 : 아들아, 젊은이는 반드시 조신해야 한다.

아들 : 예, 물론 알고 있습니다. 원하시는 게 무엇이죠.

아버지 : (기분이 좋아져서) 좋아, 채워라— 좋은 포도주, 훌륭한 대화. 아들아, 자식이라고 해서 나를 경외할 필요는 없다. 내가 원하는 것은 너의 사랑이다.

아들 : (더욱 애통해하며) 물론이죠, 저는 아들로서 그 둘 다를 아버지에게 바칩니다.

아버지 : 이제 그런 표정을 그만 짓는다면, 네 말을 믿겠다.

아들 : 아버지, 저는 슬픕니다. 저는 결코 아버지가 원하는 것은 아무것도 탐하지 않습니다. 아버지도 잘 아시지 않습니까. 저는 정말 그녀를 사랑합니다. 저는 아버지가 다른 어떤 소녀를 차지해도 상관없습니다.

아버지 : 그렇지만 나는 이 애가 마음에 드는구나. 좋아, 내일 그녀는 너의 차지가 될 것이다. 내가 이 정도 바라는 것은 무리가 아니겠지.

아들 : (더할 나위 없이 비참해하며) 무엇보다 먼저 아버지를 기쁘게 해드리는 것이 저의 의무입니다.

그러나 가부장의 권위는 나름대로 한계가 있었다. 플라우투스의 로마는 그라쿠스 형제의 어머니(코르넬리아/역주)의 로마였고, 비록 가부장권(Pater Familias)이 법과 칙령과 전통에 의해서 강력한 권한을 부여받았다고 해도 로마 어머니들의 결연한 태도라는 호적수를 상대해야만 했다. 확실히 그런 단호한 부인이 있었기 때문에 문학에서 가장 대중적 인물인 공처가가 탄생했다. 그는 바로 이런 라틴 희곡들의 무대에서 처음으로 등장했다.

플라우투스는 공처가를 괴롭히는 것을 매우 즐겼다. 「상인」에서 한 부인이 시골을 방문했다가 예기치 않게 돌아와서는 그녀의 집에 매우 의심스러운 여자가 있는 것을 발견한다. 그녀는 자신의 실수를 거침없이 이야기한다.

아내 : 아, 나같이 복 없는 여자는 결코 없었어. 앞으로도 없을 거야. 저런 남자하고 결혼하다니……그리고 나는 10탈란톤(고대 그리스의 고액 화폐 단위로 1탈란톤은 하급 노동자의 15년 치 봉급이 넘는다/역주) 이상을 지참금으로 가져왔잖아.
(남편이 들어온다. 멈추어서서는 그녀를 보고 크게 놀란다.)
아내 : 이런 모욕이 어디 있어요. 저런 애를 집에 데려오다니.
남편 : 오, 신들이시여!

저는 꼼짝 못하게 되었습니다. 마누라가 그녀를 보았습니다.

아내 : 하늘이 이제 나를 돕는구나!

남편 : (사무치게) 오, 안 돼. 나를, 나를. 그녀에게 말하는 것이 낫
　　　겠어. 사랑하는 당신, 이렇게 빨리 돌아왔어요? 정말, 기쁜 일
　　　이오.

아내 : 이 소녀는 누구죠?

남편 : (주저하면서) 그녀를 보았소?

아내 : 예, 보았어요.

남편 : 그랬소, 그녀는— 오, 그녀는— 오, 빌어먹을.

아내 : 그녀에게 반했어요.

남편 : (뚱해서) 당신이 나를 이렇게 만들었소.

아내 : 물론 제가 그랬죠.
　　　당신의 잘못은 하나도 없어요. (목소리를 바꾸며) 내가 그 짓을
　　　하고 있는 당신을 잡았어요. 저 소녀가 누구인지 말해요.

남편 : (혼잣말로) 오, 내가 감당하기에는 너무 힘들구나.

물론 이런 장면에서 늘 남편은 무기력한 희생자로 전락하고
아내가 승리를 거둔다. 그런 남편 가운데 하나를 그의 아내가
파티에서 끌어내어 집으로 끌고 가려고 했을 때, 그는 "먼저 식
사를 하면 안 될까?"라고 간청한다. 아내가 "당신에게 어울리는
식사를 차려줄게요"라고 대답하자, 남편은 항의도 못 하고 아내
를 따라간다. 노예가 식사를 가져올 때 아들은 "아버지, 거듭
말씀드리는데, 어머니에게 어떤 속임수도 쓰지 않는 것이 좋습

니다"라고 점잔을 빼며 말한다. 화려한 만찬 식탁과 "어머니"가
"아버지"를 무자비하게 끌고 가는 어두운 출입구가 대조되면서
연극은 끝난다. 베르길리우스는 그의 유명한 문장에서 로마인
에게, 세상을 지배하는 것이 그들의 운명임을 명심하라고 촉구
했다. 로마인은 "복종하는 자를 살려주고 거만한 자를 쳐서 굴
복시켜야" 한다. 그러나 이런 고상한 요구는 가정생활에서는 적
용될 수 없었다.

  라틴 희극은 로마의 여성이 공공생활에서 배제되었지만, 가
정 내에서는 그녀의 에너지를 배출시킬 수 있는 매우 훌륭한 배
출구를 가지고 있었음을 확실하게 보여준다. 플라우투스의 「카
시나(Casina)」에는 늙은 광대(Pantaloon)의 진정한 조상으로, 아
마도 플라우투스가 매우 좋아했던 등장인물의 표본이 되는 자
가 아내의 피보호자와 사랑에 빠졌고, 자신의 부하를 그녀에게
장가보낸 후에, 부하로 하여금 그녀를 자신에게 넘기게 하려는
계획을 도모한다. 아내는 하녀와 함께 하인 하나를 신부로 변장
시켜 시집보냄으로써 많은 사람들 앞에서 남편을 크게 망신시
키기로 계책을 세운다. 하녀가 기뻐 날뛰며 집에서 나오는 것으
로 장면이 시작된다.

  하녀 : 어떤 게임도, 어디에서 열리든 상관없이,
    심지어 올림픽일지라도,
    지금 우리가 늙은 남자 주인을 상대로 벌이는 희롱의 절반에도
    미치지 못하지.

그 늙은이가 저토록 황급하게 왔다 갔다 하지 않는가.

그리고 그 늙은이의 부하는 너무나 말쑥하게 갖추어 입었고,

우리 여주인은 그녀의 방에서 하인 한 명을 차려입히고 있다!

그리고 오, 그녀는 상냥한 체한다. 여기에 그들이 있다!

(늙은이가 들어온다. 그는 문을 통해서 아내에게 이야기한다.)

늙은이 : 신랑과 신부를 농장으로 데려갈 것이오.

그것이 가장 안전하지.

당신은 여기서 편안히 있으시오. 나는 거기서 식사할 것이오.

그러나 서둘러서, 그들을 보내시오.

그리고 사랑하는 당신, 내일까지 잘 지내시오.

(신부 옷을 입고 베일을 쓴 하인이 들어오고, 아내와 하녀가 그를 호위하고 있다.)

하녀 : 이제 이 순진무구한 젊은 소녀를 친절하게 대해주세요.

부하 : 진정 그렇게 하겠소.

늙은이 : 들어가네. (문이 닫히자 신경을 곤두세우며) 내 아내는 아직 거기에 있나?

부하 : 마님은 가셨습니다.

늙은이 : (흥분하여 신부 주위를 돌며 춤을 추면서) 만세! 오, 달콤한 것, 꿀, 봄꽃.

(그들이 출발하고, 상당한 시간이 흘렀다고 가정한 후에 전개되는 다음 장면에서, 아내와 하녀는 하인이 일러준 대로 잘했는지 결과를 기다리고 있다.)

하녀 : (킥킥 웃으며) 지금 신랑과 신부가 어떻게 하고 있는지 보고

싶어요.

아내 : 나는 흠씬 두들겨맞은 늙은 망나니의 꼬락서니를 보고 싶

구나.

(늙은이가 들어오자 이들은 뒤로 물러난다. 늙은이의 머리카락은

심하게 헝클어져 있고, 튜닉은 찢어졌으며, 거칠게 몸싸움을 한

흔적이 여러 곳에 있다.)

늙은이 : 어떻게 아내 얼굴을 다시 보아야 할지 모르겠구나.

그러나 저기로 들어가서 어떻게든 그녀를 달래야지.

(관객을 향해서) 여기 누구라도 나를 대신해줄 사람이 있습

니까?

(잠시 멈추어서더니 머리를 흔든다.) 정말 못 하겠어.

(하인이 들어오자 달려가는 체한다.)

하인 : 꼼짝하지 마시오, 늙은이여.

(교태를 부리며) 당신이 나를 애무하시려거든, 어르신, 지금이

기회예요.

아내 : (하녀를 거느리고 성큼성큼 걸어나가며) 젊은 처자, 좋은 날

이지요.

하녀 : (마님을 거들며) 늙은이를 유혹하는 일은 잘돼가요?

하인 : (흐느끼며) 그가 더 이상 저를 사랑하지 않아요.

늙은이 : 차라리 죽었으면 좋겠네.

이 장면 전체가 즉흥 희극(commedia dell' arte : 14-18세기에

이탈리아에서 발달한 가면 희극으로, 배우들이 가면을 쓰고 준

비된 이야기를 바탕으로 즉흥 연기를 펼쳤다/역주) 배우들이 연기를 펼치는 것처럼 연출될 수 있었다. 배우와 관객들은 모든 등장인물에 대해서 너무나 친숙했다.

그러나 플라우투스 시절의 관객과 후대의 관객이 여자들의 행동으로 용인하는 것에는 한 가지 뚜렷한 차이가 있었다. 수세기 동안 유럽의 무대에 매우 친숙하게 등장했던, 부정한 아내에게 기만당한 남편은 로마의 희극에는 결코 등장하지 않았다. 로마 시대에 아내의 활동을 막는 다른 장애물은 전혀 없었던 것 같지만, 그녀는 결코 부정한 짓을 하고도 남편을 속일 수는 없었다. 이 점에서 로마인은 어떤 청교도의 도덕성보다 더 철저했다. 이 사실은 로마에서 성도덕이 완벽하게 한 방향으로만 흘렀다는 것, 즉 여성의 책임만을 물었다는 것에 의해서 선명하게 부각된다. 거의 모든 연극에서 고급 매춘부는 주요 등장인물이었고, 테렌티우스 희곡에 등장하는 매우 존경할 만한 젊은이들도 그들과 사랑에 빠졌으며, 그들의 어머니들은 때때로 그것을 막기 위해서 열심히 노력했다. 테렌티우스의 등장인물들 가운데 나무랄 데 없는 한 젊은이가 그런 여자와 열렬한 사랑에 빠졌는데, 자신의 지갑을 보존하기 위해서 위협적인 악당과 그녀를 공유하기로 합의했다. 남자 뚜쟁이 혹은 여자 뚜쟁이 또한 친숙한 등장인물이다. 플라우투스의 「당나귀 희극」에서 사랑에 빠진 한 젊은이가 모든 문과 창문이 꽉 닫힌 집 앞에서 격노하여 거듭 뛰어오르내리기를 반복했다.

사랑에 빠진 젊은이 : 문 밖으로 쫓겨나다니! 그것이 내가 그들에게 그렇게 많이 쓴 돈의 보상이라니! 너희는 후회할 것이다. 이제 내가 경찰에게 가서 너희의 이름을 대겠다. 너희의, 또한 너희가 데리고 있는 소녀의 콧대를 꺾어놓겠다.

(마담이 매우 조용하고 유쾌한 표정으로 집에서 무대로 들어오며)

마담 : 협박을 계속하세요. 그런 마음을 먹는 것은

돈이 떨어졌다는 것을 의미하지요.

떠나세요. 꺼져버리세요.

당신은 노력하면 할수록, 더욱 빨리 돌아올 수 있을 거예요.

사랑에 빠진 젊은이 : 내가 가진 모든 것을 주었는데! 지금 그녀를 나 혼자 차지할 수 있다면, 당신이 나에게 빚진 것은 없을 것이오.

마담 : (유쾌하게) 오, 당신은 항상 그녀를 가질 수 있어요.

요구대로 지불하기만 한다면, 그리고 다른 자들보다 많이 주기만 한다면.

사랑에 빠진 젊은이 : 조금만 더 친절을 베푸시오. 내가 당신보다 훨씬 더 오래 살 것이오.

마담 : (냉정하게) 말귀를 못 알아듣는군요. 우리에게 사랑에 빠진 자는 물고기와 같아요. 그가 신선하지 않다면 소용이 없어요. 달콤하고, 신선하고, 육즙이 많은 것—아, 그들은 남자이지요. 그들은 비용이 얼마나 들든 신경쓰지 않아요. 그냥 주려고 하지요.

그들의 소녀를 기쁘게 하기 위해서, 마치 종처럼 나에게 주지요.

심지어 나의 작은 개에게 아첨을 떨어요. 이제 가시오―(당연히) 여자는 스스로 자기를 돌봐야 한답니다.

이런 문장들은 신성한 가정생활을 다룬 희극들에서 꾸준히 제기되는 이상(理想)과 함께, 공화국 로마에서 성행했던 도덕성의 종류와 그 정도에 대해서 빛을 가득 비춘다. 로마인은 우리 조상들보다 훨씬 더 솔직했지만, 할 수 있는 것과 할 수 없는 것에 대한 그들의 기본적인 개념은 똑같았다. 가정 내에서는 모든 사람이 엄격하게 덕을 지켜야 했다. 그러나 가정 밖에서 남자들은 쾌락을 위해서라면 어떤 사악한 행동을 해도 괜찮았다. 이미 로마에서 남성 윤리와 여성 윤리의 분리는 너무나 확고하고, 너무나 완벽하게 이루어졌다. 이후 모든 시대에 세계의 기준이 될 이중 기준이 로마 희극에서 체계화되었고, 그 기준의 아주 세밀한 항목까지 완성되었다. 이 점에서 그리스의 남자들은 로마의 남자들과 비교하면 재치가 부족했다. 그리스 남자들의 기민함은―세계 곳곳의 이야기꾼들이 보여주었듯이―때때로 무익한 방어물인 걸쇠와 빗장의 도움까지 받았지만, 여자들을 억제하는 데는 집의 담장을 넘지 못했다. 아리스토파네스는 아테네 여자들이 그런 장애물을 피해가며 남편을 속이고 바람을 피우는 방식에 대해서 여러 번 즐겨 이야기했다. 이런 종류의 일은 로마 공화국의 관객들 앞에서 이루어지지 않았다. 로마 남자들은 아내의 부정에 속아넘어가지 않도록 주의했으며, 그것을 이루어낸 것은 로마인의 결단력뿐만 아니라 지성의 승리였다. 거

의 주목받지 못하고 간과되는 로마의 위대한 업적 가운데 하나
는, 로마인이 여성의 최고 덕목은 정조라는 생각으로 여성들을
교육시키는 데 성공했다는 것이다. 비록 완전히 무죄였지만 완
력에 의해서 난행(亂行)을 당했던 루크레티아가 자살했다는 이
야기가 대중적으로 인기 있었던 것, 그리고 한 아버지가 자신의
딸을 폭압자의 아내로 살게 하지 않고 자기 손으로 죽였기 때문
에 영웅으로 격찬받았다는 이야기(기원전 5세기 중엽 아피우스
라는 자가 비르기니아를 강제로 취하려고 하자, 그의 아버지가
그녀를 죽였다/역주)가 대중적으로 더욱더 인기를 얻었던 것은
로마의 여성 교육이 얼마나 철저하게 이루어졌는가를 확실하게
입증해준다. 이렇게 규율이 자리잡은 사회에서 여성들은 안전
하게 외출할 수 있었고, 이전의 문명화된 여성들이 결코 누리지
못했던 정도의 자유를 향유했다. 그러나 이 교훈을 너무나 교묘
하게 가르쳤기 때문에 여성들은 남성들의 쾌락 또한 제한되어
야 한다는 생각을 결코 하지 못했다. 여성들로 하여금 정조를
가장 중요한 덕목으로 믿게 하면서도 그것이 남자에게는 전혀
해당되지 않는다고 확신하게 만들었던 것은, 로마인의 심성이
현실 문제에 직면해서 무엇을 성취할 수 있는가를 보여주는 징
표이다.

이 문제 전반은 로마 희극의 성격에 직접적인 영향을 끼쳤
다. 후대 모든 연극의 여성 등장인물에 매우 큰 영향을 끼쳤던
플라우투스의 여성들은 결코 그리스의 원형(原型) 인물을 그
대로 모방하지 않았다. 「암피트루오(*Amphitruo*)」에서 알크메

네는 로마 부인의 완벽한 모델이고, 이후 그녀의 후손들이 그 계보를 계산하기도 어려울 정도로 오랫동안 계속 무대에 등장했다. 알크메네의 남편(정확히 이야기하면 그녀가 남편이라고 생각했던 인물)이 전장을 향해 출발할 때 그녀가 한 독백은 이후 희곡의 극 전개상 합법적인 보호자인 남편들을 떠나보내야 했던 전 세계 귀족 여성들이 행할 모든 독백들을 생각나게 한다.

그가 승리하여 명예와 영광을
집에 가져올 수 있다면
나는 그를 떠나보내고
홀로 지낼 것입니다.
쓰라린 걱정,
그리고 슬프고 긴 날을
견디며 참아낼 것이고,
나의 마음을 강하게 먹을 것입니다.
그가 전장에서 최후의 승리자로 환호받는 것을 볼 수 있다면,
이 모든 것을, 아니 그보다 더한 것도 참아낼 수 있습니다.
그것은 제가 받을 상으로 충분합니다.
그의 용기로 받은 상은
나의 것이 될 것입니다. 나머지 것은 다 무슨 소용이 있겠습니까?
용기가 최고입니다.
　(그녀가 말을 끝내자, 그녀의 진짜 남편인 암피트루오가 들어온다.

상황은 복잡하게 꼬였는데, 진짜 암피트루오가 싸우러 가고 없는 사이에 유피테르가 암피트루오의 모습으로 알크메네에게 접근하여 그녀와 사랑을 나누었다. 방금 전에 알크메네가 떠나보낸 사람은 사실 암피트루오의 모습을 한 유피테르였다. 암피트루오가 뜻밖의 귀환을 하자, 유피테르는 병영에 가봐야 한다며 물러났다. 암피트루오가 들어오자 그녀는 당연히 방금 전에 헤어졌다고 생각했다. 이 미묘한 순간에 그녀는 철저한 로마의 부인 모습을, 진실로 이후 모든 시대와 모든 나라의 부인이 가지게 될 모습을 보여준다.)

암피트루오 : (열정적으로 들어오고, 노예가 따라온다) 내 생각에 도시의 모든 부인 가운데서 최고이고, 나의 여자이며, 나의 희망인 나의 아내여, 기쁨에 넘쳐서 인사하오. 잘 있었소? 내가 와서 기쁘오?

알크메네 : 오 사랑하는 당신. 그러지 마세요. 그런 장난은 싫어요. 왜 그동안 만난 적이 없는 체하세요?

암피트루오 : 언제 만났단 말이오!

알크메네 : (인정하려고 하지 않으며) 왜 이렇게 빨리 돌아오셨어요? 날씨 때문인가요? 아니면 나쁜 소식이라도? 이유가 무엇이죠? 당신은 병영에 가야 한다고 말했잖아요.

암피트루오 : 당신에게 말을 해요? 언제?

알크메네 : 왜 계속 저를 놀리세요? 언제라니요, 얼마 전에— 정말 조금 전에.

암피트루오 : (노예에게) 그녀가 왜 헛소리를 하지.

노예 : 잠이 덜 깬 모양인데요.

알크메네 : 내가? 무슨 말도 안 되는 소리를?

암피트루오 : 여보, 나에게 환영 인사를 하시오.

알크메네 : 어제, 인사했잖아요.

암피트루오 : 어제 저녁 언제 우리가 머물렀단 말이오!

알크메네 : 말도 안 돼요. 당신은 어제 저녁에 여기에 있었고, 저에게 전쟁에 대해서 모든 것을 이야기했어요. 여기서 함께 식사하고 함께 잤잖아요.

암피트루오 : 오 신이시여!

알크메네 : 무슨 뜻이죠?

암피트루오 : 그녀는 여기에 애인을 숨겨두었다. 그녀는 타락했고, 유혹당했다. 더 이상 내 아내가 아니다.

알크메네 : 남편이시여, 당신은 나와 내 가족을 모르시는군요. 주의 깊게 살펴보세요. 우리가 그런 종류의 사람이 아니라는 것을 깨달을 거예요.

암피트루오 : 뻔뻔하게 이야기하는군.

알크메네 : 정말, 아무런 잘못이 없습니다. 제가 당신에게 가져온 참다운 지참금은 금이 아니라 순결, 명예, 자기 조절, 신들, 부모님에 대한 존경, 모든 친족들에 대한 사랑, 남편에 대한 복종, 그리고 남편을 진정으로 충실하게 섬기는 것이랍니다.

암피트루오 : 아이고, 너무 얼떨떨해서 정신을 차릴 수가 없구나. 부인, 이 문제를 조사해보겠소.

알크메네 : 여보, 제발 그렇게 해주시기를 간청합니다.

우리는 이렇게 이야기하는 것에 너무나 익숙하기 때문에 그것이 기원전 2세기에 얼마나 새로운 것이었는가를 제대로 깨닫지 못한다. 여기에는 진정한 로마의 각인이 찍혀 있다. 그리스 문학에는 이와 닮은 것이 하나도 없었다. 자의식이 강한 덕, 고귀한 선언, 훌륭한 몸짓, 이런 것들이 그리스에는 전혀 없었다. 로마인은 감성을 고양시키는 데 열성적이었지만 그리스인은 오직 사실만을 다루었는데, 우리가 로마인의 사고방식에 본능적으로 편안함을 느끼는 반면에 그리스인의 사고방식을 낯설어하는 가장 중요한 이유는 아마도 바로 이런 상이함 때문일 것이다. 그리스적인 것을 이해하기에는 우리의 영웅적 성향이 매우 부족하다.

이 문장에는 그리스 문학 연구자에게 낯선 또다른 점이 있는데, 그것은 여성과 그녀의 순결을 고양한 것이다. 이것 또한 로마에서 시작되었다. 사실 위대함이라는 측면에서 보면 그리스 비극에 등장하는 여성은 다른 어느 지역의 여성에 뒤지지 않는다. 가장 위대한 인물들은 여성들이다. 그러나 그 사실은 결코 생생하게 마음에 와닿지 않는다. 우리는 여성이 그렇게 위대한 인물로 등장하는 것이 얼마나 경이로운 것인지를 남성이 그런 인물로 등장했을 때보다 더 강하게 느낄 수 없다. 오이디푸스와 오레스테스가 영웅으로 등장할 때 그들이 남성이라는 것이 큰 의미가 없듯이, 안티고네와 이피게니아가 영웅으로 등장할 때 그들이 여성이라는 사실은 별로 중요하지 않다. 두 경우에서 모두 성은 거의 전면에 부각되지 않는다. 그러나 우리의 문학에서처럼 로마 문학에서 여성은 항상 여성이다. 그녀의 성(性)은 결코 그림의 배경에 머물러 있지 않는다.

문학을 통해서 수백 년간 우리에게 익숙해진 또다른 생각, 즉 어떤 남성이 그래야 하는 것보다 여성이 성윤리 면에서 더 높은 수준에 있다는 생각도 로마 시대까지 거슬러올라간다. 물론 이 생각은 정조가 오직 여성에게만 엄격하게 적용된다고 역설한 결과였다.

또한 그리스 문학은 감상(sentimentality)이 빈약해서 다가서기 힘든 반면에 로마 문학은 감상이 풍부해서 매력적으로 다가온다. 희극과 함께 테렌티우스에서, 그리고 종종 플라우투스에서 변함없이 등장하는 것은 불행한 연인들 사이의 연애로, 그들의 고통은 막이 내릴 때까지는 완벽하게 해결된다. 소녀는 늘 이상적으로 아름답고 착하며, 젊은 남자는 미치도록 그녀를 사랑한다. 그들은 다른 등장인물들이 탐닉하는 상스러움에 빠지지 않으며, 결코 익살스럽지도 않다. 로마 관객들은 두 가지 측면, 즉 탐욕스러운 고급 매춘부와 쉽게 속는 뚜쟁이, 늙었으면서도 사랑을 탐닉하는 자를 비웃는 것과 훌륭하고 달콤한 젊은 이들과 공감하는 것, 둘 다를 원했다.

그러나 무엇보다도 먼저, 심지어 주도적인 인물인 아버지와 돈이 많이 드는 부인보다 훨씬 더 눈에 띄는 등장인물은 노예이다. 그는 헌신적이고 기민한 모든 하인의 선조로서 충실한 부하의 모델이며, 주인의 곤경에 결코 당황해하지 않는다. 모든 지역의 문학이 이런 인물을 친숙하게 제시하지만, 로마에서 그의 역할은 후대의 하인들이 맡았던 것보다 훨씬 더 중요했다. 노예를 배제하고 로마 가족을 묘사하는 것은 주요 특색을 간과하는 것이고, 그를 배제하고는 어떤 로마의 희극도 쓰일 수 없었다. 모든 연극에서 그는 중요한 인물이었고, 유일하게 머리를 쓸 줄 아는 인물로, 늘 다른 모든 사람을 우롱하는 데 성공했다. 그러나 그가 쾌활하게 자신감을 보이고 의기양양하게 성공을 거둠에도 불구하고 로마 사회에서 그의 끔찍한 운명이 계속해서 암시된다. 테렌티우스의 등장인물로, 부인들 가운데 가장 사랑스럽고 친절한 여인으로 등장하는 여성은 자신의 하녀에게 무죄를 입증하기 위해서 고문을 받으라고 제안했다. 종교 재판관 시절보다 더욱 심하게 노예에게 지속적으로 처벌의 위협이 가해졌고, 처벌 내용이 세밀하게 묘사되었던 것은 명백하게 관객이 그것을 유쾌하고 익살스럽게 느꼈기 때문이다. 십자가—로마에서 노예의 형벌이라고 불렸던—가 종종 주인의 입에서 거론되었다. 노예가 그 처벌을 어떻게 생각했는지도 때때로 (그러나 오직 한두 번) 암시된다. 플라우투스의 「허풍선이 군인」에서 한 주인은 죄 없는 노예를 비난하고 있다. 자신에게 가해질 고문 목록이 제시되자, 노예는 주인에게 말한다.

협박을 중단하세요. 저는 십자가가 저의 마지막 장소,

저의 무덤이 될 것임을 잘 알고 있습니다. 그곳에 나의 모든 조상들, 아버지, 할아버지, 증조할아버지, 고조할아버지가 쉬고 있습니다. 그런 말로 저를 굴복시킬 수 있다고 생각하십니까?

관객이 이런 말을 듣고 어떻게 웃을 수 있었는지 이해하기는 힘들지만 틀림없이 웃음을 터뜨렸을 것이다. 전혀 의심할 나위 없이 인도주의의 물결은 고대세계 어디에서든 높지 않았지만, 특히 로마가 세계를 장악했을 때 그 물결은 뚜렷하게 간조(干潮) 상태였다. 그러나 무대에서 노예에게 실제로 고통이 가해지는 일은 매우 드물었으며, 늘 노예를 용서하고 보상하는 것으로 연극이 끝났다. 실제로 로마인은 목숨을 걸고 위험스럽게 장관을 연출하는 것을 보는 즐거움을 오직 서커스 쇼로 한정했다. 연극장에서 그런 장면을 보는 것을 원하지 않았다.

로마의 희극은 대체적으로 그것이 상당히 품위 있고, 성실하게 살아가는 종족, 다시 말해서 가정에서는 완벽하게 도덕적이고 심지어 가정 밖에서도 퇴폐적인 것은 전혀 원하지 않는 종족을 위해서 쓰였다는 인상을 준다. 로마 희극의 외설성은 아리스토파네스의 기준으로 보면 온건했다. 정의와 정정당당한 승부에 대한 순수한 감성이 있었고, 덕과 사악함은 응분의 상벌을 받았다. 플라우투스가 이런 이상을 충족시키지 않은 것은 오직 한 번밖에 없었는데, 그 연극은 두 명의 나쁜 늙은이가 그들의 흰머리를 놀려대면서 만나기 시작했던 두 소녀들과 즐기는 것으로 끝난다. 플라우투스는 이렇게 나쁜 늙은

이들이 의기양양해하는 모습으로 연극을 끝마쳤지만, 대중을 잘 알고 있었기 때문에 해독제를 마련했다. 즉 그렇게 행동하는 모든 늙은이를 비난하는 에필로그를 첨가했던 것이다. 테렌티우스는 신상필벌(信賞必罰)을 한 치의 오차도 없이 행함으로써, 결코 자신이 종결방식을 변명해야 하는 사태를 만들지 않았다.

로마는 엘리아의 "쾌락을 의무로 삼고 풍습이 완벽하게 자유로운 곳, 바람피우는 여자들의 나라, 정사(情事)의 유토피아"(찰스 램이 "엘리아"라는 필명으로 쓴 「지난 세기의 인위적 희극에 대하여」라는 수필에 나오는 구절/역주)와는 거리가 먼 세계였다. 로마에는 환상을 쫓아 유토피아나 다른 어떤 곳을 향해 배회하는 인물이 없었다. 정사를 꿈꿀 수 없었으며, 자유 또한 마찬가지로 먼 곳의 일이었고, 육체적인 측면만의 쾌락도 생각하기 어려웠다. 그곳은 따분할 정도로 책임감을 추구하는 자들이 거주하는 칙칙한 세계로, 그 사람들의 이상은 격식에 치우쳐서 답답하다고까지 말하기는 어려울지 몰라도, 지극히 평범한 것이었다. 어느 곳에도 특별함이나 매력의 흔적은 없었다. 테렌티우스는 자신의 유명한 말 "나는 인간이고, 인류의 어떤 것도 나에게 이질적이라고 생각하지 않는다"에서 드러나듯이, 다시 한 번 번득이는 통찰력의 섬광을 보여주었다. 그러나 플라우투스보다 후대 사람이었던 이 희극작가는 지적으로 플라우투스보다 뛰어났지만, 그렇다고 해도 그가 보여준 섬광은 너무나 미미했다. 테렌티우스의 세계 또한 진부함이라는 움직일 수 없는 표준에 근거했다.

　현존하는 메난드로스의 단편들은 그나 그의 관객이 위대한 그리스의 전통을 잊지 않았음을 보여준다.

　나는 자신이 온 곳으로 재빨리 돌아가기 전에
　이런 장엄한 것들, 세계를 비추는 태양, 별, 물과 구름, 그리고 불을
　비탄에 빠지지 않고 바라본 자가 정말 행복하다고 생각한다.
　당신이 100년의 수명을 가졌든, 단지 짧은 동안만 살든,
　당신은 이것들을 항상 볼 수 있다.
　당신은 이것들보다 더 위대한 것을 결코 볼 수 없을 것이다.

　플라우투스와 테렌티우스의 글 속에는 이런 것을 조금이라도 생각나게 하는 문장이 없다. 그들의 모델에는 정말 희미하게라도 시적인 어떤 것이 담겨 있지 않다. 그런 어떤 것이 기대되는, 아마도 유일한 플라우투스의 문장이 있는데, 거기에 제시된 플라우투스는 다른 곳에서 제시된 그의 모습과는 기이할 정도로 다르다.

　시인은 온 세상 어디에도 없는 것을 추구하지만,
　어디에선가 그것을 찾아낸다.

　그가 때때로 이런 실제적이고 딱딱한 세계를 벗어나 헤매고

다녔는지, 그의 희극을 그런 세계에 단단하게 묶은 것은 그의 청중들이었는지 정말 궁금하다.

희극이 대중적 인기를 끌던 초창기에 극장을 메웠던 로마의 관객들은 유머 감각이 있는 무리로 감상적인 일에 쉽게 매력을 느꼈고, 악한 자가 처벌받고—그러나 너무 가혹하지는 않게—착한 자가 영원히 행복하게 살기를 열렬히 원했다. 지적 능력의 발휘를 필요로 하는 경우는 전혀 없었고, 위트도 없었으며, 능란하게 악의를 펼치는 일도 없었다. 외설적인 경향을 풍기는 재미들은 오직 소극적으로만 향유되었다. 모든 것 가운데서 가장 뚜렷한 특징은 평범한 것을 사랑하고, 일반적인 것에 극도로 만족했다는 사실이다. 이런 희극에 환호했던 사람들은 작은 자기 자신들보다 큰 것을 전혀 원하지 않았다. 그들은 민주적이었다.

우리는 2,100년 전 관객들을 기묘할 정도로 친숙한 존재로 느낀다. 플라우투스와 테렌티우스의 거울에 비친 상은 현대의 우리에게 "전혀 이질적이지 않다." 로마인의 친밀한 가정생활, 가정을 지배하는 부인, 정부를 찾아다니는 나이 먹은 남자, 멋진 젊은 연인들, 이들 모두를 너무나 잘 알고 있기 때문에 우리는 로마 공화국 시절 군중들로 붐비던 극장으로 간다고 해도 낯선 사람이라는 느낌을 전혀 받지 않을 것이다.

기원전 200년의 로마 희극과 1932년 브로드웨이의 뮤지컬은 질적으로 크게 다르지 않다. 그동안 많은 시간이 흘렀다는 것만을 제외하면, 양자 사이에 흐르는 강은 그렇게 넓지도 깊지도 않다. 우리 모두가 그 속도를 따라가기 위해서 힘들게 노력할 정도로 신속하게 변화하는 이 세계가 갑자기 기묘할 정도로 멈추어서 있는 것처럼 보인다.

3

—

플라우투스와 테렌티우스의 희극 정신

앞에서 지적했듯이 플라우투스와 테렌티우스는 현대 연극의 창시자이며, 그들의 영향은 헤아릴 수 없을 정도로 지대하다. 아리스토파네스의 작품을 제외하고 모든 희극작품들을 분류할 수 있는 이분법은 로마의 이 두 희극작가까지 거슬러올라간다. 플라우투스와 테렌티우스가 각각 두 유형의 원천이다. 이 사실은 또한 문학에서 정말 중요한 것은 소재가 아니라 소재를 다루는 방식이라는 것을 생생하게 예증한다. 두 극작가는 정확히 같은 종류의 삶과 같은 부류의 사람들을 다루었다. 한 사람의 연극에 등장하는 인물들은 다른 사람의 연극에서 복사되었고, 두 사람의 작품 모두에서 배경은 그 시절의 가정생활이었다. 그러나 플라우투스의 희극 세계는 테렌티우스의 희극 세계와 완전히 달랐다. 두 사람은 판이하게 달랐으며, 따라서 둘 중 한 명이 다른 사람의 희극을 편안하게 감상하는 것은 상상하기 어려운 일이다. 플라우투스는 테렌티우스의 작품을 지루하다고 생각할 것이고, 테렌티우스는 플라우투스의 작품에 불쾌감을 느낄 것이다. 정확히 똑같은 소재를 사용했지만 관점이 완전히 달랐기 때문에, 그 결과 전혀 다른 두 유형의 희극이 탄생했다.

플라우투스는 테렌티우스보다 한 세대 앞서 살았다. 그는 로마가 평상시보다 더 많은 전쟁을 했기 때문에 불안한 시대를 살았다. 그가 제2차 포에니 전쟁이나 그 직후 동방에서 벌어졌던 전쟁에 참가했을 수도 있지만, 실제로 참가했는지 안 했는지는 순전히 추측의 대상일 뿐이다. 그에 대해서 실제로 알려진 것은, 그가 움브리아의 가난한 농부의 아들로 태어나 한때 제분소에서 일했으며, 그곳에서 세 편의 희극을 썼고, 기원전 184년에 사망했을 때 노인이었다는 것뿐이다. 그러나 어떤 사람의 작품을 읽으면서 그 사람에 대해서 생생한 느낌을 받지 않는다는 것은 불가능하다. 대담한 터치로 강렬한 색을 띤 그림이 떠오른다. 쾌활하고 앞뒤를 가리지 않는 방랑자, 로마의 비용(15세기 프랑스의 시인, 방랑자/역주)의 모습이다. 그는 온갖 부류의 사람과 허물없이 지내면서 세상을 방랑하고 다녔으며, 누구에 대해서도 아무런 환상을 가지지 않았던 모험가였고, 남의 눈치를 보지 않는 뛰어난 유머를 지녔으며, 어리석은 일들을 보고 비웃는 데서 즐거움을 찾았지만, 모든 종류의 바보에 대해서 관용을 베푸는 마음이 넓은 사람이었다.

테렌티우스는 완전히 다른 유형의 사람이었다. 로마령 아프리카의 한 속주에서 노예로 태어난 그는 로마의 대가문에서 성장했다. 테렌티우스의 재능을 알아본 그 가문 사람이 그를 교육받게 했고, 결국 해방시켰다. 그는 또한 유복했으며, 타고난 재능 덕분에 지적이었던 로마 젊은이들의 작은 모임에 참가할 수 있었다. 그 모임의 지도자는 소(小) 스키피오였지만, 대단한 시인이었던 기품 있는 라일리우스와 풍자문학의 창시자인 뛰어난 루킬리우스가 2인자의 자리를 놓고 서로 다투었다. 노예에서 해방된 자가 그런 모임의 가입을 허락받은 후, 그들 누구에게도 뒤지지 않았다는 것은 놀라운 개가이다. 그가 그 모임의 일원이 되었을 때 느꼈던 자부심과 행복감은 말로 형언할 수 없을 만큼 대단했다. 시기하는 사람들이, 뛰어난 친구들이 그를 대신하여 희곡을 써주었을 것이라고 하면, 그는 자신이 그들의 도움을 자랑삼노라고 기세 좋게 응수했다.

이 모임의 성원들은 매우 젊었다. 테렌티우스는 26세가 되기 전에 사망했다고 전해지는데, 모든 성원들의 나이가 거의 비슷했다. 그가 쓴 희곡에서 가장 명확하게 드러나는 것은, 그 희곡이 통속적인 대중이 아니라 주로 이 친밀한 친구들의 작은 집단을 위해서 쓰였다는 것이다. 모든 장면이 공화국 로마의 도시 주변에 있는 젊은이들의 유토피아를 배경으로 이루어졌다. 틀림없이 이 무리의 성원들은 성장 과정에서 로마의 덕을 함양하라는 요구를 많이 받았을 것이다. 플라우투스가 보여주었듯이, 그 시절의 아버지와 어머니는 아이를 응석받이로 키우지 않았으며, 소(小) 스키피오를 양손자로 받아들였던 스키피오 아프리카누스는 가정 내에서 늘 크게 염두에 두어야 하는 인물이었음에 틀림없고, 스키피오 가문의 여성들은 가정의 덕목을 실천하는 데 유명했다. 존경받는 코르넬리아가 소 스키피오의 고모였으며, 그녀의 자랑거리는 그의 고종사촌(그라쿠스 형제/역주)들이었다. 어쨌든 그와 그의 친구들은 틀림없이 양쪽에서 면밀히 감시를 받는 좁은 길을 가야 했다.

그러나 테렌티우스의 인도로 예술이 해방자가 되어 그들을 자유롭게 했다. 그는 매혹적인 세계로 그들을 이끌어가는데, 그 세계에서 아버지들은 그들이 이상적이라고 생각하는 존재이고, 아들들은 세상에서 합당한 지위를 가지고 있다. 플라우투스의 아버지들은 아들들에게 엄격했으며, 더욱 참을 수 없게도 젊은이들을 웃음거리로 간주했다. 테렌티우스는 이 모든 것을 유쾌하게 바꾸어놓았다. 그의 아버지들은 대부분 누구에게도 뒤지지 않을 정도로 온후한 사람들이었다. "사랑하는 아들이 피리를 연주하는 저 예쁜 소녀를 원할까? 사랑스러운 아이―그를 위해서 당장에 그녀를 살 것이다.""여러분은 그가 방탕하다고 생각하십니까? 글쎄요, 모든 젊은이는 원래 그렇답니다. 제 자신도 젊었을 때는 그랬고요. 저는 기꺼이 그의 빚을 갚아줄 것입니다." 이런 종류의 일에 농담 같은 것은 전혀 없었다. 그런 감성은 올바른 감정을 가진 인간의 필수적인 일부였다. 진실로 젊은이들과 관련된 일에서 장난은 전혀 이루어지지 않았다. 그들은 모두 경이롭게 진지했고, 완벽하게 고귀했으며, 깊은 존경을 받았다. 플라우투스의 극에 등장하는 사랑에 빠진 젊은 남자는 사랑하는 여자가 살고 있는 집의 닫힌 문 앞에서 무릎을 꿇고 다음과 같이 말함으로써 관객의 웃음을 자아낸다.

> 여보시오 빗장들, 여보시오 빗장들. 제 말 좀 들어보시오. 당신들
> 에게 기쁘게 인사합니다, 당신들을 사랑합니다.
> 당신들에게 겸손하게 기도하고, 간구하고, 여기 이렇게 당신들에
> 게 빌기 위하여 무릎을 꿇습니다.
> 가장 달콤하고, 아름답고, 친절한 빗장들이여, 저같이 사랑하는 이
> 에게 그의 갈망을 허락하십시오.
> 이제 춤추는 소녀가 춤을 추듯이 뛰어오르고, 문의 기둥에서 스스
> 로 위로 올라가서,
> 열리고, 오 열려서 그녀를 보내주십시오, 제 생명의 피가 기다림으
> 로 지쳐서 말라버리기 전에 그녀를 제게 보내주십시오.

그러나 누가 테렌티우스의 존경할 만한 젊은이, 너무나 존경
스럽게 자신의 사랑을 처리하는 그를 비웃을 수 있겠는가?

> 내가 그녀를 그렇게 다룬다? 그래서 사랑과 생명과 그녀의 모든
> 것을 나에게 준
> 그녀가 나로 인해서 부당한 대우를 받고, 비참해진다?
> 내 결코 그렇게 하지는 않으리라.

그들은 모두 이런 존재들이었다. 그들을 어떻게 생각하든 간
에 관객들은 틀림없이 유쾌해하지 않았을 것이다. 그러나 플라

우투스가 가능한 모든 수단을 동원하여 웃음을 끌어내기 위해서 노력했던 데 반해, 테렌티우스는 완전히 다른 생각을 가지고 있었다. 플라우투스는 연기가 반응을 끌어내지 못하는 경우, 뒷좌석에 있는 남자들에게는 농담을 간파하는 데 그렇게 오래 걸리면 안 된다고, 앞좌석에 있는 여자들에게는 잡담을 중단하고 남편들도 잘 듣게 만들라고 큰 소리로 외치거나, 혹은 한 배우로 하여금 "이제 부드럽게, 부드럽게 말하라. 간청하건대 관객의 유쾌한 잠을 깨우지 말라"고 다른 배우에게 경고하도록 함으로써 관객들에게 직접 이야기했다. 그의 목표는 관객을 즐겁게 하는 것이었다. 그러나 테렌티우스는 일찍이 존재했던 종족 가운데 가장 까다롭고 세련된 자들로부터 자기가 생각하는 것에 대해서 동의를 이끌어내는 데 열중했으며, 그 종족이 젊은이들에게 매우 소중한 성소(聖所)에서 청소년 집단들의 정관들에 규정된 대로 좋은 취향을 행하는 곳에서 "행해야 할 것"과 "행하지 말아야 할 것"을 소중히 여겼다. 플라우투스는 신들을 포함하여 모든 사람을 희롱의 대상으로 삼았다. 테렌티우스는 익살스러운 인물을 거의 등장시키지 않았으며, 그런 인물은 대개 하층민으로 한정했다. 테렌티우스는 자신이 진지한 젊은이들로 구성된 작은 무리의 구성원이라는 사실에 강한 자부심을 느꼈는데, 우리는 그들에게서 유별나게 예의를 추구했던 영국 사립학교의 모습을 엿볼 수 있다. 신사를 웃음거리로 만드는 것은 정말 있을 수 없는 일이었다. 이런 상황 속에서 다행스럽게도 테렌티우스의 유머 감각은 완전히 통제할 수 있는 것이었다. 의심할 여지없이 테렌티우스에게 플라우투스는 끔찍하게 상스러운 사람이었다. 다시 말해서, 순수하고 소박한 희극작가였던 플라우투스는 웃기지 않을 때는 아무런 의미가 없는 사람이었다. 물론 진지한 극작가였던 테렌티우스도 재미있는 장면을 쓸 수 있었지만, 그런 일을 실제로 한 적은 드물었다. 그는 훌륭한 로마 사람들, 특히 로마의 훌륭한 젊은이들과 세계적으로 예의바르게 키워진 그 사람들의 행동에 관심을 가졌다. 플라우투스는 예의바르게 자란 사람들에 대해서 아무것도 알지 못했고, 무엇보다도 훌륭한 취향에 대해서 관심을 보이지 않는다고 여겨졌다. 그는 비록 약화된 형태라고 해도 라블레 식(Rabelaisian : 야비하고 우스꽝스러운 것을 말함/역주) 자질을 가지고 있고, 테렌티우스의 훌륭한 친구들이 그를 거북해하는 것만큼이나 그들에게 불편을 느꼈을 것이다.

그렇게 차이가 뚜렷했기 때문에 그들이 연극 제작 전반에 관해서 생각을 달리했다는 것은 놀라운 일이 아니다. 두 사람은 연극의 재미를 어떻게 확보할 것인가라는 근본적인 문제를 각자 완전히 다른 방식으로 풀었다. 두 사람이 희곡을 다르게 구성하면서, 희극의 매우 상이한 두 형태가 생겨났다.

희극에서 연극의 재미를 제공하는 주요 원천은 두 가지이다. 첫 번째는 플롯에 의해서, 즉 등장인물이 다른 등장인물이나 상황에 반응하는 것에 의해서 서스펜스와 놀라움을 자아내는 방법이다. 그러나 두 번째 방법은 첫 번째 방법과 정반대로, 서스펜스를 없애고 놀라움을 불가능하게 만듦으로써 작동한다. 연극의 재미는 관객이 모든 것을 미리 알고 있는 것에 의존한다. 다시 말해서, 관객은 배우가 알지 못하는 것을 알고 있다. 이는 비극과 희극에서 모두 쓰이는 방법인데, 숭고한 인물이나 어리석은 인물 둘 다를 위한 기반을 제공한다. 그리스인들이 이를 잘 이용했으며, 아이러니(irony)라고 불렀다. 비극에서 이보다 더 비극적인 것은 없다. 오이디푸스는 자기 아내의 첫 번째 남편을 죽인 자(오이디푸스 자신을 말함/역주)에게 끔찍한 저주를 내려달라고 호소한다.

> 여러분 모두에게 요구합니다. 이 나라의 누구도
> 그에게 피난처를 제공하지 마십시오. 그를 당신들의 집에
> 들이지 마십시오, 그것은 신성을 모독하는 일이고, 불결한 일입니다.
> 엄숙하게 기원하노니, 살인을 저지른 그가 사악함 속에서,
> 사악한 존재로서 인생을 소모하게 하소서.

여기서 우리는 오이디푸스가 자기 자신을 저주하고 있다는 것을, 그가 살인자라는 것을, 그가 아버지를 죽이고 어머니와 결혼했다는 것을 알고 있다. 이것은 비극의 아이러니로서, 그리스 비극의 토대를 이루었다. 관객은 각 연극의 전개가 어떻게 이루어질지를 미리 알고 있다. 그들은 매번 행동이 이루어질 때마다 그 끔찍한 결과를 미리 예측하며, 그 일이 반드시 자신들이 생각한 대로 진행되고 다른 방식으로 이루어지지 않는다는 것을 알고 있는 다른 세계에서 온 존재이다. 무대에서 벌어지는

고통스럽게 겪는 일들이 피할 길 없는 것이라는 느낌, 인간은 자신의 운명을 피하지 못하는 무기력한 존재라는 느낌, 이것이 그리스 비극이 가지고 있는 특이한 힘이다. 결국 그것은 아이러니, 즉 무엇이 실제로 일어나고 있는지 관중은 알지만 배우는 모르는 것에 의존한다. 우리 인생이 암흑 속에 있다는 생각, 다시 말해서 인간은 자신이 직면하고 있는 것에 대해서 전혀 모르고, 맹목의 눈을 가졌기 때문에 자신도 알지 못하는 사이에 스스로에게 파멸을 가져온다는 사실이 너무나 극적으로, 그리고 다른 어떤 방법을 쓰는 것보다 더 강하게 마음 깊이 느껴진다.

아이러니 기법은 비극에서만큼이나 희극에서도 사용될 수 있다. 관객은 정말 똑같아 보이는 두 사람이 존재한다는 비밀을 알고 있지만, 배우는 그런 사실을 꿈에도 모른다. 너무나 부조리하게도 배우는 그들의 터무니없는 불운을 벗어나지 못하는 데 반해, 관객은 너무나 기쁘게도 우월한 위치에서 모든 것을 알 수 있다.

서스펜스 기법의 기원을 추적하기는 힘들다. 이미 최초의 이야기꾼이 플롯을 이용했으며, 상황의 효과 혹은 한 등장인물이 다른 등장인물에게 미치는 효과는 이미 호메로스나 성서의 저자들이 관심을 보인 바 있다. 그러나 아이러니 기법은 그리스 비극에서 시작되었고, 적어도 현존하는 증거로 판단한다면, 희극의 아이러니는 로마에서 시작되었다. 메난드로스의 작품으로 현존하는 단편들에 아이러니 기법이 두 번 명백히 이용되었지만, 그 둘에 익살스러운 요소는 전혀 없었다. 아이러니가 희극에서 최초로 사용된 것은 플라우투스에 의해서였다. 만약 그가 정말 비극의 아이러니 기법을 희극에 도입할 수 있다고 생각한 사람이라면, 다시 말해서 희극에 아이러니 기법을 처음 도입한 사람이라면, 문학사에서 그는 지금보다 훨씬 더 높은 지위를 누려야 할 것이다. 그는 아이러니를 연극의 재미를 이끌어내는 주요 원천으로 삼았으며, 그 일에 정통했다. 물론 그는 플롯에다 눈에 띨 만한 새로운 것을 도입하지 않았다. 아이러니가 이용되면 서스펜스 기법은 자동적으로 배제된다. 플라우투스가 사용한 플롯 하나하나를 놓고 보면 그것은 빈약하기 짝이 없었고, 여러 개를 비교하면 비참할 정도로 유사했다. 그러나 그 이전에 누구도 희극에 사용하기 위해서 아이러니를 개량하지는 않았다. 그의 통상적인 방식은 매우 길고 극도로 지루한 프롤로그에서 작품의 전개 방향을 설명하는 것이었다. 그렇게 설명한 결과 관객들은 이제 작품 속의 부조리(absurdity)를 꿰뚫어보면서, 그것에 관심을 집중할 수 있었다.

「암피트루오」에서 유피테르가 암피트루오의 아내인 알크메네를 사랑했다는 것을 다시 한 번 생각해보자. 암피트루오가 전장에 나가 있을 때 유피테르가 그의 모습으로 알크메네에게 접근했다. 유피테르가 그 집에 갔을 때 역시 주인과 함께 전장에 가고 없는, 암피트루오의 노예 소시아의 모습으로 망을 보는 메르쿠리우스가 먼저 나와서 프롤로그를 통해서 연극에서 전개될 모든 내용을 매우 세밀하게 설명한다. 그는 관중에게 유피테르는 암피트루오와, 자신은 소시아와 정말 닮았지만, 관중이 각각을 혼동하지 않도록 하기 위해서 유피테르는 모자에 밝은 금장식을 달 것이라고 설명한다.

"저는 제 모자에 이 작은 깃털을 꽂을 것입니다. 다른 두 명은 이런 장식을 하지 않을 것임을 주의하십시오."

이렇게 연극은 시작된다. 밤에 암피트루오의 집 앞 거리에서 메르쿠리우스가 망을 보고 있는 장면이다. 그의 복사판인 소시아가, 자신의 뜻밖의 귀환을 미리 가서 아내에게 알리라는 암피트루오의 명령을 받고 그에게 다가온다. 너무 어둡기 때문에 소시아는 메르쿠리우스가 어떻게 생겼는지 모른다. 소시아가 문 앞으로 다가가자 메르쿠리우스가 제지한다.

메르쿠리우스 : 어디서 오시는지, 누구신지, 왜 여기에 있는지 물어봐도 될까요? 말해보시오.
소시아 : 뭐라고, 나는 지금 안으로 들어갈 것이오. 나는 이 집 주인의 노예요. 이제 모든 것을 알겠소? 말해보시오.
메르쿠리우스 : 여기가 당신 집이라구요?
소시아 : 이미 말하지 않았소?
메르쿠리우스 : 그렇다면 당신의 주인은 누구시죠?
소시아 : 암피트루오, 군대의 사령관이오. 그에게는 아내가 있는데, 그녀의 이름은 알크메네요.
메르쿠리우스 : 도대체 무슨 소리를 하고 있는 거요? 당신의 이름

은 무엇이오?

소시아 : 소시아요. 내 아버지는 다부스이시지.

메르쿠리우스 : 이것 참, 참으로 뻔뻔스럽구먼. 당신이 소시아라
고? 당신이?

당신 무슨 속임수를 쓰려고 그래? 내가 바로 소시아라는 것을
모르겠나? 어? (그를 친다.)

소시아 : 어, 나를 죽이겠네!

메르쿠리우스 : 이런 짓을 계속하면 죽음보다 더 나쁜, 훨씬 더 나
쁜 일이 일어날 것이다.

이제 당신이 누구인지 말하라.

소시아 : 나는 소시아요, 제발 —.

메르쿠리우스 : 미친놈이구나.

소시아 : 미치지 않았소, 왜 그렇게 생각하는 거요, 이 불한당아.
내가 이 어두운 밤에 배를 타고 전장에서 오지 않았단 말이오?
나의 주인이 여기 우리 집으로 나를 보내지 않았단 말이오? 당
신이 네가 소시아가 아니라고 말하니 — 좋소, 우리 여주인에게
바로 가겠소.

메르쿠리우스 : 모두 거짓말이야 — 내가 암피트루오의 노예다. 우
리는 적의 도시를 습격했고, 그의 왕을 죽였다 — 암피트루오가
그의 목을 잘랐다.

소시아 : (두려움에 떨며) 당신이 그 모든 것을 알고 있다니. (잠시
머뭇거리다가, 다시 원기를 회복하고) 그렇다면 말해보시오.
당신이 나라면, 그 전투가 벌어졌을 때 당신은 어디에 있었으며,

무엇을 하고 있었는지?

메르쿠리우스 : 포도주를 가득 채운 통을 텐트에 두었고, 내 주머
니 병에도 가득 채웠지.

그것으로 내가 무엇을 했을 것 같소?

소시아 : (너무나 당황하여) 사실이오. 나는 참으로 가엾은 사람이
구나.

(머리를 흔들고, 갑자기 등불을 들어 메르쿠리우스를 비춘다.)

아니 이럴 수가. 이 사람 나하고 똑같이 생겼잖아.

오, 불멸의 신들이여! 언제 제가 바뀌었습니까? 제가 죽은 건
가요?

기억을 잃어버린 건가요?

사람들이 나를 외국 땅에 버려두고 떠나버렸나요? 주인에게 바
로 돌아가겠습니다.

(달려나갔다가, 무슨 일이 일어났는지 듣고 크게 당황한 암피트
루오를 따라서 다시 들어온다.)

암피트루오 : (화를 내며) 네가 술이 취했구나. 너, 어서 말해라. 진
실을 말해라, 어째서 그런 헛소리를 하는지.

소시아 : 아닙니다. 정말입니다.

암피트루오 : (화가 난 것 이상으로 불안해져서) 네가 보았다는 그
사람은 누구냐?

소시아 : 열 번이나 말씀드렸잖아요. 제가 집 앞에 있고, 또한 여기
있습니다. 이것은 엄연한 사실입니다.

암피트루오 : (소시아가 허튼소리를 했다고 믿어보려고 노력하지만,

불쾌해하며) 그만 해라, 정신차려라, 네가 아픈 게로구나.

소시아 : 주인님만큼이나 저도 정신이 멀쩡합니다.

암피트루오 : 아, 네가 그렇지 않다는 것을 알게 되겠지. 미치지 않
았다면 상태가 조금 안 좋은 거야.

소시아 : (울먹이며) 저는 진실을 말하고 있습니다. 제 말을 들으려
고 하지 않으시는군요.

저는 이곳 집 앞에 도착하기 전에 이미 집 앞에 서 있었습니다.

암피트루오 : 네가 꿈을 꾸고 있구나.

그래서 이런 헛소리를 하는 거야. 잠에서 깨어나라.

소시아 : 아닙니다, 아니에요. 주인님이 명령을 내리실 때 저는 자
지 않습니다.

그때도 눈을 크게 뜨고 있었고— 지금도 그렇습니다. 주인님이
저를 때릴 때 저는 눈을 크게 뜨고 있었습니다.

그 또한 눈을 크게 뜨고 있었습니다. 저는 그 점을 말씀드립니다.

암피트루오 : (퉁명스럽게) 조사해보면 알겠지. 알았으니까 제발 그
만두게.

플라우투스는 이런 방식으로 희극의 아이러니를 이용했
다. 특히 몰리에르가 그를 모방했다. 몰리에르의 「앙피트리
옹(*Amphitryon*)」에서 이루어지는 메르쿠리우스와 소시아의 대
화는 본질적으로 라틴 판을 재생한 것이며, 아무도 이 위대한
희극의 대가가 라틴 시인이었던 플라우투스보다 어떤 점에서도
이 기법을 더 기교 있게 구사했다고 말할 수 없다.

이후의 희곡작가들은 플라우투스로부터 물려받은 이 기법을 계속적으로 사용했다. 셰익스피어의 아이러니 기법을 이용한 희곡「실수 연발」은 몰리에르의 작품이「암피트루오」를 닮은 만큼 그렇게 많이 플라우투스의「메나이크무스 형제(*Menaechmi*)」를 닮지는 않았다. 그러나「실수 연발」은 전체적으로 보아 플라우투스의 주제를 변형시킨 것에 불과하다. 셰익스피어와 몰리에르의 희극에는 아이러니 기법을 이용한 장면들이 너무나 많기 때문에 그 장면들을 훑어보면 희곡의 대략적인 줄거리를 알 수 있다.「헛소동(*Much Ado About Nothing*)」의 재미는 베아트리체와 베네디크에 대한 음모를 관객이 알고 있다는 사실에 근거한다.「수전노(*L'Avare*)」의 명장면이 재미있는 것은 수전노가 돈궤에 대해서 이야기하고, 젊은이는 자신의 애인에 대해서 이야기하면서, 각자 상대방이 같은 것을 염두에 두고 있다고 생각하고 있음을 우리가 알기 때문이다. 몰리에르는 이 점 또한 플라우투스에서 직접 끌어왔다. 플라우투스가 이 방법을 최초로 이용했든 혹은 그리스의 신희극에서 배워왔든, 현대의 무대에서 사용되고 있는 희극의 아이러니 기법은 플라우투스에서 기원한 것이 확실하다.

테렌테우스는 결코 이 기법을 이용하지 않았다. 그가 이 기법을 이용하지 않은 것은 얼핏 보면 기이한 듯하지만 숙고해보면 그 이유를 알 수 있다. 오직 지적이고 주의 깊은 관객만이—특히 프로그램, 개요, 장면들의 시놉시스, 정보를 인쇄한 모든 자료들을 이용할 수 있을 때—서스펜스와 놀람을 매우 높은 수준으로 끌어내는 복잡한 플롯을 즐길 수 있다. 플라우투스의 청중은 그런 수준에 도달하지 못했던 반면, 테렌티우스의 청중은 도달했다. 그가 글을 쓰면서 염두에 둔 진짜 청중은 자신이 속했던 뛰어난 사람들의 작은 무리였다. 플라우투스는 휴일에 몰려든 군중의 관심을 끌어야 했는데, 그것도 그가 자신의 여러 프롤로그에서 이야기했듯이 잡담하는 여자들과 우는 아이들 같은 경쟁자들을 물리치면서 그렇게 해야 했다. 희극의 아이러니는 희곡 집필에 사용되는 다른 어떤 방법보다 관객의 노력을 필요로 하지 않는다. 그것에 근거한 희극들은 친숙한 이야기의 실에 연달아 재미있는 장면들을 걸어놓은 것에 불과하다. 이 때문에 플라우투스는 뛰어난 감각으로 아이러니 기법을 애호했지만, 테렌티우스가 그 기법을 이용하지 않았던 데에도 똑같이 합당한 이유가 있었다. 테렌티우스의 청중들은 그들의 마음을 정교한 플롯에 쓰는 것을 즐겼다. 그는 드러나게 코믹한 것을 추구하지 않고, 등장인물과 상황을 집요하게 추구함으로써 작품을 쓸 수 있었다. 소설의 기원은 그의 이런 희극에 있다. 그의 플롯은 결코 빈약하지 않았다. 아마도 플롯이 가장 뛰어난 작품은 「장모(Hecyra)」일 터인데, 여기서 서스펜스가 끝까지 뛰어나게 유지되었다. 사실 연극이 끝날 때 두 주역은 미스터리의 해결을 비밀에 부치기로 서로 맹세한다. 그 가운데 한 명이 "그것을 모든 사람이 모든 것을 알고 있는 희극처럼 다루지 말자"고 말한다.

　그것은 시종 뛰어난 이야기이며, 등장인물들은 잘 묘사되었다. 그럼에도 불구하고 연극은 대중에게 상연되었을 때 실패했다. 두 번째 상연에서 이야기된 프롤로그에서 그 이유를 다음과 같이 말했다.

줄을 타는 춤꾼이 하품하는 사람들의 마음을 사로잡았다.

또한 다른 프롤로그에서는 ― 아마도 다른 상연 때에 이루어진 ― 검투 공연 발표로 관객들이 아우성을 쳐서 연극을 계속 진행할 수 없었다고 이야기되었다. 명백히 로마의 초기 극작가들이 걸었던 길이 쉬웠던 것은 아니지만, 플라우투스가 힘들어했다는 것에 대한 암시는 전혀 없다. 아마도 그는 자신의 공연을 엉망으로 망쳐놓는 일이 발생했을 때 심각하게 처신하지 않고 군중과 함께하는 행복한 능력을 가지고 있었던 것 같다. 그런 순간에 플라우투스는 줄을 타는 춤꾼을 관중과 함께 보는 것을 즐겼을 것이다. 그러나 이제 막 소년기를 벗어난 젊은 극작가인 테렌티우스는 자신의 감성에 가해진 손상과 자신의 재능에 가해진 부당한 행위에 고통을 느꼈다. 그의 모든 프롤로그에는 그를 비판하는 자들과 대중에 대한 공격이 담겨 있다. 그 공격들은 두려울 정도로 심각해서 어떤 관객이라도 불안해하지 않을 수 없었을 것이고, 차라리 다른 공연을 보고 싶은 생각이 굴뚝 같았을 것이다. 그러나 그가 속했던 무리의 성원들, 즉 매우 근엄하고 교양 있는 젊은이들은 그런 공격을 통속적인 대중에게 호소하는 닳아빠진 낡은 방식에 비하면 경탄할 정도로 뛰어난 것이라고 여겼다.

두 작가의 뚜렷한 차이는 로마 희극이 로마적 성격을 가지고 있다는 것을 입증하는 또다른 증거이다. 플라우투스와 테렌티우스는 틀림없이 그리스 원작들의 영향을 많이 받았지만, 그 이상으로 그들 스스로 많은 것을 창조했다. 그들은 그리스 작품의 필사가가 아니라 로마의 작가였고, 그들이 남긴 희곡이 오늘날에도 세계의 무대에서 상연되고 있다는 사실은 로마가 우리에게 남긴 유산이 얼마나 대단한지를 보여준다.

4

—

키케로의 로마

공화국

테렌티우스가 희곡을 쓰고 있을 때 매우 뛰어난 인물이 로마에 왔다. 그는 자발적으로 온 것이 아니라 인질로 잡혀왔고, 17년 간 머물러야 했다. 그는 그 긴 세월 동안에 로마를 감옥이 아니라 고향이라고 느끼게 되었고, 풀려난 후에 고국으로 갔다가 다시 돌아와서는 오랫동안 머물렀다. 이 사람은 그리스의 역사가 폴리비오스인데, 플라우투스와 테렌티우스를 제외한다면 키케로 이전에 로마에 대해서 당대의 기록을 남긴 유일한 사람이다. 그는 대단한 능력을 가진 사람이었고, 진실을 사랑하는 진정한 학자였으며, 인간사를 예리하게 관찰했다. 이미 그때 장차 세계의 주인이 될 것이라고 믿었던 로마의 좋은 점과 나쁜 점을 그보다 더 잘 평가할 수 있는 사람은 없었다. 그의 증언은 절대적으로 로마에 우호적이었다. 그는 로마 공화국과 로마의 특징을 진심으로 찬양했다. 확실히 그의 날카로운 눈은 카르타고를 정복한 후에 도덕적 이완의 징후를 간파했다. 그렇다고 해도 폴리비오스의 「역사(*Historiae*)」는 그가 철두철미하게 파악했던 로마, 로마인의 고결함과 애국심, 그리고 사람을 통치하는 로마의 뛰어난 기법에 대한 위대한 추천장이다.

그는 힘 있는 종족의 호의를 얻어내기 위해서 노력하는 아첨꾼은 아니었다. 글을 쓰고 있을 때 그는 이미 늙었고, 로마에서 멀리 떨어진 곳, 즉 어린 시절 고향인 그리스에서 살고 있었다. 그는 용기 있게 한니발을 찬양했고, 한 번 이상 믿음을 파기한 로마를 날카롭게 비난했다. 만약 로마 정부가 타락했다면 틀림없이 그가 알았을 것이고, 기록했을 것이다. 그러나 그는 그런 일에 대한 암시조차 남기지 않았다. 그가 묘사한 로마인은 삶의 방식에서 소박하고, 강건하고, 고결하고, 확고했으며, 헌신적이고 사심 없는 애국심을 가지고 있었다.

그러나 다음 주자가 로마에 대한 당대의 설명을 전할 때까지 엄청난 변화가 발생했다. 정부는 철저하게 타락했고 사람들은 국가의 일에 완전히 무관심했다. 불과 100년 동안에―아니 그보다 짧은 기간에―폴리비오스의 위대한 "공화국"이 상상을 초월할 정도로 가장 "타락한" 국가로 변질되었다. 사실 폴리비오스 못지않게 정밀함을 추구했던 역사가 살루스티우스는 그 변화가 자기보다 한 세대 이전에 완전히 정점에 도달했다고 생각했다. 그가 전하는 이야기에 따르면, 기원전 1세기 초에 한 외국인 군주가 거래를 하기 위해서 로마에 왔다. 그는 부유했고 성공한 사람이었는데, 로마를 떠나면서 "모든 것을 돈으로 살 수 있는 도시"라고 말했다.

폴리비오스의 작품 다음으로 로마에 대한 권위 있는 기록은 로마의 바로 이런 모습을 보여주었다. 그것은 정말 뛰어난 기록이었다. 위대한 공화국이 종언을 고하고 제정(帝政)이 어렴풋이 모습을 드러내고 있을 때, 지금까지 세계가 배출한 서간문 작가 중에서 가장 뛰어난 인물이며 로마의 가장 위대한 인물들 가운데 한 사람이었던 웅변가 키케로가 살고 있었다.

친구들이 그에게 보낸 수많은 편지와 함께 그의 편지 수백 통이 남아 있다. 편지의 내용도 다양해서 위로, 애정, 사과, 문학 비평, 철학 토론, 도시의 소문, 사업 등등이 주요 내용으로 다루어졌다. 그러나 100통 가운데 99통이나 될 정도로 정치를 다루는 편지가 압도적으로 많았다. 물론 이는 순전히 로마적인 현상이라고 할 수 있다. 로마인에게 정치는 다른 그 무엇보다 훨씬 더 중요했다. 공화국의 위대한 시절 내내 정치에 참여하는 것은 의무이면서 동시에 명예였다. "좋은 사람", "위대한 사람"이라는 단어는 애국적인 사람과 동의어였다. 로마에서 애국심과 별도로 존재하는 선함은 존재하지 않았다. 로마의 전통에 따르면 태생으로든 재산으로든 가치 있는 모든 사람은 먼저 정치가로 양육되었고, 그들이 개인적으로 선택한 다른 것은 모두 부차적인 것으로 간주되었다. 우리의 서간문 작가인 키케로는 다른 시대에 살았다면 정치에 그렇게 몰입하지 않았을 것이다. 그는 천성적으로 행동하는 사람이 아니라 생각하는 사람이었다. 그는 학자이자 책 애호가, 비평가, 예술적 취향을 가진 사람이었고, 우리의 눈으로 보면 결코 공적 생활에 입문하지 않을 부류의 사람이었다. 로마는 그를 정치인으로 만들었다. 그는 자신의 소명에 너무나 헌신했기 때문에 상황의 변화에 의해서 더 이상 정치를 할 수 없게 되었을 때 낙담했다. 사적 생활로 내몰린 로마인에게 철학, 문학, 예술이 무슨 위안을 줄 수 있겠는가? 키케로는 수치스러워했으며, 하찮은 존재로 전락했다고 생각했다.

공화국은 이런 개념 덕분에 수백 년 동안 계속되어온 수많은 위험을 이겨낼 수 있었다. 국가는 최고의 두뇌와 최고로 강인한 사람들을 항상 마음껏 이용할 수 있었다. 국가를 위해서 봉사하는 것이 로마인의 최고 의무이자 가장 큰 기쁨이었다.

정치와 전쟁이 불가분의 관계에 있다는 사실이 국가의 일을 위해서 자신을 희생할 수 있는 용감한 사람을 확보하는 데 큰 도움이 되었다. 성공한 정치가는 언제든지 선거구를 떠나서, 갑옷을 입고 행진하여 수적으로 훨씬 더 우세한 적과 싸워야 했다. 편안한 지위를 추구하는 자들은 공화국 로마의 정치에서 설 자리가 없었다. 정치에 참여하는 것은 늘 위험스러운 일이었다. 투표를 통해서 인민으로부터 호의를 얻은 대가를 전장에서 갚아야 하곤 했다.

로마인은 뛰어난 용기를 갖추지 못한 사람이 정치를 한다는 것은 생각지도 못했다. 관리들, 당파의 지도자들, 크고 작은 "우두머리들"은 국가를 위해서 죽어야 할 가능성이 상존한다는 것을 잘 알고 있었다. 전직 관리들도 결코 편안한 생활을 꿈꾸지 못했다. 콘술라레스(consulares), 즉 전직 콘술들 — 로마의 전직 최고 지도자들 — 도 로마가 세계 여기저기에서 늘 벌이는 전쟁에 사령관으로 빈번히 참가했다. 두드러지게 평화를 추구하는 사람, 극도로 민감하고 소심한 사람, 편안함과 사치를 좋아하는 사람, 까다로운 문화 속의 전형적인 문학인이었던 키케로도 군대의 우두머리가 되어야 했고, 한번에 수개월 동안 장군으로서 참전해야 했다. 그것은 그가 한때 국가의 수장 자리에 올랐기 때문에 치러야 하는 대가였다. 그는 전장에서 수많은 편지를 썼지만, 사랑하는 도시, 책, 시골 저택의 안락함, 유쾌한 생활을 뒤로하고 멀리 떨어진 실리시아까지 가서 게릴라전의 고됨을 견뎌내야 했던 운명에 대해서 단 한마디도 불평하지 않았다. 그는 자신이 콘술 직에 입후보했을 때 예기되었던 일을 했을 뿐이었다.

로마의 정치가는 또한 전쟁에서 싸우는 군인들에게 늘 주어지는 높은 영예를 차지함으로써 눈에 띄는 존재가 되었는데, 그 영예는 큰 위험, 심지어 죽음을 무릅쓰고 싸워야 얻을 수 있었다.

그렇지만 키케로가 로마의 위대한 전통에 철저하게 순응하여 실리시아 전투를 수행하고 있을 때, 공화국은 죽어가고 있었다. 아니, 거의 죽어 있었다. 때는 기원전 51년이었다. 그로부터 9년 전에 세 명의 유력한 당파 지도자들이 모였다. 그들은 각자가 동원할 수 있는 자원을 공동 출자하여 정부를 장악하기로 합의했다. 그러나 그 합의는 완전히 비공식적인 것이었고, 아무도 그것을 인정하라고 강요당하지 않았다. 콘술들이 주재하는 원로원 회의가 열렸고, 높이 평가되는 오래된 정치적 예의범절은 철저하게 준수되었다. 실제로 그랬듯이, 그들이 계속 배경에 머물러 있다면 카이사르, 폼페이우스, 크라수스가 지배하고 있다는 사실은 문제가 되지 않은 듯했다. 사람들은 그들의 이념에 익숙해졌고, 4년 뒤 그들이 강력한 조직을 완성하여 공개적으로 활동하기 시작했을 때, 존경받는 고결한 애국자들은 그들이 로마를 운영하는 것을 용인할 충분한 이유가 있다고 생각했다. 사실, 그들이 아니라면 로마를 운영할 만한 사람이 아무도 없다는 생각이 너무나 확고해 보였다. 한때 오랜 세월 동안 로마의 위대한 안내자였던 원로원에 대해서 지금 제기할 수 있는 유일한 질문은 부패한 것 이상으로 무능했는지, 아니면 무능한 것 이상으로 부패했는지밖에 없다. 로마인의 풍기(風紀)에 무엇인가가 발생했다. 인민들은 안전하고 편안했다. 이제 로마의 적은 이탈리아 밖 산맥이나 강에 의해서 차단되어 멀리 있었고, 여전히 전문 군인이 아니라 관리나 전직 관리가 사령관직을 맡는 것이 일반적이었지만, 다른 측면에서 보면 전투는 직업 군인들의 일이 되어버렸다. 막대한 부가 정복당한 나라들로부터 로마로 쏟아져 들어왔다. 매우 많은 사람들에게 쉽게 돈을 벌 가능성이 열렸고, 대부분의 사람들이 그것을 이상으로 삼았다. 로마의 광대한 이해관계를 돌보는 책임을 세 명의 유능한 사람에게 맡기는 것이 그때까지 다른 많은 사람들이 치러야 했던 엄청난 수고를 덜어주는 것으로 여겨졌다. 옛 공화국은 시민들에게 엄청나게 많은 것을 요구했고, 그들을 가난하게 방치했다. 이제 사람들은 정치에서 이득을 보려고 했다. 그들은 주변에 넘쳐나는 부로 한몫 잡기 위해서 혈안이 되었다.

정치가 돈벌이 목적을 위한 훌륭한 장터로 이 당시보다 더 잘 이용된 때는 거의 없었다. 로마는 정말로 모든 것을 돈으로 살 수 있는 도시가 되었다. 키케로의 편지들은 역사의 다른 어떤 시기와 비교할 수 없을 정도로 선명하게 그 당시 정치 상황의 내부를 들여다볼 수 있게 해준다. 그는 뇌물을 주고받는 것이 여기저기 모든 곳에 만연해서, 단 한 명의 관리도, 심지어 최고위층까지도 빠지지 않았다고 거듭해서 적었다. 정치는 돈벌이 사업이 되었고, 후보자들은 유권자를 매수하는 일을 서슴지 않았으며, 배심원들도 너무나 쉽게 매수당했다. 모든 사람이 선거에서 당선되거나 무죄방면을 얻어내는 확실한 방법이 있음을 알고 있었고, 아무도 개의치 않았다. 키케로의 기록에 의하면, 어느 날 원로원에서 한 콘술 직 후보자와 두 명의 콘술이 맺은 협정이 낭독되었다.[1] 그 협정에는 후보자가 당선되더라도, 임기를 마친 두 전직 콘술에게 각각 원하는 직책(콘술 직을 마치면 속주 총독직과 같은 다른 직책을 얻을 수 있었다/역주)을 확보해주지 못하는 경우 거액을 지불하기로 되어 있었다. 이 협정은 주도자들뿐만 아니라 두 전직 콘술에게도 부적절한 맹세를 요구했다. 키케로는 계속해서 "약속 금액을 정하고, 은행

---

1) 키케로, 「아티쿠스에게(*Epistulae ad Atticum*)」(이하 *Ad Att.*으로 표기) IV, 17.

에 어음을 맡기는 등 그 협정서는 규칙에 맞게 작성되었다. 그것은 콘술들에 대해서, 그리고 [그들 가운데 한 명이 될] 아피우스 클라우디우스(보나 여신의 주인공 클로디우스의 형/역주)에 대해서 선명한 빛을 던진다. 그는 그 협정으로 잃을 것이 하나도 없다"고 썼다.

이런 언급을 한 이유는, 모든 로마인의 눈에 클라우디우스 가문의 누구도 평판이라는 점에서 더 이상 지키거나 잃을 것이 없다고 비쳐졌기 때문이다. 클라우디우스 가문이 로마 시민단의 일원이 된 후 로마 시민들은 그들을 자랑스러워했다. 그 가문 출신자들이 아피우스 가도(街道)를 만들었고, 최초의 수로(水路) 체계를 정비했으며, 훌륭한 수로교(水路橋)를 만들었다. 그들은 위대한 사람들이었고, 어떤 가문도 그들보다 더 귀족적이지 못했다. 그러나 키케로 시대 때 그 가문의 대표적인 인물들은 오랜 가문의 명망과 거리가 먼 사람들이었다. 아피우스와 그의 형제 푸블리우스(푸블리우스 클로디우스 풀케르로 보나 여신 축제의 주인공/역주), 세 명의 자매는 모두 능력이 탁월하고 외모가 출중하기로 유명했지만, 전 도시가 그들의 분별없는 생활, 방탕, 낭비, 그리고 이보다 더 나쁜 일들로 수군거렸다. 로마가 그들의 해악에 대해서 속삭이고 믿지 않을 일은 아무것도 없었다. 그 시절과 앞으로 다가올 여러 날에 수많은 사람의 입에 오르내렸던 유명한 재판의 피고는 푸블리우스였고, 카이사르의 젊은 아내인 폼페이아가 공동 피고였다.

키케로가 이야기했듯이, 그 사건은 부패한 정치를 조롱하는 드라마였다.[2] 그 사건은 여성만이 참가하는 매우 중요한 의례였던 보나 여신(Good Goddess) 축제 때에 시작되었다. 축제 기간에는 의식이 열리는 집에 남자는 절대 들어갈 수 없었다. 남자 주인도 다른 숙박업소를 찾아야 했고, 심지어 남자 그림이나 조각상도 치워야 했다. 유베날리스는 숫쥐도 감히 머물지 못했다고 썼다. 당시에는 카이사르가 최고 대사제였으므로 그의 집이 신성한 의식을 집행하는 곳으로 선택되었다. 클로디우스(키케로는 늘 푸블리우스를 이렇게 불렀다)는 이 축제를 매우 좋은 기회로 여겼다. 플루타르코스에 따르면, "매우 신중한 여인"이었던 폼페이아의 시어머니가 엄격하게 감독했기 때문에 클로디우스와 폼페이아의 연애는 제대로 이루어지지 못했는데, 이 축제 때는 그렇게 주의 깊게 감독하는 시어머니도 마음을 놓을 것이기 때문이다. 클로디우스는 소년처럼 매끈하게 생겼기 때문에 여성 복장을 하기에 안성맞춤이었다. 그가 노래하는 소녀로 변장하고 집에 가면 폼페이아가 하녀를 보내 문 앞에서 맞이하기로 약속되어 있었다. 그는 이 무분별한 모험을 감행하면서 틀림없이 열정에 사로잡혔을 것이다. 그가 집으로 들어갔을 때, 하녀는 기다리라고 요청한 후에 황급히 자신의 여주인을 찾으러 갔다. 그러나 아무리 기다려도 하녀가 돌아오지 않자, 참을성 있게 기다릴 줄 모르는 사람이었던 클로디우스는 직접 폼페

---

2) 플루타르코스, 「영웅전(*Bioi paralleloi*) : 카이사르 편」(이하 *Caes*.으로 표기) IX. 플루타르코스에 따르면, 클로디우스는 발각되었다. 그러나 키케로는 그렇지 않았다고 전한다.

이아를 찾아나섰다. 그러나 뭔가 잘못되어가고 있었다. 폼페이아의 용기가 부족했을 수도 있다. 그가 집안 곳곳을 돌아다니자 시어머니의 한 하녀가 그를 발견하고는 자기에게 와서 함께 연주해야 한다고 큰 소리로 유쾌하게 말했다. 클로디우스가 주저하자 그 하녀는 무슨 문제가 있느냐고 물었고, 그때 신중했던 시어머니가 의심을 품었을 가능성이 더 높다. 플루타르코스는 이 축제 때 음악을 연주하는 관습이 있었다고 전하는데, 무엇을 연주했는지를 알 수 있다면 매우 즐거운 일이 될 것이다. 그러나 클로디우스는 너무나 건방지고 무모해서 다른 사람이라면 상상할 수 없을 만큼 어리석게도 그녀에게 대답을 했고, 목소리 때문에 그가 남자라는 사실이 드러나고 말았다. 그녀는 "남자다, 남자다!"라고 고함을 쳤고, 결국 돌이킬 수 없는 일이 일어나고 말았다. 큰 소동이 벌어졌다. 시어머니는 "성물들"을 덮고, 거룩한 의례를 무효로 선언한 후에, 집 안 곳곳을 수색하도록 명했다. 그러나 수색은 헛되이 끝났고, 클로디우스는 폼페이아의 하녀의 도움으로 몰래 빠져나갔다. 그럼에도 불구하고 현장에 있던 사람들이 클로디우스를 알아보았고, 당연히 다음 날 아침 이 유쾌하지만 끔찍한 추문이 전 도시에 떠들썩하게 퍼졌다.

여성들은 이 추문을 최대한 부풀려서 말했다. 한 호민관이 신성한 의식을 모독한 범죄자를 탄핵했고, 여러 명의 남편을 설득하여 명백하게 입증된 이 범죄에 더하여 모든 로마의 여성이 부들부들 떨면서 친구들에게 이야기하고 있는 다른 죄, 즉 그가 누이 가운데 한 명, 혹은 세 명의 누이 모두와 근친상간을 범했다는 명백히 입증하기 어려운 죄를 추가로 제기했다. 클로디우스는 그저 자신은 그 축제 기간에 교외에 있었고, 그것을 입증할 증인이 있다고 선언하는 데 만족했다. 카이사르는 이 문제에 대해서 극도로 표정 관리를 했다. 즉 그는 소문 가운데 한마디도 믿지 않으며, 클로디우스는 결코 자기 집에 없었고, 소문은 많은 여자들의 이야기로 생각한다고 맹세했다. 그가 폼페이아와 헤어졌던 것은 사실이지만, 모든 남자들이 마음에 들어하는 이유를 마련했는데, 그것은 카이사르의 아내는 의심조차 받아서는 안 된다는 유명한 말이었다.

클로디우스가 스스로 즐겼다고 생각하는 것도 무리는 아니다. 신성모독에 대한 재판이 열렸던 것은 확실하지만, 그는 빠져나갈 구멍을 알고 있었다. 그런데 키케로가 이 사건에 연루되었다. 키케로는 바로 그 축제일 저녁에 클로디우스를 만나기 위해서 그의 집을 방문했기 때문에 그가 도시에 있었다는 사실을 증언할 수 있는 처지였다. 그가 이 문제에 대해서 움직이기를 극도로 싫어하며, 그 이유는 세 자매 가운데 가장 아름다웠고 유명했던 사랑스런 클로디아(푸블리우스의 누이로 방탕한 생활로 유명했다/역주) 때문이라는 소문이 나돌았다. 그가 종종 편지에서 그녀를 언급한 것은 확실하고, 그녀를 "우리의 황소 눈을 가진 여신"이라고 부른 것은 ─ 다른 곳에서는 그녀의 번쩍이는 큰 눈이라고 불렀다 ─ 어떤 친밀한 관계를 가리킬 수도 있다. 아무튼 플라우투스가 묘사한 전형적인 로마 부인 가운데 한명이었던 키케로의 아내가 최후통첩을 했고, 키케로는 기소자

측의 주요 증인으로 나섰다. 이때 키케로가 야기한 적대감은 그의 인생 내내, 심지어 그 이후에도 끈질기게 그를 따라다녔다. 현명한 사람이라면 클라우디우스 가문 사람과 같이 지체 높은 자들을 공격하는 일은 피했을 것이고, 매우 다양한 인물들과 교류하는 키케로와 같은 유연한 정치가는 그 사실을 매우 잘 알고 있었다. 그러나 플루타르코스에 따르면, 키케로의 아내 테렌티아는 격렬한 여자였다.

키케로의 한 편지가 사건의 전말을 상세히 전한다.[3] "당신이 이 재판에 대해서 알고자 하지만, 그 결과는 믿을 수 없는 것이었소. 뛰어난 켄소르처럼 기소자는 악한들을 배심원에서 배제하고자 했고, 피고는 인정 있는 검투 조련사처럼 존경할 만한 사람을 모두 배제하려고 했기 때문에 큰 소란 속에 배심원 기피 현상이 일어났소. 배심원단을 최종적으로 구성할 때, 심지어 도박장에서보다 더 불명예스러운 추첨이 행해졌소. 그럼에도 불구하고 고귀한 보결 배심원들은 호위대 없이는 법정으로 가지 않겠다고 선언했소. [앞 편지에서 키케로는 클로디우스가 여러 무리의 악한들을 거느리고 있다고 말했다.] 아무도 클로디우스가 변호에 성공할 것이라고 생각하지 않았소.

'무사 여신들이여, 이제 저에게 말해주소서, 처음에 어떻게 불이 시작되었는지를.' '대머리'[키케로는 로마 최고의 부자였던 크라수스를 이렇게 불렀다]가 오직 노예 한 명의 도움을 받아서

---

3) *Ad Att.* I, 16.

불과 며칠 만에 모든 일을 처리해버렸소. 그는 모든 사람을 불러서 약속을 하고, 안전을 보장하고, 계약금을 지불했소. 일부 배심원은 심지어 어떤 여성들과의 한때— 밤에— 를 제공받았고, 또 일부는 좋은 가문의 젊은 남성들을 소개받았소. 그랬음에도 불구하고 배심원들 가운데 25명은 자신의 목숨을 걸 만큼 용감했소. 그렇지만 31명은 명예보다 배고픔의 영향을 받았소. 후에 배심원단 가운데 한 명을 만났던 카툴루스는 '당신들은 왜 호위대를 요청했습니까? 소매치기를 당할까봐 두려웠습니까?'라고 말했소. 이 사실로 당신은 소송을 간략하게 파악하고 무죄 방면의 이유를 알 수 있을 것이오. 그러나 나는 애국자들의 수 그러드는 애국심을 깨우는 그런 사람이었소. 나는 재판이 끝난 직후 원로원에서 연설했고, 교묘한 영감에 이끌려 다음과 같이 말했소. '클로디우스여, 당신은 잘못 생각하고 있소. 배심원들은 공적 생활을 하라고 당신을 구해준 것이 아니라, 교수대로 보내기 위해서 그렇게 했소. 원로원 의원들이여, 마음을 단단히 먹고 힘을 내십시오. 우리는 눈에 띄지 않고 간과되어온 죄를 발견했을 뿐입니다. 한 악한에 대한 재판은 그 자신뿐만 아니라 많은 사람이 죄인이라는 것을 드러냈습니다.' 그때 나는 내 연설의 전부를 당신을 위해서 거의 필사해놓았소. 그러자 그 예쁜 소년(클로디우스/역주)이 일어나서는 내가 바이아이에서 시간을 보냈다고[우리가 나이트클럽이나 몬테카를로(도박장으로 유명함/역주)에서 시간을 보냈다고 말하는 것에 해당한다] 비난했소. 그것은 거짓말이었고, 설령 정말이라고 해도 무슨 상관이 있겠소? 그는 '당신은 집을 샀습니다'라고 말했소. 나는 '당신은 그 것이 배심원을 사는 것과 같다고 생각하는 것 같습니다'라고 대답했소. 그는 '그들은 당신이 맹세하고 한 말을 믿지 않았습니다'라고 대꾸했다. 거기에 대해서 나는 '25명은 나를 신뢰했지만, 나머지 31명은 당신을 믿은 것이 아니라 먼저 돈을 챙기기 위해서 애썼을 뿐이오'라고 대답했소. 커다란 박수갈채 소리에 그는 무너져내렸소."

그랬다, 그러나 아무 일도 일어나지 않았다. 선의를 가지고 있는 시민들이 박수갈채를 보냈을 테지만, 그것과 불편은 말할 것도 없고 닥칠 수 있는 위험을 감수하고서 개인적으로 노력한다는 것은 완전히 다른 문제였다. 이렇게 키케로가 애국심을 인상적으로 표명한 후 얼마 되지 않아서 클로디우스는 고위 관직에 선출되었다.

현대인이 당시의 기록을 읽으면, 다른 사람도 아니고 명민하고 유능했던 로마인이 그런 상황이 계속될 것이며 국가가 투표 제도나 재판정의 신뢰를 완전히 상실한 채 유지될 수 있다고 믿었다는 사실을 납득하기 힘들 것이다. 그러나 사실이 그랬다. 초인이었음에도 불구하고, 키케로조차도 재난의 징조를 전혀 예견하지 못했다. 확실히 그는 이런저런 종류의 불신이 국가에 치명상을 입힐 수 있다고 항상 말했지만, 그런 일이 일어나리라고는 한순간도 믿지 않았다. 법은 무시되었고, 법정은 경멸당했으며, 무장한 무리들이 로마의 광장— 포룸— 에서 서로 대치했다. 선거는 익살극이었고, 늘 가장 큰 지갑을 가진 사람이 당선

되었지만 아무도 신경쓰지 않았다. 왜 그들이 신경을 써야 했겠는가? 거대한 도시에서 삶은, 이전 세계의 어떤 곳과 비교할 수 없이, 매우 편안하고 유쾌하게 계속되었다. 정부나 다른 어떤 것에서 급격한 변화 또한 생각할 수도 없었다. 사업은 잘되었고, 속주에서는 거대한 부를 신속하게 축적할 수 있었다. 본토에서는 보통 사람들을 만족시키는 것이 어렵지 않았다. 모두가 투표권을 가진 공화국에서 시민들은 돈을 벌 수 있는 쉬운 길을 알고 있었고, 심지어 광범위한 실업이 발생했어도 더 이상 위협이 되지 않았다. 지배자들이 식량을 싸게 공급했고, 극장과 각종 경기의 무료 입장권을 배부했기 때문에 시민들은 계속 만족했다. 법정과 세 명의 유력자로 하여금 그들이 하고 싶은 대로 계속하게 하라. 분별 있는 사람들이 원하기만 하면 누릴 수 있는 유쾌하고 안락한 삶을 제외한다면 정말로 중요한 것은 아무것도 없다. 키케로는 잠시 통치에 대한 열정을 잃었던 시기에 그의 동생에게 이렇게 썼다.[4] "현재의 우리와 우리 시대보다 더 부패한 것은 상상할 수도 없다. 따라서 정치에서 아무런 즐거움도 얻을 수 없다. 내가 왜 안달복달하는지 모르겠다. 나는 문학, 내가 즐겨 추구하는 연구, 농촌 집에서 누리는 여유, 그리고 무엇보다도 내 아이들에게서 즐거움을 찾는다."

이 편지가 쓰인 지 10년 후에 공화국은 막을 내렸다. 안토니우스와 아우구스투스가 로마 세계를 양분했다. 목을 잃은 키케

---

4) 키케로, 「동생 퀸투스에게(*Epistulae ad Quintum Fratrem*)」(이하 *Q. Fr.*으로 표기) III, 9.

로의 시체는 해변에 누워 있었다. 자신의 한 편지에서 키케로는 나쁜 의도를 가졌을 때는 어떻게 해야 할지 알기 쉽지만, 좋은 의도를 가졌을 때는 그러기 어렵다고 하면서 "국가를 다스리는 법은 어렵다"고 썼다.

5

—

키케로

대부분의 매우 유명한 사람들에 대해서 우리는 오직 그들의 화려한 외관만을 알고 있다. 그들의 내면을 열고 안으로 들어가기는 매우 힘들다. 키케로는 그의 내면으로 들어갈 수 있는 길을 열어놓은 몇 안 되는 사람들 가운데 한 명이다.

우리 모두는 그가 무엇을 했는지에 대해서 일반적으로 잘 알고 있다. 그는 고대의 가장 위대한 두 명의 연설가 가운데 한 명이고, 이와 비교하면 다른 점은 모두 대단치 않다. 이것이 그에 대한 전통적인 견해이고, 한 가지 관점에서 볼 때 이는 진정 사실이다. 2,000년이 지난 오늘날에도 그의 연설들은 여전히 살아 있고, 그 연설들이 위대한 시대에 했던 역할은 지금도 감동을 불러일으킨다. 그러나 그가 쓴 작품 대부분은 독립적으로 살아가는 이런 힘을 발휘하지 못한다. 정치, 철학, 수사학에 관한 그의 논설들은 많은 다른 책들처럼 도서관을 장식하고 있지만 결코 읽히지 않는다. 하지만 아무리 그렇다고 해도 그의 저작들은 세상의 존경과 경탄을 요구할 만한데, 그의 글만큼 헌신적인 독자를 많이 확보했던 저작은 별로 없기 때문이다. 「노년에 대하여(*De Senectute*)」, 「우정에 대하여(*De Amicitia*)」와 같은 그의 가장 유명한 소론(小論)들을 일별해보면, "이거 뭐 당연한 얘기를 계속하지"라는 생각이 자꾸 들기 때문에 참고 읽을 수가 없게 된다. 그러나 우리가 당연하게 여기는 이런 공리(公理)는 한때 기묘하게 새로운 것이었고, 그것들을 일반화시킨 사람은 바로 키케로였다. 오랜 세월 동안 그는 그리스의 성취를 인류에게 전해주는 주요 통로였다. 그는 모든 사람이 읽고 믿을 수 있도록 그리스의 성취를 기록으로 남기는 능력을 발휘했다. 그는 그리스의 사상을 거대한 로마 문명에 장착시켰고, 이로 말미암아 로마가 문명화시켰던, 아직 형체도 없던 거대한 무리가 너무 높이 솟아 있어서 쳐다볼 수조차 없었을 문명(그리스 문명/역주)을 어렴풋하게나마 파악할 수 있었다.

이런 성취는 널리 인정되는 것이기 때문에 예증할 필요가 없다. 또한 그가 만들어낸 공리들을 다시 언급하는 것은 지루한 일이 될 것이다. 그러나 몇 가지 사실만은 짚고 넘어가자. 우리의 몇몇 추억들은 키케로가 수립한 표준과, 그가 완고한 이 세상에 끼쳤던 영향으로 인해서 생겨났다. 신사(gentleman), 여러 세대 동안 중요한 의미를 가지고 있었던 영국 신사는 영국의 학교에서 키케로를 열심히 익히는 것으로 시작했고, 확실히 그러한 훈련을 통해서 양육되었다. 우리의 연설가, 키케로는 신사의 자질에 대해서 정통했다. 물론 이것이 그가 늘 아는 것에 걸맞게 살았음을 의미하지는 않는다. 그의 연설이 신사다운 절제의 본보기는 아니지만 그는 거기서, 그가 그래야 했듯이, 법정의 관습을 따랐다. 실제로 자신의 모습이 담긴 편지들에서 그는 늘 훌륭한 훈육을 완벽하게 받은 자의 자질을 보여주었다.

신사의 근본적인 원칙, 즉 거래에서 한 집단의 성원 하나가 희생되어야 한다면 반드시 자신이 바로 그여야 한다는 원칙이 그의 소론에서 확실하게 규정되었다. 그는 또한 베풂에 인색하지 않는 것도 신사의 기본적인 덕목이라고 생각했다. 그는 절약한다는 핑계로 비열함을 감추는 것에 대해서 단호하게 맞섰다. 정치적인 문제에서 신사들은 당파가 다를 경우, 아무리 민감한 문제라고 해도 서로 간에 논쟁의 열기 속으로 뛰어들어서는 안된다. 그들은 먼저 잘 훈육된 사람이어야 하고, 그 다음에 정치가 혹은 적대자여야 한다. 그리고 신사(법률가가 아니라는 것에 주의하라)는 어떤 자극을 받더라도 상대방의 사생활을 입에 담아서는 안 된다. 이런 행동규칙들은 신사의 눈에는 매우 중요한 것이다. 2차 「필리포스에 대항하여」(기원전 4세기 마케도니아의 필리포스 2세가 그리스로 진격할 때 아테네의 데모스테네스가 그에 반대하는 연설을 했다. 키케로는 안토니우스가 또다른 필리포스 2세라고 생각하여 그에 반대하는 연설을 이렇게 불렀다/역주)에서 키케로가 마르쿠스 안토니우스에게 퍼부은 끔찍한 비난 가운데 하나는 그가 신사의 예법을 어겼다는 것이다. "그는 자신이 내가 예전에 썼다고 주장하는 편지를 공개적으로 인용했습니다! 명예로운 사람의 길을 조금이라도 알고 있는 사람이라면, 나중에 행해진 어떤 잘못을 공격하기 위해서 편지를 썼을 때는 친구였던 사람이 쓴 편지를 인용할 수 있겠습니까?" 이런 말들은 영국 교육의 필수적인 일부가 되었을 때 비옥한 토양에 뿌려진 씨앗과 같았다.

어떤 교사가 너무나 효과적으로 가르쳐서 그의 가르침이 인류의 근본적인 신념에 항구적인 영향을 끼쳤고, 그래서 그를 다시 찾는 이가 없을 정도라고 한다면 그것은 정말 대단한 성취이다. 하지만 그것은 2급의 성취이다. 가장 위대한 작가들은 일반적인 의식 속으로 들어가서 존재를 멈추는 일을 하지 않는다. 우리는 그들로부터 활력을 얻지만, 다시 충전하러 그들에게로 돌아가지 않을 정도까지 그들을 고갈시키거나 사라지게 할 수 없다. 그들은 "음악에 따라서 세워진, 따라서 결코 세워지지 않았고 계속해서 세워지는"[1] 도시에 속한다.

플라톤은 단순히 우리 도서관의 서가 한 칸을 차지하고 있는 것이 아니다. 그러나 시인에 대한 플라톤의 비유에 따르면, 키케로는 "영감을 받지 않았고, 그의 영혼에는 광기의 기미가 없기 때문에"[2] 성전에 들어가는 것을 허락받지 못한 사람이다. 그의 위대한 연설들에는 뜨거운 정열이 있다. 그는 불행한 사람 혹은 불행한 공화국—그가 친구에게 쓴 바에 따르면, 그가 지상에서 가장 소중히 여기는 것—을 위해서 변론할 때 열정을

---

1) 앨프레드 테니슨, 「왕의 목가(Idylls of the King)」의 한 구절/역주.
2) 플라톤, 「파이드로스(*Phaidros*)」, 245a/역주.

가졌고, 그 열정을 위대한 말들로 표현할 줄 알았다. 그러나 그의 열정은 비개인적 세계라는 엄격한 영역에서는 실패하고 소멸했다.

키케로는 전형적인 로마인은 아니었지만 그때까지 세계가 보았던, 그리고 그 후 2,000년 동안 보게 될 도시 가운데 가장 실용적이고 효율적인 도시가 모든 로마인에게 제공하는 교육을 받았다. 그는 사상 연구가 요구하는 전념하는 마음을 가지고 있지 않았으며, 그것을 원하지도 않았다. 그는 무엇이든 행동에 옮기는 것을 즐겼으며, 군중 속에서 할 수 있다면 더욱 좋아했다. 일 없이 홀로 있을 때면 그는 따분해했다. "나는 이 일 저일에 끌려다니기 때문에 이 몇 줄을 쓸 시간을 내기 위해서 중요한 문제를 처리하는 가운데 짬을 내야 했소." 이런 표면적인 불만 속에는 깊은 만족이 담겨 있다. 로마에서 쓴 모든 편지에 이렇게 일에 지친 사업가의 태도가 전면에 부각되어 있고, 시골에 가서 자신의 유쾌한 빌라에 거주할 때도 상황은 크게 다르지 않다. "글쓰기는 불가능하다. 내 집은 공공 회당과 같아서, 마을 사람들로 너무나 붐빈다. 물론 10시가 넘으면 이 작은 사람들이 나를 괴롭히지 않지만, 아리우스가 옆집에, 아니 더 정확하게 이야기하면 나와 함께 산다. 반대편 옆집에는 세보수스가 산다!"[3] 그는 다음 편지에서 "내가 이런 말들을 쓰고 있을 때 세보수스가 들어왔고, 겨우 한숨 돌리려니 아리우스가 아침 인사를

---

3) *Ad Att.* II, 15.

했다. 도시를 떠나서도 이렇게 살아야 한다니!" 그럼에도 불구하고 그가 따분해할 정도로 일이 없고 여유가 생겼을 때 더 행복했던 것은 아니며, 그럴 때 쓴 편지들은 확실히 훨씬 더 무뎌진 느낌을 준다. "이 고독보다 유쾌한 것은 아무것도 없을 것이다. 해안, 바다 전경, 작은 언덕을 비롯한 모든 것이 당신이 생각하는 것보다 훨씬 더 매력적이다. 그러나 그것들은 긴 편지를 쓸 만한 것이 아니다. 그것밖에 할 이야기가 없고 매우 졸린다."4) 키케로를 깨어 있게 하기 위해서는 자연이나 명상보다 좀 더 자극적인 것이 필요했다. 그는 거대한 세상을 움직이고 싶었다. 그는 정치를 원했고, 거기에서 매우 중요한 역할을 하고 싶어했다.

키케로는 자신의 야망을 성취했다. 카틸리나의 음모를 진압했을 때 그는 로마에서 가장 중요한 사람이었고, 그 후 거의 20년간 모든 정치 투쟁의 선봉에 서서 싸울 만큼 위대한 사람이었다. 그는 포룸에서 비난의 포격을 가했고, 불의에 대항하여 열정적으로 변론했으며, 국가를 지키라고 유약한 원로원의 의원들을 북돋았고, 헌신적인 공화파였으며, 옛 로마의 전통적인 애국자였다.

이것이 키케로의 장엄하고, 위풍당당한 외관이다. 대부분의 역사적인 영웅들의 경우가 그렇듯이, 키케로의 편지가 남아 있지 않았다면 우리는 오직 그의 이런 모습밖에 볼 수 없었을 것

---

4) *Ad Att.* XII, 9.

이다. 그러나 800통이 넘는 그의 편지 중에서 반 이상이 그가 매우 친밀하게 지냈던 한 남자에게 쓴 것이다. 키케로는 아티쿠스에게 속일 것이 없었고, 그 앞에서는 어떤 가면도 쓰지 않았다. 그는 있는 그대로의 자신을 아티쿠스에게 보여주는 데 만족했다. 다른 친구들에게 보낸 편지에서 키케로는 자신이 로마의 지도자들 가운데 한 명으로, 로마의 지도자들이 늘 그랬듯이 고상한 동기에 의해서 움직인다고 기억했으며, 그 친구들이 그렇게 기억하도록 만들려고 했다. 그들에게 키케로는 "오직 명예로운 것만이 진정으로 이익이 된다", "진정한 가치는 늘 승리한다", "올바른 것이 아니라면 아무것도 편하지 않다"고 확신한다고 썼다. 그러나 아티쿠스에게는 결코 이런 문체로 쓰지 않았다. 그는 아티쿠스에게서 완벽한 편안함을 느꼈다. 그는 아티쿠스에게 모든 것에 대해서 말하고 싶은 대로 이야기할 수 있었고, 다른 누군가에게 썼다면 예의를 차려서 엄숙하게 말했을 문제들을 농담거리로 삼을 수도 있었다.

아티쿠스가 키케로에게 쓴 편지는 한 통도 남아 있지 않으며, 이른바 아티쿠스의 전기라고 전해지는 것은 길게 늘어지는 찬사에 지나지 않는다. 그러나 그는 그 시대의 수많은 정치적 격변을 겪으면서도 거대한 재산을 온전히 보전했고, 장수―당시에는 세속적인 지혜를 발휘해서 살았다는 상징물―했다고 알려진다. 그리고 키케로의 편지가 던지는 추가의 빛을 통해서 판단해보건대, 그는 냉정한 사업가로 걸출했고, 실용적이고 유익한 것을 지침으로 삼았으며, 자신의 친구들이 다른 표준을 가지고 있을 경우 숨기지 않고 편안하게 그것을 내세울 수 있도록 해주는 사람이었다. 키케로는 "나는 다른 누구에게도, 심지어 나 자신에게도 당신에게만큼 자유롭게 말할 수 없다"고 이야기했다. 따라서 우리는 키케로가 아티쿠스에게 보낸 편지들을 열쇠 삼아서 그의 마음을 열어보고, 그의 인생의 내면을 들여다볼 수 있다.

키케로는 자신의 사위가 한 부인이 남긴 재산을 유증받았다고 이야기했다. 그는 다른 두 명과 나누어가져야 하기 때문에 그녀의 재산의 3분의 1을 차지할 수 있었지만 이름을 변경해야 한다는 조건이 붙어 있었다. 키케로는 유쾌하게 "귀족이 한 여인의 유언 때문에 이름을 바꾸는 것이 올바른 일이라면 그것은 좋은 일이다— 그러나 우리가 유산의 3분의 1의 3분의 1이 얼마나 되는지를 안다면 좀더 합리적으로 결정할 수 있을 것이다"[5]라고 논평했다.

키케로는 많은 사람들이 느꼈지만 누구도 말하고 싶지 않은 것을 솔직하게 적었다. "내가 당신의 친구들 가운데 누구를 칭찬하면 그들에게 알려주시기 바라오. 최근에 보낸 편지에서 바로가 나에게 친절을 베풀었다고 썼는데, 당신은 그것을 듣고 매우 기뻐했다고 대답했소. 그러나 나는 당신이 그에게 내가 원하는 모든 것을 그가 하고 있다고 편지하기를 바랐소. 그가 그렇게 하고 있기 때문이 아니라, 그렇게 하도록 만들기 위해서 말

---

5) *Ad Att.* VII, 8.

이오."6)

키케로는 자신의 연설 효과에 대해서 다른 사람들에게 말할
때는 "내 재능의 성숙한 결과물, 내 노력의 완성된 산물"이라고
말했지만 아티쿠스에게 이야기할 때는 농담거리로 삼기도 했다.
"나는 나의 연설을 장식하기 위해서 저토록 붉은 조각─불과
검에 대한 문장(文章)들─을 너무나 자주 사용한다. 당신은 내
팔레트 위에 그려져 있는 그림들을 알고 있소. 신들이시여, 저
는 너무나 우쭐댔습니다! 당신은 내가 얼마나 큰 소리로 이야기
할 수 있는지 알고 있소. 이번에는 너무나 큰 소리로 이야기해
서 저 멀리 있는 당신에게까지 들릴 것이라고 생각되오."7)

키케로는 그동안 미워해왔고, 나라 안의 모든 좋은 것을 파괴
하는 자라고 거듭해서 비난했던 카이사르와 타협해야 했을 때,
다른 친구들을 위해서 자신의 동기를 포장할 매우 좋은 말을 찾
았다. "모든 권력을 손에 쥐고 있는 사람에 대해서 말해보자면,
나의 노력을 통해서 아직 자유가 살아 있었을 때 나는 자유롭게
말하는 것이 나의 의무라고 생각해왔지만, 이제 자유가 사라졌
으므로 그의 바람에 반대하는 말을 하는 것은 더 이상 나의 권
리가 아니라고 생각한다. '덕'의 진정한 의미를 파악할 수 있는
철학자들의 의견에 따르면, 현자가 잘못된 행동을 피하는 일보
다 더 중시하는 것은 없다."8) 그러나 그는 아티쿠스에게는 다르

6) *Ad Att.* II, 25.

7) *Ad Att.* I, 14.

8) 키케로, 「친지들에게(*Epistulae ad Familiares*)」(이하 *Ad Fam.*으로 표기) IX, 16.

게 썼다. "카이사르에게 보낸 편지에 대해서 말하겠소. 그가 원하는 것 이외에 내가 다른 생각을 할 수 있었겠소? 그에게 빌붙으려는 것을 빼면 내 편지에 다른 목적이 있겠소? 당신은 내가 진정으로 원하는 것을 그에게 말하고자 했다면, 적절한 단어들을 찾기 위해서 노심초사했으리라고 생각하오? 그러나 보수주의자들은 뭐라고 말하겠소? [다음은 다른 편지의 내용이다.] 내가 뇌물을 받고 의견을 바꾸었다고 말하겠소? 그리고 600년 후에 역사는 나에 대해서 뭐라고 말하겠소. 나는 오늘날의 하찮은 소문보다 후대에 이루어질 역사의 평가가 훨씬 더 두렵소. 아마 당신은 '품위가 무슨 소용이 있습니까. 그것은 정말 낡은 것입니다. 당신의 안전을 생각하십시오'라고 말할 것이오. 오, 당신이 여기에 있다면 얼마나 좋겠소! 아마 지금 나는 높은 이상에 대한 나의 열망 때문에 눈이 멀어 있는 것 같소."[9]

키케로는 도덕적 의무에 대해서 매우 유명한 논고[10]를 썼지만, 자신의 행동이 그것과 상치될 때면 유권자를 다루는 정치가의 행위는 다른 기준에 따라 평가되어야 함을 아티쿠스가 잘 알고 있어서 안심이라고 하면서 그런 행위를 훌륭하게 포장하기 위해서 애쓰지 않았다. 그의 사위인 돌라벨라가 정치적으로 중요한 인물이 되자 열렬하게 칭찬하는 장문의 편지를 썼다. "나는 자네가 영광을 차지하는 것에 대해서 크게 기뻐하네만, 솔직히 말하자면 그 기쁨 가운데 가장 큰 것은 사람들이 내 이름을

---

9) *Ad Att.* II, 19.
10) 키케로, 「의무론(*De Officiis*)」/역주.

자네의 이름과 연계시키는 것이라네. 루키우스 카이사르는 '친애하는 키케로여, 당신이 돌라벨라와 함께 영향력을 가지게 된 것을 축하합니다. 그는 당신 이후로 진정으로 콘술이라고 불릴 수 있는 최초의 콘술입니다'라고 나에게 말했네. 그런데 왜 내가 자네에게 권고하거나 뛰어난 사례를 제시해야겠는가? 자네 자신보다 더 뛰어난 사람은 아무도 없네."[11] 키케로는 이 편지의 사본을 아티쿠스에게 보내면서 이렇게 논평했다. "돌라벨라는 정말 뻔뻔스러운 녀석이오. 그는 나를 그의 혹독한 적으로 만든 것과 같은 이유 때문에 당신의 호의를 잃었소."[12]

마르쿠스 안토니우스가 호의를 요청하는 편지를 썼고, 키케로는 다음과 같이 매력적인 답장을 보냈다. "당신의 친절한 편지는 내가 호의를 베풀고 있는 것이 아니라 받고 있다고 느끼게 했습니다. 친애하는 안토니우스여, 나는 당신의 요청을 당연히 받아들입니다. 당신이 직접 호의를 요청하기를 바라는데, 그러면 내가 당신에게 가지고 있는 애정을 볼 수 있을 것이기 때문입니다."[13] 아티쿠스는 다음과 같은 논평과 함께 두 사람의 편지 사본을 받았다. "안토니우스의 요청은 너무나 원칙이 없고, 너무나 수치스럽고, 너무나 유해해서 차라리 카이사르가 돌아오기를 바랄 정도였소."

때때로, 그러나 매우 드물게 키케로는 아티쿠스에게 쓰는 양

---

11) *Ad Att.* XIV, 17.
12) *Ad Att.* XIV, 18.
13) *Ad Att.* XIV, 13.

식과 자기 본래의 웅장한 양식을 혼합했다. "나의 가게 두 개가 무너졌소. 사람들은 재앙이라고 말하지만 나는 화조차 나지 않소. 오 소크라테스여, 당신에게 결코 충분히 감사드릴 수 없을 것입니다. 신들이시여, 그런 모든 것들이 저에게는 참으로 하찮은 일입니다. 그러나 나는 손실을 이득으로 만들기 위해서 재건축 계획을 세웠소."14) 아티쿠스는 이 소식을 듣고 처음에는 침통해했다가, 소크라테스를 거론하는 것을 보고 상당히 짜증을 냈다가, 마지막으로 키케로가 이득을 낼 계획을 세웠다는 말에 안도했을 것이다. 키케로는 아티쿠스의 재산이 마치 자기 것이라도 되는 양 그의 재산에 의존하곤 했기 때문이다.

그러나 대체적으로 키케로가 아티쿠스에게 쓴 편지들을 종합하면 실망스러운 느낌이 든다. 고대세계의 많은 종족들 중에서 그리스인과 로마인이 특별히 우리의 이목을 끄는데, 그 둘 중 하나인 로마인의 역사에서 가장 흥미로운 순간에 쓰인 이 편지들은 거의 항상 매우 단조롭다. 그것들은 역사가 아니라, 사소한 일들로 가득 찬 일상생활을 연속성 없이, 계속 반복적으로 언급하고 있다. 종종 그것들은 편지라고 할 수도 없으며, 오히려 허둥지둥 간략하게 쓴 메모나 바쁜 사람의 일기장에 지나지 않는다. 문명세계와 야만세계의 모든 것이 쏟아져 들어오는 거대 도시가 키케로 자신의 연극만을 독점적으로 상영하는 작은 무대가 되었다. 그는 다른 어떤 것에 관심을 기울이기에는 너무

---

14) *Ad Att.* XIV, 9.

여유가 없었다. 여러 가지 문제가 산적했는데, 즉각 결정해야 할 정치 문제가 있었으며, 집을 사고, 툴리아(키케로의 딸/역주)의 남편을 고르고, 테렌티아(키케로의 아내/역주)를 위해서 돈을 벌어야 하는 문제가 있었다. 아티쿠스는 그가 충고한 것에 대해서 즉각 답변하곤 했다. 두 사람 사이의 편지들 중 90퍼센트가 이런 식으로 쓰였고, 이 때문에 결코 평범하지 않았던 그는 다른 주제들에 대해서 거의 쓰지 않았다. 고상함, 힘, 뛰어남은 주로 연설에서 발휘되었다. 그가 아테네에서(그는 아크로폴리스에서 숙박했었다!), 혹은 "경이로운 섬"15) 델로스에서, 혹은 낯선 도시들과 알려지지 않은 동방의 외로운 산속의 숙영지에서 쓰기도 했지만, 편지와 관련해서 그는 거의 항상 팔라티움에 있는 자신의 집에 머물러 있는 셈이었다. 주변의 다른 것에 대해서 관심을 보였다는 작은 징조도 없다. 그는 늘 서둘렀다. 그는 심부름꾼을 보내자마자 곧 다른 편지를 쓰기 시작했다. 그는 독점 자본가와 같았다.

그러나 천편일률적인 내용을 담은 이 모든 편지 덩어리 속에서 독특하게 호소력 있는 작가에 대한 상(像)이 등장하고, 따분하게 일상적인 것들 속에서 저 먼 옛날 사라져버린 도시 로마를 갑자기 살아나게 하는 논평과 이야기와 묘사가 여기저기에서 나타난다.

만약 키케로가 그렇게 정치에 열중하지 않았다면 어떻게 되

---

15) *Ad Att.* VI, 9.

었을까? 키케로가 사회생활보다 정치생활에 압도적인 관심을 기울였기 때문에, 오랜 옛날에 잊혀져버린 이런저런 후보들의 당선 가능성에 대해서, 혹은 아주 오래 전에 사라지고 잊혀진 조처들의 효과에 대해서 끔찍할 정도로 자세하게 토론한 수십 통의 편지가 남아 있지만, 여기저기 흩어져 있는데다 그나마도 지나가는 길에 언급된 몇몇 문장들만이 키케로 시대 로마의 세련된 계층이 추구했던 세계의 생활방식에 작은 빛을 비추어준다.

키케로는 분명히 사치스러웠다. 그는 아티쿠스의 충고로 메가라 대리석으로 만든 조각상들을 2만400세스테르티우스(로마의 소액 화폐 단위로 4세스테르티우스는 노동자의 하루 일당에 해당한다/역주)를 주고 구입했고, "체력 단련장(gymnasium)을 장식하고 집에 이르는 길에 열주(列柱)를 설치하기 위해서, 당신이 이야기했던 두부(頭部)는 청동으로 되어 있고 펜텔리콘 대리석으로 만든 헤르메스 인물상을 보내주시오. 나는 그것들과 사랑에 빠졌으니, 주저하지 마시오. 내 지갑은 충분히 넉넉하오"[16]라고 요청했다. 체력 단련장과 열주를 갖춘 집 전경이 어떠했는지는 그의 형제의 집에 대한 묘사에서 살펴볼 수 있다. "네 집의 모든 것이 좋았다. 목욕탕들, 산책로, 조류 사육장을 제외하고 모든 것이 완성되었다. 길에 설치된 열주가 장엄함을 연출했다. 기둥들은 광택이 났고, 멋진 아치로 만든 천장은 그

---

16) *Ad Att.* I, 8.

방을 훌륭한 여름날의 방으로 만들었다. 치장 벽토 작업을 구경하러 갔다. 나는 목욕탕의 열실(熱室)을 탈의실 구석으로 옮겼는데, 그래야 스팀 파이프가 직접 침실들 밑에 깔리기 때문이다. 나는 너의 정원사를 칭찬했는데, 그는 모든 것을 담쟁이덩굴로 덮었다. 심지어 그리스 조각상들도 담쟁이덩굴을 빛나게 하는 것처럼 보였다. 그곳은 가장 시원하고, 조경이 잘된 휴식처이다. 조각상들, 레슬링 운동장, 양어장, 물을 뿜어내는 분수대, 그 모든 것이 훌륭하다. 진실로 카이사르도 이용할 만한 건축물이다―그 사람보다 더 까다로운 감식가는 없지만 말이다."17) 그의 동생은 카이사르와 함께 갈리아에 있었고, 아마도 키케로는 "내가 나의 친구들을 칭찬할 때면 "친구들 가운데 누구를 칭찬하든 그들에게 알려주시기 바라오"라는 자신의 말을 동생이 실천해줄 것으로 생각했을 것이다. 이 편지는 본성 가운데 하나를 건드리면서 끝난다. "나는 너의 아들을 사랑한다. 그러나 그가 나를 떠나서 교육을 받도록 허락했는데, 그가 제 어머니 곁을 떠나 있을 때, 그가 먹는 양이 나를 깜짝 놀라게 만들기 때문이다."

때때로 우리는 노동을 전담하고 모든 오락거리를 제공했던 거대한 노예 세계를 슬쩍 엿볼 수 있다. 키케로는 아티쿠스에게 다음과 같이 썼다. "풀로 책장을 붙이는 작업을 돕기 위해서 당신의 도서관 노예 두 명을 보내주고, 그때 표지로 쓸 양피지 조

---

17) *Q. Fr.* III, 1.

각들을 가져가라고 말해주시오. 들자하니, 뛰어난 검투사 한 무리를 구입했다죠. 그들이 매우 뛰어나게 잘 싸운다고 들었소. 만약 그들을 임대하는 데 신경을 쓴다면 두 번의 공연에 들어간 경비를 벌 수 있을 것이오. 그 얘기는 그만 하겠지만, 나를 사랑한다면 도서관 노예를 보내는 것을 잊지 마시오."[18]

우리가 보기에 로마 생활에서 가장 이목을 끄는 특징인 검투 공연(로마의 검투 공연은 동물 도살, 범죄자 처형, 검투사끼리의 결투로 이루어졌다/역주)에 대해서, 키케로는 오직 한 번 상세하게 이야기했는데, 그것은 자주 인용된다. "그 게임들은 당연히 매우 장대했지만, 당신의 취향에는 맞지 않았을 것이오. 내 느낌에 그런 생각이 들었소. 아니, 그 게임들은 심지어 작은 규모의 게임들보다 매력이 없었소. 「클리타임네스트라(*Clytaemnestra*)」에서 600마리의 노새가, 「트로이의 목마(*Equus Troianus*)」에서 3,000개의 사발이 등장하는 장면을 보는 것에 무슨 즐거움이 있겠소? 5일 동안 매일 2회씩 맹수를 사냥하는 장면은 물론 장대하오. 그러나 왜소한 인간이 거대하고 힘센 맹수에게 찢기는 것이나, 훌륭한 맹수가 창에 찔리는 것을 보면서 교양 있는 사람이 무슨 즐거움을 느낄 수 있겠소? 그리고 그것이 비록 장관이라고 해도 당신은 그것을 너무나 자주 보았고, 내가 보기에 새로운 것은 아무것도 없었소. 마지막 날에 코끼리가 등장했는데, 매우 인상적이기는 했지만 군중들은 결코 즐거워하지 않았소. 진실로

---

18) *Ad Att.* IV, 4a.

측은한 감정, 그 거대한 생물이 인간과 어떤 종류의 우정을 가지고 있지 않을까 하는 감정이 느껴졌소."[19] 키케로는 검투사끼리의 시합을 도덕적인 관점에서 다소 좋아했다. 키케로는 "사람들이 그것을 잔인한 일이라고 말하고, 오늘날 행해지고 있듯이 실제로 잔인하지만, 확실히 관객은 다른 곳 어디에서도 할 수 없는 좋은 경험, 즉 고통과 죽음을 초월하는 훈련을 하게 된다"고 말했다.

키케로의 모든 편지에는 거대하고, 사치스럽고, 부패하고 악행에 찌든 도시가 사치와 부패와 악행에 반대하는 조처들을 통과시키기 좋아했다는 언급들이 나온다. 키케로가 매우 좋아했던 젊은이인 카일리우스 루푸스는 조롱에 능했는데, 키케로에게 편지를 보내어 빨리 로마로 와서 켄소르의 활동을 놀려먹자고 촉구했다. "그는 그림과 조각상에 크게 낭비하고 있습니다. 그는 켄소르 직을 진정 설렁설렁 하고 있습니다. 빨리 오셔서 비웃는 일에 동참하십시오. 아피우스는 그림과 조각상들로 바쁩니다!"[20] 아피우스(앞에서 설명했듯이 클로디우스의 형이었고 기원전 50년에 켄소르를 지냈다/역주)를 조롱하는 것은 당연히 유쾌한 일이었다. 그가 클로디아의 형제였고, 콘술들에게 뇌물을 준 사람이었기 때문이다.

키케로의 편지들에서 그 시대의 「스캔들 소식지(chronique scandal-euse)」는 매우 온건한 형태로 발견된다. 그 당시 로마의

---

19) *Ad Fam*. VII, 1.
20) *Ad Fam*. VIII, 14.

편지 예법은 놀랍다. 심지어 못된 행실에 대한 암시조차도 거의 없었다. 키케로가 추문을 전하는 대표적인 사례—이런 경우는 모두 합해도 몇 가지 되지 않는다—는 아티쿠스에게 보낸 편지에서 운이 없는 한 신사에 대해서 이야기한 것이다. 그는 가방을 수색당했는데, 그의 물품 가운데서 "로마 귀부인 다섯 명의 소형 상반신상이 발견되었소. 그 다섯 명은 모두 유부녀였소! 한 명은 브루투스의 누이였고, 다른 한 명은 레피두스의 아내였소. 그는 (처벌받을까봐) 초조해하지 않을 것이오."[21] 키케로는 로마가 비열한 악행과 외설스러운 이야기들로 가득 차 있을 때 이 편지를 썼음에도 불구하고, 추잡스러운 소문에 대해서 이 정도로밖에 언급하지 않았다. 키케로는 외설스럽기로 유명한 시대에 살았지만, 자신이 느끼는 대로 편안하게 글을 쓸 때는 품위 있는 마음을 변함없이 유지했다. 그는 외설스러운 추문들을 대부분 한 귀로 듣고 한 귀로 흘려버렸다. 이 점에서 키케로의 편지는 글래드스턴이 존 브라이트에게 쓴 것 같았다. 그는 한때 "나는 정숙하게 말하는 것을 좋아합니다. 스토아주의자들은 말하는 것 자체에 수치스럽거나 외설스러운 것은 아무것도 없다고 하면서 현명한 사람은 삽을 삽이라고 사실대로 부를 것이라고 말했습니다. 그러나 나는 지금까지 늘 그랬듯이 플라톤의 삼가기를 지킬 것입니다."[22] 글래드스턴은 자신의 예를 찾기 위해서 그리스까지 거슬러올라갔다. 그렇지만 우리는 근엄하고, 규

21) *Ad Att.* VI, 1.
22) *Ad Fam.* IX, 22.

율 잡힌 자제(自制)가 오랜 세월 동안 로마인의 생활지침이었다는 것을 키케로의 편지에서 볼 수 있다.

키케로의 편지들에서 저녁 만찬은 크게 부각되었다. 한번은 키케로 자신이 매우 의심스러운 모임에 있다는 사실을 깨달았는데, "훌륭한 여자들이 식사를 하고 있었소. 내 옆에 키테리스가 몸을 비스듬히 눕히고 있었소. 당신에게 말하노니, 그런 저녁 식사에 키케로가 있었소! 맹세코 나는 그녀가 그 자리에 있을 줄은 꿈에도 몰랐소. 심지어 내가 젊었을 때도 그런 종류의 일로 유혹당한 적이 결코 없었는데, 이제 늙었으니 그런 일은 더더욱 없을 것이오. 그러나 나는 모든 것을 자유롭게 이야기할 수 있는 저녁 만찬을 정말 매우 좋아하오."[23] 키케로는 그곳에서 무엇을 먹는가는 별로 중요하지 않다고 생각했다. 그렇지만 결코 그 문제에 무관심하다고 공언하지는 않았다. "나는 정말로 고급스럽고 맛있는 음식을 매우 좋아합니다. 그렇지만 당신(파피리우스 파이투스를 말함/역주)의 훌륭한 어머니가 저녁을 대접하겠다고 강하게 주장하신다면 저는 개의치 않겠습니다." 만찬을 주최하면서 지켜야 하는 표준은 참으로 높았다. 키케로는 바로 이 친구에게 "저는 뻔뻔스럽게도, 히르티우스에게 공작 고기 없이 저녁을 대접했습니다"라고 말했다.[24]

그 자신의 사생활은 거의 부각되지 않았다. 키케로는 자신의 딸이 세 번이나 결혼하고도 남을 나이인 60세에 이혼했지만, 이

---

23) *Ad Fam*. IX, 26.
24) *Ad Fam*. IX, 20.

혼이나 이혼을 야기했던 일에 대해서는 결코 언급하지 않았다. 테렌티아에게 보낸 많은 편지들은 애정으로 가득 차 있었다. 그는 자신의 망명 기간에 "모든 사람 가운데 진정으로 고귀하고, 신의 있고, 올바르고, 관대한 당신이 나 때문에 비참해지는 것을 생각하면 안타깝기 그지없소. 여태까지 그랬고, 지금도 나에게 당신보다 소중한 것은 아무것도 없소. 툴리우스(키케로의 씨족명/역주)는 아내 테렌티아와 사랑하는 딸 툴리아, 즉 그가 가슴 깊이 사랑하는 두 사람에게 사랑의 안부를 전하오"25)라고 썼다. 이런 식으로 편지를 시작하는 것은 매우 일반적이었으며, 점차 어조가 냉정해져서 마지막 부분은 편지라기보다는 문서로 된 명령에 가까웠다. "7일에 투스쿨룸 빌라에 도착할 것이라고 생각하오. 모든 준비를 마치도록 유념하시오. 다른 사람을 몇 명 데리고 갈 것이오. 목욕탕에 대야가 없다면 하나 마련하고, 다른 필요한 것들도 모두 갖추어놓으시오. 그럼 잘 지내시오."26) 테렌티아는 복종적인 아내가 아니었고, 이 편지를 받은 후 얼마 뒤에 이혼했다. 몇 달 후, 키케로는 부유하지만 너무 젊어서 자신의 보호를 받아야 하는 여성(푸블릴리아라는 10대 여성이었는데, 사람들이 어린 소녀와 결혼한다고 놀리자 키케로는 "그녀는 내일이면 여인이 될 것이오"라고 대답했다고 한다/역주)과 결혼했는데, 결혼한 지 몇 주일 만에 자신의 성급함을 통렬하게 후회했다. 키케로는 아티쿠스에게 "푸블릴리아는

---

25) *Ad Fam.* XIV, 1.
26) *Ad Fam.* XIV, 20.

그녀의 어머니가, 그리고 내가 허락한다면 그녀 또한 나를 보러 온다고 썼소. 그녀는 간절하고 겸손하게 요청하면서 답장을 해 달라고 간청했소. 얼마나 성가시게 구는지 아시겠죠. 나는 혼자 있고 싶다고 말했을 때보다 상황이 더 좋지 않으니 올 생각은 하지 말라고 대답했소. 나는 내가 그렇게 대답하지 않으면 그녀가 올 것이라고 생각했소. 이제 그녀는 오지 않을 것이라고 생각되오. 그러나 언젠가는 그녀와 그녀의 가족이 올 텐데, 그 이전에 얼마나 오랫동안 여기에 머물 수 있을지 알아봐주길 바라오"[27]라고 썼다. 물론 이혼이 쉬웠던 로마에서 푸블릴리아와의 결혼생활은 이내 끝났다.

키케로가 이렇게 혼자 있고 싶어했던 이유는 그가 끔찍이도 사랑했던 딸이 얼마 전에 사망했기 때문이다. 그는 자식을 둘 두었는데, 아들은 결코 만족스럽지 못했다. 반면에 툴리아는 그가 원하는 모든 것을 해냈기에 그는 딸을 헌신적으로 사랑했다. 키케로가 사망하기 2년 전, 딸이 죽었을 때 그는 절망적으로 비참했다. 그는 한 친구에게 "살아 있었을 때 그 애는 내가 언제나 피난갈 수 있는 성소, 안식할 수 있는 항구였네. 그 애와의 달콤한 대화는 나의 모든 걱정과 슬픔을 덜어주었지"[28]라고 썼다. 몇 달 뒤에 아티쿠스에게 쓴 편지는 그가 비탄에 잠겨 있었음을 보여준다. "나는 사람들과 이야기하는 것이 싫어졌소. 아침에 황량하고 우거진 숲 속으로 몸을 숨겨 저녁때까지 나오지 않소.

---

27) *Ad Att.* XII, 32.
28) *Ad Fam.* IV, 6.

당신을 제외한다면 고독보다 더 좋은 친구가 없소. 최대한 눈물을 참으려고 노력하지만, 마음대로 잘 되지 않소."29) 이렇게 키케로는 인생의 가장 깊은 슬픔을 느끼고 있었다.

키케로의 편지들에는 지금도 위대한 사람으로 인정받는 인물들이 끊임없이 등장했다. 폼페이우스는 초연할 수 있는 우월한 위치에서 마르쿠스 안토니우스를 "카이사르의 가엾은, 별 볼일 없는 부하"라고 불렀다. 키케로는 아티쿠스에게 보낸 편지에서, 안토니우스를 "주변에 배우 키테리스[저녁 만찬의 그 키테리스?]를 열려 있는 가마에 데리고 다니는 장난감 대장"30)이라고 조롱했다. 또한 "사람들이 그가 상스러운 남자와 여자를 태우고 다니는 7개의 가마를 가지고 있다고 수군거린다"고 말했다. 폼페이우스도 자주 등장했는데, 그는 기복이 매우 심한 인물이었다. 그는 로마를 지배하는 여러 해 동안 위대한 정치가이며 최상의 장군이었지만, 후에 카이사르가 세계를 제패하면서 인생의 위기를 맞았을 때 갑자기 정치가와 장군으로서의 자질을 모두 잃어버리고 필부(匹夫)의 결단력이나 상식조차 보여주지 못했다. 저 매력적인 젊은 악동 카일리우스 루푸스는 키케로에게 "폼페이우스는 원하는 것과 말하는 것이 완전히 다른 사람입니다. 그렇지만 자신이 원하는 것을 숨길 수 있을 만큼 영리하지는 못합니다"라고 썼다. 그는 또한 "폼페이우스가 바울리에서 식량이 떨어져 극도로 굶주렸다는 소식이 들려오는데 불쌍하다

---

29) *Ad Att.* XII, 15.
30) *Ad Att.* X, 10.

는 생각이 드는군요"31)라고 유쾌하게 덧붙였다.

그의 편지들에서 허풍선이들의 정체가 드러났고, 장대한 자
들의 위엄이 무너지곤 했다. 우리가 종종 무대에서 보고 가장
고귀한 로마인이라고 생각해왔던 사람들은 상상한 인물 됨됨이
와 전혀 어울리지 않게 처신했다.32) 키케로는 브루투스가 포르
티아와 결혼하려고 한다는 소식을 들었는데, 그는 이것이 그녀
에 대한 소문을 잠재우는 유일한 길이기 때문에 좋은 일이라고
생각했다. 키케로가 그리스에 갔을 때는 브루투스가 살라미스
사람들에게 돈을 빌려주고 연 48퍼센트의 이자를 요구했다는
사실을 알게 되었다.33) 키케로는 아티쿠스에게 "나는 연이율을
12퍼센트로 정한 내 자신의 칙령을 심지어 브루투스에게조차도
적용하지 못했소"34)라고 썼다. "브루투스가 보낸 편지 한 통—
이는 카이사르 암살 직후에 쓰였다 — 의 사본을 동봉하오. 그
것은 상당히 의심스러운 진술임을 고백해야겠지만, 그럼에도
불구하고 그는 남자다운 용기를 섬광처럼 보여주었소."

브루투스의 어머니 또한 용기라는 점에서 부족하지 않았다.
카이사르가 사망한 직후에 브루투스의 농촌 저택에 세 명의 유
력한 귀부인들, 즉 브루투스의 어머니 세르빌리아, 누이 테르툴

---

31) *Ad Fam.* VIII, 1. 여기에 언급된 폼페이우스는 본문의 주인공인 그나이우스
폼페이우스가 아니라 퀸투스 폼페이우스이다. 따라서 저자가 혼동한 것 같
다/역주.

32) *Ad Att.* III, 8.

33) *Ad Att.* VI, 2.

34) *Ad Att.* XV, 26.

라, 아내 포르티아의 모임에 키케로도 참석했다. 그들은 정세에 대해서 토론했는데, 브루투스와 카시우스(카이사르 암살의 주역 가운데 한 명/역주) 둘 다 원로원으로부터 하찮은 직책을 받는 모욕을 당했다는 의견을 주고받았다. 카시우스는 시칠리아에서 곡물을 구입하라는 명령만을 받았던 것이다. 그들이 숙고하고 있을 때 "카시우스가 눈을 번득이며 들어와서는 시칠리아로 가지 않겠다고 선언했다." 그러자 세르빌리아가 그 문제를 자신이 직접 처리하겠다고 약속했다. "세르빌리아는 곡물 공급 일을 원로원 칙령에서 빼버리겠다고 말했다."35) 이는 제대로 그 면모를 파악하기 힘든 로마의 세 여인들에 대한 기이한 상(像)을 제시한다. 명백하게 세르빌리아는 원로원을 마음대로 다룰 수 있다고 생각했다.

로마의 초대 황제이자 말 한마디로 문명화된 세계 전체를 움직이는 전제군주였던 위대한 아우구스투스는 황제권의 장엄한 장식을 갖추기 전에는 매우 인간적인 젊은이로 등장한다. 키케로는 그에 대해서 의심하면서 여러 번 머리를 흔들었다. 키케로는 카이사르가 사망한 지 몇 달 후에 쓴 편지에서 "사람이 자기 시대의 사람과 교육을 어떻게 믿을 수 있는가는 중요한 질문이다", "내가 아스투라에서 만난 그의 장인은 그를 결코 믿을 수 없는 인물이라고 생각했다"36)라고 썼다. 키케로는 아우구스투스가 그를 살해하라고 안토니우스에게 넘겨주기 1년 전에 쓴 편

---

35) *Ad Fam.* XV, 10.
36) *Ad Att.* XV, 12.

지에서 다음과 같이 말했다. "그는 그런 소년이다. 그는 자신이 원로원을 즉시 불러모을 수 있다고 생각한다. 그러나 누가 올 것인가? 그러나 지방 도시들은 이 소년에게 열광했다. 군중들이 그를 만나러 와서는 그에게 환호했다. 당신은 도대체 이 사실을 믿을 수 있겠는가?"[37] 키케로의 아우구스투스에 대한 마지막 선언은 "상을 주는 편이 나은 칭찬할 만한 젊은이, 그리고 제거하는 편이 나은 젊은이"였다. 아우구스투스에 대한 이 진술은 반복되었지만, 진술이 있은 후 3개월 만에 아우구스투스는 키케로를 암살하는 데 동의했다.

아쉽게도 클레오파트라는 드물게 다루어졌고, 오직 한 번 제법 자세히 다루어졌다. 키케로에게 그녀는 "꾸짖고, 웃고, 슬퍼하는, 모든 것이 잘 어울리는"[38] 왕비가 아니었다.

"클레오파트라. 나는 그녀를 정말 혐오했다. 당신은 내가 살고 있는 이 강 바로 건너에서 그녀가 몇 달 동안 살았다는 것을 알고 있다. 그녀보다 건방진 사람이 세상에 어디 있겠는가."[39] 틀림없이 클레오파트라는 왕의 위세를 앞세워 키케로를 경멸하는 태도로 맞았을 것이다. 키케로는 왕이라는 존재를 잘난 체하는 존재라고 생각했다. 두 사람의 대화가 남아 있지 않은 것은 유감이다. 키케로는 침묵 속에 복종하는 사람이 아니었다. 로마

---

37) *Ad Att.* XVI, 11.
38) 셰익스피어, 「안토니우스와 클레오파트라(*Antonius and Cleopatra*)」, 1막 1장에 나오는 글로 변덕스러움을 말한다/역주.
39) *Ad Att.* XV, 15.

의 전직 콘술과 하찮은 야만족 유력자가 아마도 이 적대자들(카이사르와 클레오파트라/역주)에 대한 키케로의 평가일 것이다.

이렇게 키케로의 편지에서는 가장 장엄한 자들의 위엄도 무너져버린다. 위대한 비극이 높은 곳에서 고상하게 사는 것으로 만들었던 위풍당당한 인물들이 이런 일상의 기록을 통해서 현대의 우리가 살고 있는 것과 같은 수준으로 내려왔다. 그럼에도 불구하고 거드름을 피우는 무능력자였던 폼페이우스, 고리대금업자 브루투스, 분별력이 없었던 포르티아, 방탕아 안토니우스, 심지어 건방진 왕비 클레오파트라가 때때로 위대한 인물로 부각되었다는 것도 진실이다. 그들이 살아생전에 그 위대함을 유지할 수 없었다고는 해도, 죽음으로써 그것을 성취할 수 있었다. 아마도 이는 결코 덜 중요한 문제가 아닐 것이다.

6

–

카이사르와 키케로

거의 모든 사람들이 명확한 이유 없이 로마가 낳은 가장 위대한 인물이라고 믿고 있는 카이사르는 키케로와 그의 친구들의 대화에서는 다른 명사들과 비교할 때 크게 부각되지 않았다. 이렇게 키케로가 카이사르를 자세히 다루지 않은 것은 우리에게 큰 손실인데, 카이사르가 자신에 대해서 거의 설명하지 않았기 때문이다. 그 주제가 무엇이든 어떤 책도 「갈리아 전기(*Commentarii de Bello Gallico*)」만큼 비개인적인 작품이 되기는 힘들 것이다. 그 책은 문학적으로 보았을 때 개인의 이야기가 없는 자서전의 대표적인 사례이다. 카이사르가 거의 모든 페이지에 나오지만, 다른 모든 등장인물과 정말 똑같은 방식으로 등장할 뿐이다. 패배와 죽음의 위험이 상존하는 가운데 힘겨운 장애물을 극복하고, 거의 이길 수 없을 같은 적과 맞서고, 과중한 책임을 수행하는 카이사르를 보여주는 이야기들에서, 그에게 기쁨과 슬픔 그리고 절망과 승리를 가져다주었던 것들에 대한 설명을 모두 살펴보면 모든 기록들이 완벽하게 초탈한 자의 관점에서 이루어졌고, 예외적으로 오직 짧은 두 문장만이 개인적인 감정의 흔적을 담고 있음을 알 수 있다.

첫 번째 문장은 그의 첫 번째 원정에 대한 설명을 마치는 부분에 등장하는데, 오직 한 문장에 불과하다. "카이사르의 편지를 보고 그의 성공에 대하여 알게 된 원로원은 15일간의 축하 기념 축제를 선포했는데, 이는 이전의 어떤 장군에게 허용된 기간보다 길었다."[1] 이 진술은 키케로의 문장이라고 해도 충분할 만큼 순박하다. 하지만 작은 빛줄기를 발하여 그토록 헤아리기 어려운 카이사르의 마음을 비춘다. 그는 이전의 어떤 사람보다 더 큰 명예를 차지하고 싶은 자신의 욕망을 충족시켜주는 이 기념 축제가 자랑스러웠다. 자신의 책에서 카이사르는 스스로를 늘 비인간적인 높은 곳에 두었다가 이 말들로써 잠시 보통 인간의 수준으로 내려왔다.

두 번째 문장은 전쟁에 대한 이야기로, 감정이 뚜렷하게 표출되어 있다. 그가 사랑했던 부하(가이우스 발레리우스 프로킬루스/역주)를 파견했는데, 그 일이 극도로 위험한 것으로 판명되자 카이사르는 너무나 괴로워했다. 이에 대해서 그가 쓴 이야기는 정말 인상적이다. 그의 설명에 따르면, "매우 뛰어나고, 공손하며, 고결한 젊은이"가 게르만족 진영에 사자로 파견되었다가

---

[1] 카이사르, 「갈리아 전기」 II, 마지막 부분.

붙잡혀서 구금당했다.[2] 카이사르가 알고 있음에도 불구하고 게르만족은 그를 죽이려고 했다. 카이사르는 그들을 공격하여 완패시켰다. "패주하는 적병들이 세 겹의 사슬에 묶인 그 젊은이를 끌고 가고 있었다. 게르만족을 추적하던 카이사르가 직접 그들을 붙잡았다. 장군은 승리 자체보다 운이 좋아서 자신의 소중하고 절친한 친구를 구했다는 사실을, 그리고 그가 그토록 소중히 여겼던 사람을 잃음으로써 승리의 의미가 퇴색되지 않은 것을 감사하게 여겼다."

이 능력이 뛰어나고 공손한 젊은이는 그 이후 역사에 등장하지 않는다. 카이사르의 다른 모든 저술, 「갈리아 전기」 7권과 「내전기(*Commentarii de Bello Civili*)」 3권(종종 그의 작품이 아니라고 판단된다)에서 이 이야기와 비교할 만한 것은 전혀 없다. 심지어 한 군단의 전멸과, 전멸 직전에 다른 한 군단을 구해낸 것을 진술할 때도 카이사르는 수세기 전에 이루어진 일들을 기록하는 역사가들이 보이는 감정 이상을 표출하지 않았다.

카이사르가 의도적으로 자신에 대한 이야기를 생략한 것은 아닌 듯하다. 그는 오직 한 가지, 즉 원정만을 염두에 두었고, 전쟁에 몰두하는 자신에 대해서만 관심을 기울였다. 확실히 그는 전쟁 이외의 것을 생각하는 독자가 있으리라는 것을 전혀 예상하지 못했다. 그는 언제나 말수가 적은 사람이었고, 자신에 대해서는 거의 말하지 않았다. 이런 침묵의 결과, 그에 대한 전

---

2) 카이사르, 「갈리아 전기」 I, 47.

설이 난무했다. 이는 카이사르가 사망한 직후 그의 첫 전기작가가 기묘한 세계를 그에게 이식시켰을 때 시작되었다. 카이사르는 수년 동안 로마에서 가장 많이 회자되는 인물이었고, 당연히 그에 대한 이야기는 항상 점점 더 커지는 동시에 대개 점점 더 어두워졌다. 소년 시절부터 그를 잘 알고 있었고, 그를 충분히 이해할 만한 유일한 동시대 사람이었던 키케로가 오직 드물게, 그것도 짧게 언급했다는 것은 참으로 안타까운 일이다. 키케로의 편지는 카이사르에 대한 명확한 상을 전혀 전하지 않는다. 사실상 키케로는 카이사르를 정확하게 보려고 하지 않았고, 늘 관점을 바꿔가며 보았다. 그러나 키케로의 감정은 변함없이 일정했다. 그는 결코 카이사르를 좋아하지 않았다. 이 사실은 카이사르가 키케로를 좋아했던 사실만큼이나 명확히 관찰된다. 루비콘 강을 건너기까지 키케로의 편지들은 카이사르를 매우 자주 언급했는데, 카이사르가 키케로를 위해서 어떤 일을 하고 있었거나 무언가를 해주고자 했기 때문이다. 카이사르는 키케로의 우정을 원했지만, 키케로는 결코 그를 받아들이지 않았다.

그럼에도 불구하고 키케로는 다른 사람들에게 좋은 친구였다. 그의 편지들은 그가 다른 어떤 자질보다도 따뜻한 마음을 가지고 있었고, 그것을 많은 사람에게 전해주었음을 보여준다. 키케로의 헌신적인 애정의 표현이 자주 발견된다. 그는, 자기가 해외에 직책을 얻어주었던 어떤 사람에게 다음과 같이 썼다. "사랑하는 사람은 기뻐하기가 정말 어렵습니다. 처음에 나는 당신이 계시는 곳을 좋아하지 않는다는 사실에 화가 났습니다. 이제 당신이 있는 곳이 마음에 든다는 소리에 가슴이 찢어집니다. 당신이 나 없이 즐거움을 찾을 수 있다는 사실 때문에 괴로워서요!" 키케로는 여기서 그 자신을 비웃고 있지만, 그럼에도 불구하고 이 말들은 진실을 담고 있고, 이와 비슷한 말들이 계속해서 발견된다. 그는 다른 곳에서 "모든 사람은 우정이 없는 삶은 결코 삶이 아니라고 믿는다"[3]라고 썼다.

틀림없이 이런 친구들은 유력자들이었을 것이다. 그렇지만 가장 따뜻하고 달콤한 우정의 편지 몇몇은 그의 비서로 일했던 노예에게 쓴 것이었다. 그가 건강하지 않았기 때문에 키케로는 늘 다정하게 그를 걱정했다. "너는 오직 건강에만 신경써라. 그 밖의 모든 것은 다 나에게 맡겨라. 지금까지 나를 위해서 일했던 것만큼이나 너 자신을 돌보아라. 이것은 나의 명령이고, 네가 하고 있는 다른 모든 일보다 훨씬 더 소중하다. 나의 티로여, 너 자신을 잘 챙겨라, 잘 챙겨라."[4] 이 사랑하는 종에게 보낸 이렇게 짧은 편지는 많이 남아 있다.

그러나 카이사르는 오랫동안 노력했음에도 불구하고 키케로가 한 노예에게 그렇게 온전하게 주었던 것을 그로부터 결코 얻지 못했다. 물론 기원전 63년으로 거슬러올라가보면 카이사르가 카틸리나 음모 참가자들을 사형시키자는 안건에 대해서 반대했고, 키케로의 눈에 그보다 더 나쁜 것은 없었다.[5] 그렇지만

---

3) 키케로, 「우정에 대하여(*De Amicitia*)」(이하 *De Am.*으로 표기) XXIII.

4) *Ad Fam.* XVI, 5, 6.

5) 살루스티우스, 「카틸리나의 음모에 대하여(*De coniuratione Catilinae*)」.

3년 후 카이사르는 폼페이우스 및 크라수스와 동맹을 맺으면서 키케로에게 합류하기를 권했고, 이는 그를 최대한으로 존경한다는 확실한 증거였다. 키케로가 왜 거절했는지는 추측해볼 수 있을 뿐이다. 키케로의 편지들에는 카이사르의 제안은 물론 그 동맹도 전혀 언급되지 않았고, 다만 "고삐 풀린 세 사람"이라는 언급만 한 번 나온다.6) 키케로는 그 직후에 있었던 카이사르의 우호적인 제안을 또다시 거절했다. 카이사르는 결과적으로 그때까지 그가 받았던 어떤 직책보다 중요한 직책인 "알프스 이남 갈리아와 이북 지역 속주들의" 총독직을 받고, 키케로에게 함께 가자고 제안했다. 아티쿠스는 키케로로부터 "카이사르가 매우 관대하게도 그의 개인 참모단에 자리를 제공하겠다고 제안했소"7)라고 들었다.

이 제안의 이면에는 보나 여신 축제의 주인공인 젊은 클로디우스가 있었는데, 그가 이 제안을 알았더라면 다른 누구보다도 놀랐을 것이다. 그는 아마도 당시 로마에서 가장 인기 있는 사람이었고, 적이 된다면 가장 위험한 인물이었다. 그는 또한 카이사르의 적으로 생각될 수 있지만 전혀 그렇지 않았다. 플루타르코스는 그 추문과 이혼, 그리고 폼페이아의 치욕은 어떻게 해서든 모두 불문에 부쳐졌지만 카이사르에게는 지속적인 수치거리였다고 말했다. 그렇지만 플루타르코스에 따르면, 정치적 이해관계는 늘 혐오스러운 것이었다. 클로디우스는 카이사르가 본국에

6) *Ad Att.* II, 9.
7) *Ad Att.* II, 18.

없을 때 그의 이익을 지켜주려고 했다. 카이사르는 그가 키케로에게 극적인 복수를 계획하고 있음을 알았고, 키케로를 안전한 곳으로, 아마도 그가 자신에게 해를 입히지 못할 곳으로 멀리 데려가기 위해서 함께 갈리아로 가자고 제안했다. 키케로가 삼자 동맹에 합류하기를 거부한 후에, 카이사르는 키케로를 늘 정치인으로서 껄끄러운 인물이라고 생각해왔다. 그러나 로마를 떠나서 산다는 것은 키케로에게 비참한 일이었고, 카이사르와 동행하는 것은 그 비참함을 달래기에는 너무나 사소한 일이었다. 키케로는 가지 않았고, 얼마 지나지 않아서 클로디우스가 의기양양하게 키케로를 그가 사랑하는 도시에서 완전히 몰아내는 법을 통과시켰다. 이렇게 해서 로마에서 추방당한 키케로는 그 누구보다도 절망적이고, 고향을 그리워하는 방랑자가 되었다.

키케로가 아티쿠스에게 쓴 편지에 따르면, 폼페이우스는 "클로디우스가 나를 해치는 것은 목숨을 걸고 막겠다고 맹세했지만"8) 위기에 처했을 때 그가 하던 방식대로 당당하게 초연한 태도를 취했고, 전혀 아무런 역할도 하지 않았다. 키케로가 가서 그의 발을 붙잡고 도움을 청했음에도 불구하고 폼페이우스는 냉담하게 자신은 개입할 수 없다고 대답했으며, 곤경에 빠진 키케로를 구하기 위해서 손을 내밀지조차 않았다. 이런 행위는 친구라면 용서할 수 없을 것 같은데, 더욱이 폼페이우스는 오랜 친구였다. 그럼에도 불구하고 1년 이상을 외국에서 비참하게 보

---

8) *Ad Att.* II, 20.

낸 후 폼페이우스의 승인으로 로마에 돌아온 키케로는 그를 용서했을 뿐만 아니라, 그 뒤 줄곧 큰 빚을 졌다고 생각했다. 키케로의 편지 전체를 통해서 폼페이우스는 표면은 모두 금빛으로 빛나고 내면은 완전히 텅 비어서 실속이 없는 석고로 만든 신처럼 등장하는데, 설명하기 힘들지만—기록에서는 아무런 이유를 발견할 수 없다—키케로의 형언할 수 없는 헌신을 받았다. 수년 후에 로마 세계를 차지하기 위한 전쟁이 시작되고, 폼페이우스가 카이사르에게 패하여 이탈리아를 버리고 떠날 때 키케로는 다음과 같이 썼다. "나를 괴롭히는 유일한 일은 폼페이우스가 패망을 향해 달려가고 있을 때 그를 따라가지 않았다는 사실이오. 그때 나는 결코 그가 택한 경로에 동의할 수 없었고, 그는 한 번 실수를 저지르면 계속해서 저지르는 인물인데다 나에게 한 통의 편지도 보내지 않았기 때문에 그를 따라가지 않았소. 그러나 이제 나의 오랜 사랑이 터져나와서 참을 수 없이 그가 그립소. 나는 밤낮으로 바다를 바라보며 그에게로 도망가기를 바라오."9)

그러나 카이사르에 대한 키케로의 태도는 완전히 딴판이었다. 키케로는 카이사르가 무엇을 하든 그를 좋아하지 않았다. 카이사르는 갈리아에 있는 몇 년 동안 키케로에게 많은 편지를 보냈다. 카이사르는 최소한 키케로가 자신을 의지할 수 있다고 믿게 하는 데 성공했다. 모든 편지는 소실되었지만, 키케로가

---

9) *Ad Att.* IX, 10.

카이사르에게 보낸 답변에 인용되어 오직 하나가 남아 있다. "방금 전, 당신으로부터 온 편지에서 당신은 '당신이 나에게 추천한 사람에 대해서 말해보자면, 저는 그를 갈리아의 왕으로라도 삼으려고 합니다. 직책을 맡길 수 있는 또다른 사람을 보내주십시오!'라고 말했습니다."[10] 이 이야기는 화기애애한 분위기에서 이루어졌다. 이 편지는 몇 마디 되지 않지만 포즈를 취하지 않고 짧게 순간 촬영을 한 것 같다. 위대한 장군의 면모는 잠시 사라졌다. 그는 웃는 얼굴로 주위를 돌아보는데, 그 기뻐함의 밑바탕에는 따뜻함이 담겨 있다. 카이사르는 자신의 사랑하는 딸이자 폼페이우스의 아내였던 율리아가 젊어서 죽었을 때—카이사르와 폼페이우스 모두 그녀를 존중했기 때문에 살아 있는 동안 두 사람 사이를 평화롭게 만들었던 율리아가 죽었을 때—키케로에게 편지를 썼는데, 키케로는 자신의 동생(키케로의 동생 퀸투스는 카이사르의 부장이었다/역주)에게 그것을 "가장 아름다운 편지"라고 말했다.

심지어 힘든 전투 중에도 카이사르는 종종 편지를 쓰는 수고를 아끼지 않았다. 키케로는 아티쿠스에게 "매우 충심어린 편지가 카이사르로부터" 왔다고 썼다.[11] "브리타니아 전쟁의 성과를 걱정스럽게 기대하고 있습니다. 이 섬에는 한 덩어리의 은도 없고, 노예를 빼면 전리품 또한 없습니다. 브리타니아인 가운데 문학이나 음악에 재능이 있는 자가 있을 것이라고 상상하지도

---

10) *Ad Fam.* VII, 5.
11) *Ad Att.* IV, 18.

않습니다." 다시 3주일 후에 키케로는 다음과 같이 썼다. "10월 24일 나는 브리타니아에 있는 카이사르가 9월 25일에 보낸 편지를 받았소. 브리타니아는 평정되었고 인질들을 잡았다오. 전리품은 없지만, 공납을 부과했다오, [결코 바치지 않았소], 군대가 철수하고 있다오."

이는 기원전 54년의 일이다. 이후 몇 년간 실리시아에서 카일리우스 루푸스가 키케로에게 이따금 보낸 경우를 제외하면, 키케로의 편지에서 카이사르는 등장하지 않는다. "카이사르에 대한 많은 이야기들이 있는데, 별로 좋은 내용들은 아닙니다. 한 친구는 그가 기병대를 잃었다고 말하는데, 저는 그것을 의심하지 않습니다. 다른 친구는 카이사르가 동료 군대와 단절된 채 벨로바키(Bellovaci)인들에게 포위되었다고 말합니다. 모두들 이런 사실들은 은밀히 이야기합니다. 도미티우스는 말을 시작하기도 전에 '쉬 조용히 들으시오'라고 말합니다."12)

이 편지의 연대는 기원전 50년인데, 그해 카이사르가 서방에서 승리를 거두고 로마에서 인기가 점점 올라가는 것에 놀란 원로원과 폼페이우스는 그의 콧대를 꺾어놓기로 경솔하게 결정했다. 카일리우스는 다음과 같이 썼다. "폼페이우스는 카이사르가 그의 군대를 넘겨주지 않는 한 콘술 직에 오르는 것을 허락하지 않기로 결심했습니다. 반면에 카이사르는 군대가 없다면 자신의 안전을 보장할 수 없다고 믿고 있습니다. 카이사르는 둘 다

---

12) *Ad Fam.* VIII, 1.

각자의 군대를 포기하자는 타협안을 제시했습니다."13) 이 공정한 제안은 거부당했다. 로마는 아직 카이사르가 어떤 존재인지 전혀 몰랐다. 카일리우스는 계속해서 썼다. "'카이사르가 콘술직에 오르는 것과 군대를 유지하는 것 둘 다를 원하면 어떻게 합니까?'라는 질문을 받자, 폼페이우스는 극도로 점잖게 '만약 내 아들이 그의 지팡이를 나의 어깨에 걸쳐놓으려고 하면 어떻게 하겠습니까?'라고 대답했습니다." 키케로는 아티쿠스에게 "폼페이우스는 카이사르를 철저히 무시했소"라고 썼다. 이런 태도 때문에 다음 해 초에 카이사르가 루비콘 강을 건넜고, 18개월간의 싸움이 계속된 끝에 폼페이우스가 패배하여 사망했다.

쾌활한 모험가인 카일리우스 루푸스와, 통찰력 있고 신중한 아티쿠스, 두 사람 다 거의 동시에 목숨을 구하기 위해서 카이사르에게 넘어갔다. 카일리우스는 열광적으로 이유를 설명하면서 재빨리 카이사르에게 몸을 맡겼다. 그는 북이탈리아에 있던 카이사르의 진영에서 키케로에게 다음과 같이 편지를 썼다. "무능력해서 이 모든 진창을 휘저어놓은 당신의 폼페이우스보다 더 어리석은 친구를 보신 적이 있습니까? 그리고 우리의 카이사르보다 행동에 더 열성적이고, 승리에 절도가 있는 사람에 대해서 읽거나 들어본 적이 있습니까?"14) 아티쿠스의 전향에 대해서 말해주는 것은 키케로가 그에게 쓴 편지뿐이다. "당신과 페두카이우스 같은 사람이 다섯 번째 이정표까지 카이사르를

---

13) *Ad Fam.* VIII, 14.
14) *Ad Fam.* VIII, 15.

만나러 갈 때, 확실히 자신이 옳다는 그의 믿음은 더욱 굳어질 것이오. 당신은 '거기에 무슨 손해가 있습니까'라고 물을 것이오. 전혀 없소. 그러나 진정한 감정과 그런 척하는 것을 구별하는 모든 외형적인 징후들이 뒤죽박죽될 것이오."15) 키케로는 이렇게 가엾은 존재가 되었다. 아티쿠스는 그와 키케로가 늘 서로 인정했던 것, 즉 편의성의 원칙에 따라서 행동했을 뿐이다. 그러나 그들이 폼페이우스와 원로원을 성공하지 못했다는 이유로 버려야 하는 순간이 왔을 때, 키케로는 그렇게 하지 못했다. 반면에 아티쿠스가 그렇게 했다는 것이 그의 가슴을 더욱 쓰리게 만들었다. 그렇지만 몇 달 전에 키케로는 아티쿠스에게 편지를 썼다. "나는 어떻게 해야 하오? 전투가 이루어진다면 카이사르와 함께 정복하는 것보다 폼페이우스와 함께 패배하는 것이 오히려 낫다는 것을 알고 있소. 그러나 어떤 속임수를 써서 카이사르의 호의를 유지할 수 있을지 생각해보시오."16)

그때부터 폼페이우스가 패배할 때까지 키케로의 편지 속에서 카이사르를 설명하는 데 도움이 되는 내용은 전혀 없다. 키케로는 오직 비난만을 퍼부었다. 카이사르는 "우리가 가슴속에 소중히 품고 있던 독사", "불한당들의 우두머리", "명예와 올바름의 그림자도 보지 못했던 비참한 미친놈"이다. 그러나 두 사람이 주고받은 편지 가운데 카이사르의 주목할 만한 편지 두 통이 남아 있다. 키케로가 명예롭다고 느꼈던 길을 따르고, 폼페이우스

---

15) *Ad Att.* VIII, 9.
16) *Ad Att.* VII, 1.

편에 서서 패배하고 있는 대의를 지키기 위해서 고뇌 속에서 분투하고 있는 동안, 카이사르는 간청하는 일을 멈추지 않았다. 이때 카이사르는 키케로가 자기편에 서지 않을 것임을 명백히 알고 있었기 때문에, 자신에게 가담하라고 간청한 것이 아니라 폼페이우스에게 가담하지는 말라고 간청했다.17) 카이사르는 기원전 49년 그 행진 중에(루비콘 강을 건너서 로마를 향해 행진하는 것/역주) 키케로에게 편지를 썼다. "만약 당신이 내가 하고 있는 일을 무엇 하나라도 비난한다면, 그것은 당신이 저에게 심각한 위해를 가하는 것으로 우리의 우정을 심각하게 저해할 것이고, 당신의 이득에 전혀 도움이 되지 않을 것입니다. 우리의 우정으로 당신에게 간청하니, 제발 그런 일은 하지 마십시오. 선량하고 평화로운 사람, 좋은 시민에게 내분에서 벗어나는 것보다 더 적절한 일이 어디 있겠습니까? 그런 길을 가야 한다는데 동의하면서도 위험할까봐 가지 못하는 사람들이 있습니다." 카이사르는 이토록 자신을 낮추었고, 이 말들은 개인적인 감정이 드러나지 않게 매우 조심스럽게 쓰인 것 같지만 카이사르의 감정을 보여주는 몇 안 되는 표현들 가운데 하나이다. 편지는 계속 이어진다. "그러나 제가 걸어온 길과 제가 당신에게 품고 있는 애정을 돌이켜보십시오. 당신이 내분에 참가하지 않는 것보다 더 안전하고 명예로운 길이 없음을 확실히 아시게 될 것입니다."

17) *Ad Att.* X, 8b.

이렇듯 카이사르는 강렬한 감정을 담아서 간절하게 이야기했다. 그에게 키케로가 정치적으로 중요했기 때문이라고 생각할 수는 없다. 키케로는 늘 연약하고 동요하는 정치가였다. 카이사르의 편지들이 보여주는 것은 그의 순수한 우정이고, 또한 그것 못지않게 내전에 대한 그의 혐오일 것이다. 카이사르는 평화의 대의를 내세워 자신도 종종 감동받곤 했던 능변의 혀를 얻고 싶어했다.

카이사르는 자신의 편지가 성과를 거두지 못하자 키케로와의 만남의 자리를 마련했고, 키케로는 아티쿠스에게 보낸 편지에서 그 만남을 설명했다. 키케로의 설명을 읽어보면, 카이사르의 일생을 모두 알고 있었던 그 유능한 두 사람이 카이사르를 거의 이해하지 못하고 있다는 사실이 드러난다. 편지에는 이렇게 쓰여 있다. "그가 다루기 쉬울 것이라는 우리의 생각은 잘못이었소. 그렇게 다루기 힘든 사람은 결코 본 적이 없소. 많은 대화를 나눈 후에 그가 말했소. '자, 이제 오셔서 평화를 위해서 일해주십시오.' 내가 물었소. '제 조건대로 말인가요?' 그가 말했소. '제가 당신에게 명령할 수 있겠습니까?' 내가 말했소. '그래요, 저는 당신이 에스파냐를 침공하는 것에 반대하고(에스파냐는 폼페이우스 세력의 본거지였다/역주) 폼페이우스를 동정할 것이오.' 그가 대답했소. '저는 당신이 그렇게 말하기를 원치 않습니다.' 내가 말했소. '나도 그러리라고 생각하오.' '그러나 내가 만약 로마에 간다면 나는 그렇게 말할 것이오.' 이렇게 해서 우리는 헤어졌소. 나는 그가 나를 좋아하지 않는다고 확신하오.

그러나 나는 오랫동안 그를 좋아하지 않았기 때문에 나 자신을 좋아하오. 그는 정말 빈틈이 없었고 대담했소."18)

　　매우 중요한 다른 편지가 있는데, 그것은 카이사르가 자신의 부하에게 쓴 것을 그의 부하가 카이사르의 진정한 의도를 보여주고 키케로를 자신들 편으로 만들기 위해서 키케로에게 보낸 것이었다. 그것은 군사적인 서신으로는 유례가 없을 정도로 독특하다. "나는 최대한 온건하게 행동하기로, 폼페이우스와 화해하기 위해서 최선을 다하기로 결심했네. 이런 식으로 모든 사람의 마음을 사로잡고 영구히 지속될 승리를 얻을 수 있을지 지켜보세. 그것은 동정심과 관용을 무기로 삼는 새로운 종류의 정복 작업이 될 것이네. 폼페이우스의 장교를 한 명 붙잡았는데, 나의 이런 계획에 따라서 즉시 그를 풀어주었네."19)

　　카이사르는 결코 약한 모습을 보이거나 흔들리지 않았다. 그는 계획을 충실히 지켜나가면서 새로운 정복 방식을 수행했다. 카이사르는 폼페이우스를 물리친 후 그를 따랐던 사람들에게 차례차례 아무런 대가 없이 자유를 주었다. 그보다 자비로운 승리자는 결코 없었다는 점에서 무자비했던 고대세계에서 그는 특이한 존재였다. 카이사르가 키케로를 기꺼이 용서하고 이탈리아로 돌아온 것을 환영하자, 키케로는 온전히 그를 찬양했다. 키케로는 여러 친구들에게 이렇게 편지를 썼다. "우리는 그가 날마다 더욱더 겸손해지고 더 많이 용서하는 것을 볼 수 있다",

---

18) *Ad Att.* IX, 18.
19) *Ad Att.* IX, 7c.

"그는 온후하고 자비로운 성품을 가지고 있다", "그가 나에게 극도의 친절함을 계속해서 보여주었다." 한번은 카이사르가 자신에게 반대했을 뿐만 아니라 심한 모욕을 주었던 사람을 용서하자, 키케로는 열광에 휩싸였다. "오늘은 너무나 영광스러운 날이어서 공화국이 무덤에서 부활하는 것을 내 눈으로 직접 보는 것 같았다."[20]

그러나 이런 표현들은 아티쿠스에게 쓴 편지에는 한번도 언급되지 않았고, 모두 다른 사람들에게 보낸 편지에 적혀 있다. 키케로가 진실을 말한 편지들에서 카이사르에게 보낸 유일한 찬사는 카이사르의 글솜씨를 칭찬하는 것이었다. "카이사르에게 보내는 내 편지의 사본을 동봉하는 것을 깜빡 잊었소. 당신이 느끼고 있듯이, 아첨꾼으로 보일까봐 창피해서 그런 것은 아니오. 나는 그가 쓴 책들을 매우 높이 평가하기 때문에 일부러 아첨할 필요는 전혀 없소. 또한 그가 그런 내 편지를 즐겁게 읽을 것이라고 생각하오."[21] 다른 문제들에 대한 암시는 짧고 조심스러웠다. "모두 당신 재량껏 처리해주시오. 다만 그 위대한 사람을 화나게 하지 않도록 조심해주시오." 이 시기에 아티쿠스는 그 위대한 사람을 비난하는 일을 환영하지 않았을 것이며, 키케로 또한 그런 내용을 쓸 생각을 하지 않았을 것이다. 키케로는 카이사르와 잘 지내기 위해서 할 수 있는 모든 노력을 기울였고, 우편집배원이 편지를 원래의 수신자에게 가져다주지

---

20) *Ad Fam.* IV, 4.
21) *Ad Att.* XIII, 51.

않을 수도 있기 때문에 늘 조심해야 했다.

카이사르는 6개월 뒤, 즉 3월 15일(카이사르가 암살된 날/역주)이 되기 약 3개월 전에 키케로의 편지에 마지막으로 모습을 드러낸다.[22] 키케로가 카이사르를 저녁 만찬에 초대했는데, 만찬은 장려하게 진행되었다. 키케로는 아티쿠스에게 다음과 같이 썼다. "만찬은 완벽하고 유쾌하게 진행되었소. 그는 두려워할 만한 손님이었지만 조금의 유감도 남기지 않았소. 그는 한 시까지 아무도 들어오지 못하게 했소. 그가 발부스와 회계 정리를 했다고 생각되오. 그 후 그는 산책을 했고, 두 시 이후에 목욕을 했소. 그리고 몸에 기름을 바르고 식사를 하기 위해서 앉았소. 그는 구토를 해가며 다시 식탁에 앉을 정도로 실컷 먹고 마셨소. 호사스러운 식사였고, 접대도 좋았소.

잘 구워졌고, 조미도 잘 되었소,
진실로 즐거운 대화 속에서 모든 것이 좋았소.

우리 모두는 친구였소. 그렇지만 카이사르는 한번이면 충분했지 결코 '돌아가는 길에 꼭 들러주세요'라고 말할 종류의 손님은 아니었소. 진지한 대화는 전혀 없었으며, 오직 수사적인 표현만이 난무했소." 이런 문장은 정말로 진지한 관심을 가질 만한 것을 평가할 때 로마인들이 쓰는 전형적인 표현이었다.

---

22) *Ad Att.* XIII, 52.

카이사르는 사망한 후에야 키케로의 다음 편지에 등장했다. 음모자들은 키케로에게 동참을 요구하지 않았다. 키케로는 이것을 두고두고 유감스럽게 생각했으며, 항의하는 여러 통의 편지를 썼다. 처음에 키케로의 열광은 터질 것처럼 뜨거웠다. "온 세상이 우리를 해치려는 음모를 꾸민다고 해도, 3월 15일이 나를 위로한다. 우리의 영웅들은 그들이 할 수 있는 가장 영광스럽고 장대한 일을 해냈다." 이런 열정은 다음 두 달 동안 유지되었지만, 그 후에는 변화가 발생했다. 키케로는 브루투스와 카시우스가 지도자로서의 자질이 없다고 생각하기 시작했다. 그들은 결정적인 조치를 취하려고 하지 않았고, 로마에서 멀리 떨어져서 아무것도 하지 않았다.[23] 그는 5월에 아티쿠스에게 "그들은 남자의 용기로 그 일을 했지만, 어린아이처럼 분별이 없어서 아무런 대책을 수립해놓지 않았소"라고 썼다. 그리고 한 달 후에 그들을 만나러 간 키케로는 "고장난, 좀더 정확히 말하면 난파한 배"만을 보았을 뿐이다. "아무런 계획도, 생각도, 체계도 없었다." 그때 한순간 키케로는 바로 그런 난파선에 타고 있던 자신을 도와준 친구를 회상했다. "카이사르는 어쨌든 나를 정말 인내하면서 돌보아주었는데." 그러나 그렇게 후회와 경이감을 느끼는 순간은 정말 잠시뿐이었다. 카이사르에 대한 그의 최종적인 결론은 한 사람이 다른 사람에게 할 수 있는 가장 지독한 저주였다.[24] 카이사르가 사망한 후에, 그리고 자신이 죽기 전해

---

23) *Ad Att.* XIV, 21.
24) *De Off.* II, 24.

에 쓴 「의무론」에서 키케로는 "그는 악행을 행하고 싶은 열정이 너무나 강했기 때문에 악행을 행하는 것 자체를 기쁨으로 느꼈다"라고 썼다. 이것이 카이사르에 대한 키케로의 사망선고였다.

키케로의 이런 감정을 오로지 그가 공화국에 헌신했고, 그로 인해서 절대권력을 차지했던 사람을 증오했기 때문이라고 설명하는 것은 곤란하다. 키케로는 그리스에 있던 폼페이우스 진영에 동참하기 오래 전부터 폼페이우스가 싸우는 유일한 목적이 자신의 지배를 확립하기 위한 것임을 명백히 깨달았지만, 생의 마지막 순간까지 폼페이우스를 사랑하고, 찬양하고, 애도했다. 그는 아티쿠스에게 "폼페이우스와 카이사르 두 사람 다 절대권력을 추구하고 있소. 두 사람 다 왕이 되려고 하오", "폼페이우스는 처음부터 야만족들을 데려다가 이탈리아를 파괴하려고 생각하고 있었소"25)라고 썼다. 그럼에도 불구하고 폼페이우스에 대한 키케로의 애정은 결코 수그러들지 않았다. 그가 카이사르를 줄곧 싫어했던 데에는 다른 이유가 있었다. 당대인들 가운데 키케로만이 카이사르를 이해할 능력을 갖추고 있었고, 카이사르는 그것을 잘 알고 있었다. 강력하고 찬란한 마음을 가지고 있던 카이사르는 그 누구에게서도 찾을 수 없는 강력한 동료애를 키케로에게 느꼈을지 모른다. 키케로를 제외한다면, 카이사르 주변에는 협소한 마음과 천하고 보잘것없는 영혼을 가진 자들밖에 없었다. 그러나 키케로는 카이사르의 생각이나 느낌에

---

25) *Ad Att.* VIII, 11.

조금도 동조하지 않았다. 우리가 알고 있는 한 마르쿠스 안토니우스를 제외한다면, 카이사르에게는 줄곧 친하게 지낸 친구가 한 명도 없었다. 카이사르가 가장 신뢰했던 두 부하가 그를 배반했으며, 그가 사랑했던 브루투스가 그를 죽였다. 그리고 그와 친밀하게 지냈다고 언급되는 다른 사람은 한 명도 없다.

여러 이야기들에서 전해 내려오는 카이사르의 병사들이 그에게 헌신했다는 이야기는 확실한 사실일 것이다. 그렇지 않았다면 위대한 업적을 남기지 못했을 것이기 때문이다. 병사들을 늘 부르던 대로 동료 병사들이라고 부르지 않고 시민들, 민간인들이라고 부르는 한마디 말로써 반란을 진압했다는 사실은 카이사르가 단순히 단어를 잘 구사했다는 것이 아니라, 뛰어난 수완을 가지고 있었음을 보여준다.

이 연설은 카이사르에게 매우 중요한 시기에 이루어졌다. 그는 폼페이우스를 격파한 후 로마에 있었고, 아프리카에 있는 강력한 원로원파 군대를 진압하기 위해서 출정하려던 참이었다. 로마에서 카이사르는 원한을 품은 적들에게 둘러싸여 있었고, 믿을 수 있는 것은 오직 군대밖에 없었다. 그런데 가장 뛰어나고 가장 신뢰했던 군단이 로마에서 반란을 일으킨 것이다. 그들은 장교들을 거의 살해할 뻔했고, 로마로 진군하여 제대시켜줄 것을 요구했다. 더 이상 카이사르 밑에서 복무하지 않겠다고 주장했던 것이다. 카이사르는 그들에게 사람을 보내어 칼을 찬 채로 오라고 말했는데, 이는 그의 특징을 잘 보여준다. 그에 대해서 전해 내려오는 모든 이야기에 따르면, 그는 위험이 닥쳐왔을 때 불안해하거나 동요하지 않았다. 카이사르는 그들과 얼굴을 맞대고, 요구사항이 무엇인지를 물었다. 병사들은 힘들게 싸우고 많은 고통을 겪었지만 보상을 너무 적게 받았다고 이야기하면서 제대시켜달라고 요구했다. 그러자 카이사르는 과연 그답게 매우 부드럽고 짧으면서도 핵심을 찌르는 연설을 했다.

"시민 여러분, 잘 알겠습니다. 당신들은 힘들게 일했고, 많은 고통을 당했습니다. 제대를 원하신다니 그렇게 하십시오. 모두 제대시켜드리겠습니다. 보수도 지불하겠습니다. 그러나 내가 위험할 때 당신들을 이용했고, 위험을 벗어났을 때 당신들에게 감사하지 않았다는 이야기는 결코 하지 마십시오."

이렇게 몇 마디 했을 뿐이지만 군단병들은 자신들의 의지를 완전히 접었다. 그들은 결코 카이사르를 떠나지 않겠다고 울부짖었다. 그들은 자신들을 용서하고 다시 병사로 받아달라고 간청했다. 이 말들 속에는 카이사르의 성품이 담겨 있다. 그 성품을 완전히 복원하는 것은 불가능하지만, 짧고 대담한 말속에서 그의 성품의 특징을 파악할 수 있다. 병사들이 절실히 필요한 시기에 병사들의 탈주를 차분히 받아들일 만큼의 강인함, 호소하거나 꾸짖는 말은 한마디도 하지 않은 자부심, 사람의 본성을 알고 있고 그들에게 아무것도 의지하지 않는 자의 부드러운 관용이 그것이다.

고대에 유명했던 또다른 연설도 그의 이런 성품들을 잘 보여준다. 이 연설은 아프리카 전쟁에서 장교들에게 했던 것이다. 당시 원로원 세력은 대단한 무용을 자랑하던 한 야만족 왕과 연합하고 있었다. 카이사르는 왕이 압도적인 군대를 이끌고 접근하고 있다는 소리에 자신의 백부장들이 위축되었다는 보고를 받고 그들을 불러모았다. 그는 "너희들은 하루 안에 유바 왕이 여기에 도착할 것임을 알고 있을 것이다. 그는 10개 군단(이 군단은 카이사르 측의 군단보다 매우 적은 병력으로 구성되었다), 3만 명의 기병, 10만 명의 병사, 300마리의 코끼리를 거느리고 있다. 너희들의 역할은 상황에 대해서 생각하거나 질문하는 것이 아니다. 나는 진실을 이야기하고 너희들은 거기에 대비해야 한다. 만약 너희들 가운데 겁먹은 자가 있다면 집으로 돌아가게 해주겠다."

카이사르가 암살되기 몇 주일 전에 원로원에서 행한 연설에서 키케로는 그에게, "나는 당신이 종종 오래 살고 싶지 않다고 말한다고 들었습니다. 당신 입으로 충분히 오래 살았다고 말하는 것을 듣다니 심히 유감스럽습니다"라고 말했다. 한 연대기 작가에 따르면, 3월 15일 전날 밤 카이사르는 여러 사람들과 함께 식사를 했는데, 대화가 최고의 죽음은 어떤 것인지로 흘렀다. 다른 사람들이 논쟁하고 있는 동안 카이사르는 문서에 사인하고 있다가, 고개를 들고는 "갑작스러운 죽음"이라고 말했다. 물론 이 이야기는 너무 작위적이지만, 이것을 처음 말한 사람은 카이사르의 인물됨을 알고 있었다. 그것은 정말 카이사르가 했을 법한 말이다.

동시대인들이 카이사르에 대해서 설명한 것들 중 두 가지가 더 전해 내려온다. 카틸리나 음모의 역사를 썼던 살루스티우스가 카이사르에 대해서 상당히 자세히 묘사했지만, 그는 오직 카이사르의 친절함과 자비로움만을 생각했다.26) 그는 늘 "주고, 감해주고, 용서해주는 사람으로, 불행한 자들의 피난처"였다. "그는 인도주의와 자비로 두드러졌다", "그는 친구의 이익을 배려했고 자신의 이익을 돌보지 않았다." 이는 틀림없이 당파성이 강한 진술이다. 살루스티우스는 카이사르의 장교였고, 카이사르는 그를 소중히 여겼다. 그러나 살루스티우스의 설명은 조금의 당파심도 없었던 키케로의 설명과 대체적으로 일치한다. 살루스티우스는 반란 가담자들을 사형에 처하려는 것에 반대했던 카이사르의 연설 전문을 제공하고 있는데, 그 내용은 아마 정확할 것이다. 물론 카이사르가 연설할 때 살루스티우스가 참석했던 것은 아니지만 로마에는 속기사들이 있었고, 당시 카이사르의 연설은 중요한데다 유명했다. 더욱이 그 연설을 직접 들은 사람들이 살루스티우스의 독자가 되었을 것이고, 그들의 동의를 이끌어내는 일은 매우 중요했다. 원로원이 알고 있었던 일을 그가 거짓으로 쓸 수는 없었을 것이다. 연설은 짧고 차분했으며, 치밀한 논증으로 감성이 아니라 이성에 호소하며 법을 지켜야 한다고 역설했다. 그 연설에 따르면, 법은 다른 사람뿐만이 아니라 자기 자신의 잘못으로부터 사람들을 지키기 위해서 만들어졌다. 법은 사람이 격정에 휩쓸리는 것을 막아주는 안정판 역할을 한다. 재판 없이 시민들을 사형시키자고 원로원에 제안하

---

26) 살루스티우스, 「카틸리나의 음모에 대하여」 51*ff*.

는 것은 불법이다. 과거에도 법의 거대한 보루가 약화되었을 때 그 결과는 늘 비참했다. 이제 어떤 행위에 의해서 법이 심각하게 훼손된다면 법은 완벽하게 전복되어버릴 위험이 있고, 그것은 국가 안에서 살고 있는 모든 사람에게 재앙을 가져올 것이다.

그러나 격분하고 놀란 사람들, 더욱이 합리적인 것을 제외하고 인간세계와 신들 세계의 모든 것에 격렬하게 호소하는 키케로의 연설을 방금 전에 들은 사람들의 귀에 그런 감정을 배제한 카이사르의 합리성이 들렸겠는가? 키케로는 카이사르가 청년기에 변호사로서 이력을 시작했을 때, 법정에서 찬란한 성공을 거두기 위해서는 반드시 본받아야 하는 대가(大家)였다. 카이사르의 변론은 하나도 남아 있지 않으며, 확실한 것은 그가 나중에 자신의 스타일을 완전히 바꾸었다는 사실뿐이다. 키케로는 로마 법정의 모델이었다. 키케로는 무시무시한 독설을 퍼붓고, 사람들의 감정을 자극하고, 사람들을 불같이 화나게 하거나 눈물을 쥐어짜게 만들고, 공화국의 영광과 조상 대대로 지켜온 가정의 순결함에 호소함으로써 독수리— 청동으로 만든 로마 독수리—를 절규하게 만드는 능력을 갖춘 사람이었으며, 능변을 위압적으로 쏟아냈다. 이런 키케로의 능변과 카이사르가 남긴 직접적이고, 간결하고, 소박한 말들은 결코 경쟁 상대가 되지 않았다.

당대인이 카이사르에 대해서 남긴 묘사가 하나 더 있다. 공화국의 마지막 시절에 한 격정적인 젊은 시인이 로마의 거리들을 거닐면서 부패를 목도하고는 경멸하면서 신랄하게 비웃는 시를 썼다. 문학의 전 범위에 걸쳐서 키케로의 편지와 카툴루스의 시보다 서로 간에 더 이질적인 것을 찾기는 힘들다. 키케로에서 카툴루스로 가는 것은 「부주교 그랜틀리(Archdeacon Grantley)」(19세기 영국 소설가 트롤럽의 「바셋의 마지막 연대기」를 각색한 TV 드라마/역주)와 바셋의 유쾌한 사람들의 세계에서 가장 격렬한 순간의 스위프트의 세계로 가는 것과 같다. 키케로는 태어나면서부터 천성적으로 늘 품위 있고, 모자람 없는 부르주아였다. 반면에 카툴루스는 세상과 그 안에 존재하는 품위 있고 안락한 모든 것에 반발하는 기질을 가진 귀족이었다.

카이사르에 대한 그의 의견을 밝힌 두 시 가운데 첫 번째 시는 마무라(Mamurra)를 소재로 삼고 있는데, 키케로는 그에 대해서 아티쿠스에게 이렇게 썼다. "확대되어가는 카이사르의 군사적 힘을 인정해야 할까? 만약 그렇다면 그것은 캄파니아 지방의 포기를, 혹은 마무라의 부를, 그리고 나 자신의 추방을 인정하는 것과 마찬가지라오."[27] 카툴루스는 마무라의 부에 대해서 같은 생각을 펼쳤다. "누가 이런 일을 목도하고 참을 수 있는가? 그는 수치를 모르고, 탐욕스럽고, 갈취하는 도박꾼에 지나지 않는다. 마무라가 알프스 너머 갈리아와 멀리 브리타니아의 부까지 차지해도 되는가? 방탕에 빠져서 타락한 로마여, 이런 일을 목도하고 참을 것인가? 이제 오만하고, 돈에 혈안이 된 그가 모든 사람의 침상을 차지하고 있다(카툴루스는 마무라의 성적 방

---

27) *Ad Att.* VII, 7.

탕, 특히 카이사르와의 동성애 관계를 비판했다/역주). 오 다른 누구보다도 위대한 장군이여, 당신이 서쪽의 저 먼 섬까지 간 것이 바로 이런 일을 위해서입니까? 당신은 이런 사악한 일을 조장합니까? 오 카이사르여, 폼페이우스여, 당신들이 모든 사람들을 패망시킨 것이 이런 일을 위해서입니까?"[28]

그는 두 번째 시에서도 더할 나위 없이 심하게 사적인 악담을 퍼부었다. "카이사르와 마무라는 서로 똑같이 야비했기 때문에 퇴폐한 자들의 사악한 일을 하기로 너무나 기꺼이 동의했다. 그것은 둘 다에게 조금도 이상한 일이 아니었다. 두 사람은 오물에 깊이 빠져서는 씻으려고 하지도 않았다. 그들은 한 침상에서 서로를 열망한 달콤한 쌍둥이, 남색에 매우 능숙한 자들, 둘 다 똑같이 탐욕스러운 자들이었기 때문에 정말 기꺼이 동의했다."[29]

이렇게 혐오스러운 악습의 추잡스러움을 외쳤던 카툴루스의 격노한 큰 목소리가 그 못지않게 카이사르를 몹시 증오했던 키케로의 귀에 들어가지 않았을까? 키케로는 카툴루스를 한번도 언급하지 않았고, 카이사르가 그런 종류의 악습을 범했다는 암시조차 하지 않았다. 키케로가 진정으로 품위를 소중히 여기는 사람이기는 했지만, 마르쿠스 안토니우스의 습관에 대해서는 그의 편지에서 많은 이야기를 하고 있다. 따라서 만약 카툴루스가 주장한 종류의 악행을 카이사르가 범했다면 키케로는 어떤

---

28) 카툴루스, 「시집(*Catullus*)」(이하 *Cat.*으로 표기) XXIX.
29) *Cat.* LVII.

암시라도 했을 것이다. 그러나 키케로는 단 한마디도 하지 않았다. 오직 단 한 번, 어떤 연설에서 그런 일이 이야기되지 않는 매력적인 젊은이는 로마에 단 한 명도 없다고 말했을 뿐이다.

카이사르가 죽은 다음 세기에 그와 사랑을 나누었던 부인들의 끊임없는 이야기와 카툴루스의 비방을 뒷받침하는 다른 이야기들이 나돌았지만, 연대기 작가는 그런 이야기를 전하지 않았다. 카툴루스를 제외하면 카이사르 당대의 증거가 전혀 없고, 카툴루스의 비판에도 공정성이 전혀 없기 때문에 그 젊은이의 격정이 다른 사람보다 더 격렬했던 것으로 보인다. 입증도 부정도 하기 힘든 치욕을 뒤집어쓴 다른 사람들의 경우가 그렇듯이, 카이사르의 경우도 믿고 안 믿고는 각자의 성향에 따라 달라질 것이다.

당대인들이 보았듯이 그는 모순적인 인물이었고, 지금까지도 그렇게 남아 있다. 플루타르코스는 카이사르가 과도하게 멋을 부렸고, 항상 우아했다는 많은 설명을 믿을 수 있게 해주는 키케로의 진술을 인용했다. "나는 머리를 너무나 섬세하게 다듬고 한 손가락으로 그것을 조절하는 카이사르를 보노라면, 그런 사람이 로마를 전복하겠다는 생각을 하리라고는 상상할 수도 없다."[30] 그렇지만 모든 보고들이 한결같이 그가 어떤 병사 못지않게 용감하게 싸웠고 — 수영했고 — 극도의 역경을 거뜬히 견뎌냈으며, 음식과 술을 늘 엄격하게 절제했다고 전한다. 만약

---

30) 플루타르코스, 「영웅전(*Bioi paralleloi*) : 카이사르 편」 IV, 4.

그가 정말로 늪지의 병(말라리아로 추정/역주)을 앓았다면 그의 활력은 진실로 놀랄 만하다. 그는 거의 58세에 사망했을 것이다. 죽기 전 3년 동안 그는 그리스, 이집트, 소아시아, 아프리카, 에스파냐에서 성공적으로 전쟁을 치렀다. 이에 대한 보고서들에는 신속함이 그의 주요한 특징이었다고 계속해서 언급되어 있는데, 마음이 신속해서 적의 다음 움직임을 읽어내는 데 재빨랐고, 몸이 신속해서 가능하다고 생각하는 것보다 훨씬 더 빨리 도착했다.

그는 갈리아에서는 가공할 만하게 잔인했던 데 반해서, 이탈리아에서는 기이할 정도로 자비로웠다고 전해진다. 갈리아에서의 일에 대해서는 그 자신이 주요 증인이다. 그는 끔찍하고 잔인하게도, 네 번에 걸쳐서 갈리아족이나 게르만 내의 소부족 전체를 완전히 청소하거나 노예로 팔아버렸다고 이야기했다. 매번 문제의 종족들은 협정을 깨뜨렸고—혹은 카이사르가 그렇게 믿었고—카이사르는 어디에서도 도움을 받을 가능성이 전혀 없는 악조건에서 싸웠다. 다른 대부분의 경우에 카이사르는 관대한 정복자였고, 그가 오랫동안 폼페이우스 파와 싸우는 동안 갈리아에서 그의 지배에 대항하는 반란이 전혀 없었다는 사실은 그가 힘을 지혜롭게 행사했음을 입증한다.

카이사르가 서방으로 떠나기 전에 개최한 검투사 경기의 화려함은 이전의 모든 경기를 능가했고, 하층민들이 그를 좋아했던 이유라고 늘 이야기되었다. 그러나 아우구스투스의 전기에 카이사르에 대한 짧지만 기이한 이야기가 전해 내려온다. "아우구스투스는 검투 경기에 참가할 때마다 장관(壯觀)에 매료된 것처럼 보이기 위해서 특별히 애쓰곤 했다. 그의 아버지가 경기에 참석해서 고개를 돌리고 독서를 하거나 글을 쓰곤 했기 때문에 받았던 비난을 피하기 위해서였다."31)

결국 카이사르에 대해서 확실한 것은 그가 뛰어난 장군이었다는 사실뿐이고, 나머지는 모두 영원한 수수께끼이다. 그 스스로 이런 방식으로 자신을 제시했을 수도 있다. 하여튼 그는 세계에 자신을 오직 군인으로서만 제시했다. 그는 너무나 위대해서 쉽게 무시될 수 없는 인물이다. 그는 위대한 사상가 반열에 올라도 손색이 없는 인물이고, 뛰어난 정치가였으며, 2,000년 동안이나 읽히게 될 책을 썼다. 그럼에도 불구하고 그 책을 쓴 사람은 자기 밖의 세상에 대해서만 관심을 가졌고, 그 세상은 그에게 대부분의 사람들과 모든 군인들을 포함하는 것이었다. 당연히 그에 대한 가장 현실적인 평가는 그가 세계의 위대한 지도자들 가운데 한 명이라는 것이다. 그들은 전쟁을 지도하든 산업을 지도하든 설명하는 것이 아니라 행동한다.

정반대쪽에 키케로가 있다. 우리는 그를 철저하게 파악할 수 있다. 그의 가슴속에 감추어진 모든 것, 그리고 우리가 결코 남에게 보이고 싶지 않은 비열함과 연약함이 키케로의 경우에는 낯설고 비판적인 모든 사람에게 완전히 노출되어 있다. 키케로는 자신의 허영심, 위선, 거짓말, 겁 많음, 칭찬에 의존함, 안락

31) 수에토니우스, 「황제 열전(De vita caesarum : 옥타비아누스 편)」45.

함을 좋아함, 결심하는 것을 끔찍할 정도로 어려워함, 그 모든 것들을, 그리고 그 이상의 것들을 한번도 자신에게 반대한 적이 없다고 생각했던 한 친구에게 편지를 통해서 털어놓았고, 그 친구는 모든 사람이 영원히 볼 수 있도록 그것들을 보존해놓았다. 이는 역사의 무대에 무엇보다도 영광스러운 인물로 남고 싶었던 사람에게 부과된 가혹한 운명이었다.

플루타르코스는 키케로의 성품을 진지하게 요약하면서 "그는 마음의 장대함(magnificence)이 없다"고 말했다. 이 진술은 흥미로운데, 현대인의 가치 기준과 그리스와 로마인의 가치 기준의 차이를 생생하게 보여주기 때문이다. 마음의 장대함은 오늘날 최고의 덕목에 속하지 않는다. 카이사르는 그것을 가지고 있었다. 위기의 순간에 그가 가장 믿었던 부하가 적의 진영으로 탈주하자, 카이사르는 그가 남기고 간 모든 것, 즉 말과 노예, 소지품을 한마디 말도 하지 않고 보내주었다(갈리아 전쟁에서 그의 오른팔로 활동했던 라비에누스의 배신을 말한다/역주). 폼페이우스가 패배한 후에 사람들은 폼페이우스 진영에서 발견된 거대한 양의 편지들을 가져와서, 로마에 있는 사람들 가운데 누가 적인지를 알기 위해서는 편지를 읽어야 한다고 주장했다. 그러나 카이사르는 모든 편지를 읽지 않고 소각해버렸다. 이것은 카이사르가 마음의 장대함의 본질적인 두 요소, 즉 두려워하지 않음과 스스로에 대한 믿음을 가지고 있었기 때문에 가능한 일이었다. 키케로는 그중 하나도 갖추지 못했다. 키케로는 카틸리나를 마음대로 조정할 수 있을 때 가도록 내버려두었다. 키케로는 원로원 의사당에서 카틸리나 옆에 앉아 그를 비난했고, 전 원로원들에게 카틸리나는 유죄가 입증된 반란자라고 폭로했다. 키케로는 카틸리나에게 비난을 퍼부었지만, 그가 아무런 제재도 받지 않고 걸어나간 후 자유롭게 로마를 떠나서는 반란군의 우두머리가 되도록 방치했다. 당시 키케로는 콘술이었으므로 말 한마디로 카틸리나를 구금할 수 있었지만, 인민이 자기를 지지하는지 어떤지를 확신하지 못했다. 그런 확신 없이 그는 결코 행동할 수 없었다. 그는 자기 안에 어떤 확신도 가지고 있지 않았다.

마음이 장대하다는 것은 다른 사람이 부가한 조건이 아니라 스스로의 조건에 의해서 산다는 것을 의미한다. 플루타르코스는 이 점을 명확히 보여주는 이야기를 전한다. 카이사르가 매우 젊었을 때 막강한 권력을 가지고 있던 술라가 이미 복종적이었던 폼페이우스에게 명령했듯이, 아내를 버리고 자신이 골라준 사람과 결혼하라고 명령했다.32) 카이사르가 거절하자 술라는 그의 재산을 몰수했다. 그래도 거절하자 카이사르의 목에 많은 현상금을 걸었지만, 카이사르는 이번에도 거절하고 도망갔다. 끔찍한 독재자였던 술라는 아직 10대에 불과했던 소년에게 결국 굴복하고 말았다. 키케로는 평생을 다른 사람들이 부가한 조건에 따라서 살았다. 그에게 가장 중요한 문제는 동의를 얻는 것이었다. 그는 죽을 때까지 다른 사람의 동의를 얻기 위해서

---

32) 플루타르코스, 「영웅전 : 카이사르 편」 III. 또한 수에토니우스, 「황제 열전 : 카이사르 편)」 I.

끔찍할 정도로 애썼고, 자신에게 동의하지 않은 모든 사람을 질투했다. 심지어 폼페이우스에 대해서도 이렇게 쓸 수 있었을 것이다. "먼 미래에 나보다 그가 국가에 더 많이 봉사했다고 여겨질 수도 있다는 생각이 나의 마음을 찔러서 아프게 했다."33) 이 때문에 키케로는 끊임없이 자신을 설명하면서 변명했다. 그는 지지를 받지 않고는, 심지어 칭찬을 받지 않고는 아무 일도 하지 못했다.

플루타르코스가 옳았다. 키케로는 결코 장대하지 않았다. 그럼에도 불구하고 키케로는 존경할 만한 덕들을 가지고 있었다. 개인의 고결함을 완벽하게 지키면서 부정한 일에 가담하지 않는 덕성은 결코 하찮은 것이 아니다. 폼페이우스가 이 덕성을 공유했고, 아마도 카이사르 또한 그랬을 것이다. 모든 것이 매매되는 도시에서 예외적인 존재가 된다는 것은 감탄할 만한 일이다. 그러나 키케로는 단순히 그 정도에 머물지 않았다. 그는 자신이 옳다고 생각한 것과 안전하다는 생각하는 것 사이에서 결정적으로 선택해야 할 순간이 올 때마다 전자를 선택했다. 그때마다 그처럼 소심하고 민감한 사람이 느꼈을 고통의 무게는 말할 수 없이 컸을 것이다. 카이사르 같은 사람은 결코 그런 고통을 느끼지 않았다. 그렇게 번뇌의 고통이 컸음에도 불구하고, 키케로는 자신이 의무라고 생각한 일을 신속하게 수행했다. 그는 "사람은 시류에 편승하는 행동을 할 수도 있지만, 선택의 순

---

33) *Ad Att.* II, 17.

간이 왔을 때는 지체하지 말아야 한다"고 썼다. 키케로는 그렇게 행동했다. 그는 자신의 대의가 승리할 희망이 없고, 인생을 살 만하게 만들어주는 모든 것과 작별해야 한다고 믿었지만 폼페이우스에게 가담했다. 더욱이 그때 그는 지친 늙은이였다. 그는 아티쿠스에게 "진실을 이야기하자면, 나의 오랜 노력들을 평화롭게 따르는 내 인생의 황혼이 가정의 유쾌함을 생각나게 하며 나를 나태하게 만들고 있소"라고 썼다.[34] 그럼에도 불구하고 키케로는 바다를 건너서 폼페이우스의 진영으로 향했다. 공화국의 또다른 충실한 추종자에 대한 루카누스의 유명한 시구는 진실로 이 순간 키케로에게도 적용된다.

신들에게는 정복의 대의가 소중하지만, 카토에게는 패배한 자들의 대의가 소중하다.

카이사르가 죽고 공화국을 회복할 가능성이 보였을 때, 키케로는 다시 한 번 안전한 그리스로 가는 것을 포기하고 로마로 돌아가서, 그 시기의 사나이 마르쿠스 안토니우스와 싸우는 길을 택했다. 키케로는 당시 이탈리아 내의 최고 실력자였던 안토니우스를 국가에 금방이라도 해를 가져올 인물로 보았다. 키케로는 이 때문에 죽었다. 그는 로마에서 도망쳐 시골의 이 집 저 집을 전전하다가, 결국에는 배를 타고 아무 곳으로나 가기로

---

34) *Ad Att.* IX, 10.

결심했다. 그는 완전히 혼자였다. 키케로의 편지에 등장하는 많은 친구들 가운데 누구도 그를 돕기 위해서 오지 않았다. (아티쿠스가 어디에 있었는지에 대한 기록은 없지만, 아마도 그는 좋은 형편에 있었을 것이라는 느낌이 든다.) 키케로는 항해한 지 얼마 되지 않아 육지에 정박했고—이유는 제시되어 있지 않다—배를 버리고, 다시 농촌에 있는 집으로 돌아가 침대에 누웠다. 그는 생에 대한 욕구를 포기하기에 이르렀다. 그러나 안토니우스의 부하들이 그를 잡으러 왔을 때, 키케로의 하인들은 그를 일으켜세워 가마에 태워서 황급히 해안으로 데려갔다. 플루타르코스에 따르면, 키케로는 하인들에게 가마를 내려놓으라고 말했고, 그가 늘 하던 대로 자신의 턱을 계속 치면서 자기를 살해하려는 자들을 흔들림 없이 쳐다보았다. 오직 한 사람만이 감히 칼로 키케로를 칠 수 있었고, 다른 자들은 얼굴을 가린 채 서 있었다. 키케로는 한때 자신의 사위에게 "고귀한 용기보다 절대적으로 더 매력적인 것, 더 아름다운 것, 더 사랑해야 할 것은 아무것도 없다"고 썼다. 그가 살았을 적에는 늘 그렇게 살지 못했다. 죽는 순간, 다행스럽게도 키케로는 자신의 말을 실천했다.

7

카툴루스

키케로가 망명에서 돌아온 다음 해인 기원전 57년 어느 휴일 아침, 포룸 로마눔은 이례적인 집회로 붐볐다. 축제가 막 시작되었음에도 불구하고 재판이 열렸는데, 몰려든 군중의 숫자나 법정에 결코 모습을 드러내지 않을 것으로 여겨졌던 많은 명사들이 참가했다는 사실은 이 재판이 극히 이례적인 것임을 보여주었다. 상류층의 귀부인들이 눈에 띄었고, 도시의 재사(才士)들이 모두 참가했다. 눈에 띄는 젊은이치고 내세울 만한 재기와 혈통이 없는 자는 한 사람도 없었다. 이렇게 많은 명사들이 참가했던 데에는 충분한 이유가 있었다. 로마에서 매우 명망이 높은 귀부인이 재기가 넘치는 젊은 귀족을 살인죄 및 독살 기도 죄로 고발했던 것이다. 이것보다 더 매혹적이었던 사실은 원고와 피고가 최근에, 그것도 아주 최근에 친밀한 관계를 맺었기 때문에 그들의 이름이 함께 모든 사람의 입에 오르내렸다는 것이었다. 그들의 관계는 실제로 인정된 사실이었다. 심지어 그는 한동안 그녀의 집에서 살았고, 둘 다 무슨 말을 듣더라도 원하는 것을 절대로 포기하지 않는 사람들이었다. 이제 그들은 중범죄의 원고와 피고로 마주보고 앉았다. 원고는 한때 키케로의 친구였고, 보나 여신 축제 때는 주인공의 누이였으며, 수많은 스캔들에 연루되었던 클로디아였고, 피고는 쾌활하고 냉소적인 젊은이로 키케로와 편지를 주고받았던 카일리우스 루푸스였다.

클로디아는 맨 앞줄에 앉았고, 그녀 옆에는 재판이 그녀에게 유리하게 진행되기를 기대하는 사람들이 앉아 있었다. 하지만 그중에 잠시라도 그녀에게서 눈을 떼고 쳐다볼 만큼 중요한 사람은 한 명도 없었다. 이 시기에 그녀에게 지킬 명성이라곤 조금도 남아 있지 않았다. 그녀의 이름 자체가 조롱거리였다. 그러나 여기서 그녀는 마치 아버지 쪽으로 내려오는 대귀족 가문의 전통을 한 치도 훼손한 적이 없는 것처럼 행세하면서, 자신을 빤히 쳐다보며 은근히 조롱하는 군중들을 경멸하면서 앉아 있었다. 사료를 읽는다면 누구나 이 정도는 확실히 알 수 있을 것이다. 클라우디우스 가문의 사람들은 모두 나름대로 장대한 사람들이었다. 그들은 자신의 조건에 따라서 살았고, 그들에게 사람들의 이목 따위는 조금도 문제되지 않았다. 군중들로 붐비는 포럼에서 클로디아는 오직 두 사람만을 보았다. 한 사람은 잠시 클로디아에게 의탁하여 그녀의 집에서 살았고, 그녀의 돈을 취했으며, 그 후 경멸스럽게도 너무나 순식간에 몸을 빼서 떠나버린 남자였고, 다른 한 사람은 그녀와 그녀 가문의 적으로서 그 남자를 변호하는 남자였다. 그는 그녀의 오빠가 로마에서 추방했지만 승리의 나팔을 불며 귀양살이에서 돌아온 키케로였다. 로마에서 키케로의 "혀"를 모르는 사람은 아무도 없었다. 다른 여자 같았으면 안전하게 집에 머물러 있었을 것이다. 그러나 클로디아는 맨 앞줄에 앉아서 결코 동요하지 않는 눈으로 입가에 거짓 웃음을 띠고 적을 쳐다보았다.

피고가 좀더 불안했을 것이라고 추측할 수 있다. 그는 그 귀부인보다 10년 이상 젊었고, 20년 이상 경험이 부족했다. 더욱이 이 끔찍한 고소가 그의 인생길에 모습을 드러내기 전까지는 전도유망한 미래가 펼쳐져 있었지만, 판결이 불리하게 이루어진다면 그는 파멸할 것이었다. 그가 나이 많은 여자의 열정에 싫증나서 즉각 도망쳐나온 자신의 행동이 무모하고 어리석은 짓이었다고 후회하는 것은 당연했다. 클라우디우스 가문의 사람들을 상대할 때는 조심해야 했는데, 그는 조금도 그러지 않았다. 그녀의 구애를 비웃으면서 거절했을 뿐만 아니라, 도시 전체가 비웃도록 만들기 위해서 그녀를 떠났던 것이다. 그녀가 동전 한 닢의 가치밖에 없다는 뜻으로 그는 그녀를 "동전 한 닢(quadrantaria)"이라고 불렀고, 이 비웃음은 도시 전체로 퍼져나갔다. 클로디아가 나타날 때마다 사람들은 "동전 한 닢"이 왔다고 서로서로 속삭였다. 이렇게 카일리우스는 클로디아를 공개적으로 모욕했고, 다른 사람들을 경멸하는 클로디아는 남자들이 그녀에게 봉사할 때면 이 남자 저 남자를 차례로 버리는 데만 익숙했지, 경멸받거나 버림받는 데는 익숙하지 않았다. 이렇게 카일리우스는 끔찍한 대가를 치러야 하는 어리석은 행동을 했고, 유일한 희망을 변호인에게 걸 수밖에 없었다.

키케로에게 이 재판은 하늘이 내린 기회였다. 로마에 돌아왔을 때, 그는 클로디우스에 의해서 자신의 집이 무너지고 그 자리에 신전이 들어선 것을 보았다. 이렇게 집이 무너진 것보다 키케로가 더 견디기 힘든 것은 사람들의 모욕이었다. 그리고 이제 그의 여동생이 키케로의 수중에 맡겨졌다. 플루타르코스에 따르면, 키케로는 연설을 시작하기 전에 늘 두려움으로 몸이 오싹해졌으며, 본격적으로 연설을 진행할 때조차 몸을 떠는 것을 멈추지 못했다. 이것은 믿을 만한 설명이다. 그런 극도의 긴장과 몸을 떨 정도의 민감함은 종종 천재들의 속성이다. 그러나 이번 경우에는 그런 행동의 흔적이 전혀 없었다고 믿는 것은 당연하다. 키케로는 편안하고 행복했다. 그가 원고를 무너뜨릴 수 있다고 완전히 확신했기 때문이다.

고소자의 주장에 따르면, 카일리우스는 이집트 왕의 사절을 살해하기 위해서 클로디아가 준 돈으로 사람을 샀고, 또 같은 돈으로 노예에게 뇌물을 주어 클로디아를 독살하도록 했다. 증인들이 출석하여 맹세한 다음, 두 주장이 사실이라고 증언했다. 키케로가 답변하기 위해서 일어섰다. 그는 음악의 대가가 악기에 대해서 아는 것만큼 로마의 군중에 대해서 알고 있었다. 그는 그들을 확실히 능숙하게 다룰 수 있었다.

"존경하는 배심원 여러분, 모든 주장은 클로디아에게 의존하고 있습니다. 그녀는 고귀한 태생일 뿐만 아니라, 군중들에게 너무나 잘 알려진 인물입니다[웃음]. 저는 그녀의 이름을 거론하고 싶지도 않은데, 그녀의 남편― 정확하게 말하자면 그녀의 오빠―과 제가 원수지간이기 때문입니다. 그러면서도 저는 늘 이름을 거론하는 실수를 범하곤 합니다. [클로디아와 그녀의 오빠 사이의 추문을 잘 알고 있는 청중들 사이에 즐거움의 물결이 유쾌하게 흐른다.] 진실로 저는 여자, 특히 어떤 남자의 적이 되기는커녕 모든 남자의 내연녀로 널리 알려진 여자와 논쟁하고 싶은 생각은 추호도 없었습니다[웃음]. 저는 그녀의 마음을 상하게 하지 않으려고 합니다. 제가 그녀에게 어떤 방식으로 말해주기를 바라는지 그녀에게 묻고 싶습니다. 근엄한 옛 방식으로 할까요, 아니면 오늘날의 좀더 가벼운 방식으로 할까요? 첫 번째 방식을 원한다면, 저는 죽은 자 가운데서 한 분(아피우스 클라우디우스/역주)을 불러와야 합니다. 그녀의 가문에서 가장 유명한 그분은 늙어서 눈이 멀었는데, 오늘은 눈먼 것을 마음 아파하지 않으실 것입니다. 자기 옆에 누가 앉았는지 볼 수 없을 테니까요. 그가 여기 서서 제 대신 말할 것입니다. '클로디아야, 카일리우스와 무슨 관계가 있느냐? 그에게 돈을 줄 정도로 친했거나, 아니면 그에게 독살당할 것을 두려워할 정도로 적대적이었다는데, 어떻게 그런 일이 있을 수 있느냐? 너의 아버지의 딸이고, 몇 세대에 걸쳐 콘술을 지낸 조상들의 후손이며, 로마가 기꺼이 영예를 주었던 남자의 부인인 네가 왜 그런 은밀한 관계를 추구했느냐? 그가 네 남편의 친구이고, 혈연으로 혹은 결혼 관계로 맺어진 너의 친척이더냐? 오 영광스러운 명성에서 여자들이 남자들 못지않았던 가문의 딸이여, 이 가운데 하나라도 틀린 말이 있느냐? 내가 이런 수치스러운 사랑놀이를 하라고 로마의 모진 적과 비굴한 평화협상을 깨뜨렸더냐?(기원전 280년 에피로스의 왕 피로스가 로마 군을 헤라클레이아에서 격파한 후에 로마와 평화협상을 맺으려고 했으나 이미 늙어서 맹인이 된 클라우디우스가 적극적으로 저지했다/역주.) 너의 추잡스러운 몸을 씻으라고 로마에 상수도를 설치했더냐? 네가 낯선 남자와 쾌락을 즐기라고 거대한 도로를 건설했더냐?'

그러나 클로디아여, 당신은 내가 이 세상 사람으로 이야기해 주길 원하십니까? 그렇다면 저 완고하고 매서운 분을 돌아가게 하고, 나의 대변인으로, 가장 적절하게도, 이 세상에서 가장 완벽한 사람인 당신을 참으로 사랑하는, 당신의 가장 젊은 형제를 선택하겠소. 그는 이 모든 법석이 도대체 무슨 일이냐고 당신에게 묻습니다. 누이여 정신이 나갔소, 그렇게 작은 일을 가지고 큰 소란을 피우다니요? 당신은 그 젊은이의 잘생긴 얼굴과 인물을 좋아해서 그가 당신 옆에 사는 것을 원했소. 그의 아버지는 그에게 거의 돈을 주지 않았소. 당신은 자신의 소유물로 그를 당신에게 묶어두려고 시도했소. 그러나 그는 당신의 선물에 대해서 너무 비싼 대가를 치러야 한다는 것을 깨닫고는 당신과 절교했소. 그래서 어쨌다는 이야기죠? 다른 남자가 없나요? 테베레 강가에 있는 당신 정원을 당신은 너무나 잘 꾸며서 모든 젊은이가 원하면 그곳에서 수영할 수 있게 만들었잖아요. 당신이 원하는 대로 남자를 고를 수 없다면 그 정원들이 무슨 소용이 있겠어요? 왜 당신이 싫다는 사람에게 그렇게 귀찮게 매달려요?"[1]

청중들이 크게 기뻐했을 테지만, 키케로는 아직 클로디아를 처리하는 일을 끝내지 않았다. 그는 카일리우스가 젊은이로서 부주의하게 쾌락을 추구한 것을 절망조차 해학적으로 다루는 너그러운 손길로 처리했다. 틀림없이 매우 슬픈 일이지만, 그 점에서 그의 고객을 옹호할 수는 없었다. 카일리우스는 해서는 안 되는 일을 저질렀다. "그러나 존경하는 배심원 여러분, 우리는 우리들 가운데 몇몇 사람의 뜨거웠던 청년기를 기억할 수 있습니다. 배심원 여러분, 저를 이해해주십시오. 저는 누군가의 이름을 거론할 생각이 전혀 없습니다. 그러나 만약 해야 한다면 힘들이지 않고 그렇게 할 수 있음을 모두들 잘 알 것입니다. 명백한 진실을 이야기해보자면, 만약 어떤 여자가 원하는 자 모두에게 자신의 집을 열어놓는다면, 만약 드러내놓고 창녀의 삶을 살고자 한다면, 만약 그녀가 이 도시에서, 그녀의 정원에서, 그리고 바이아이(Baiae : 현대의 바이아 지방으로 로마 시대에 해변 휴양지로 유명했다/역주)에서 의도적으로 요부처럼 걷고, 옷을 입고, 눈을 불태우고, 자유분방하게 이야기하고, 또한 오직 그런 여자들만이 할 수 있는 오락거리를 제공한다면, 배심원 여러분, 그녀에게 접근한 젊은 남자는 처벌받아야 할 죄를 지은 것입니까, 아니면 일순간의 쾌락을 추구한 것에 지나지 않

---

1) 키케로, 「카일리우스를 위하여(*Pro Caelius*)」 II, 1*ff.*

습니까? 클로디아여, 말해보십시오. 당신의 눈에 그런 종류의 여자 — 물론 당신은 절대 아니죠[웃음] — 와 성관계를 맺은 남자는 수치를 당하고 벌을 받아야 합니까? 제가 인정했듯이, 당신이 그렇게 헤픈 여자가 아닌데 어떻게 카일리우스가 당신이 고발한 일들을 당신에게 할 수 있었지요? 반면에 만약 당신이 그런 여자라면, 당신의 삶이 당신이 한 모든 증언을 무효로 만들어버릴 것입니다.”

그러고 나서 키케로는 독살 죄로 넘어갔는데, 그의 조롱하는 듯한 목소리는 의로움으로 분개한 자가 내는 깊고 당당한 억양을 띠었다. “배심원 여러분, 저는 보았습니다. 제 생(生)에서 겪었던 가장 쓰라린 아픔으로 제가 직접 저 훌륭했던 메텔루스, 이 여자의 남편이 죽어가는 것을 보았습니다. 죽기 이틀 전 원로원 의사당에서 그를 보았을 때 그는 활력이 넘치는 장년으로 힘이 넘쳤습니다. 저는 그가 번뇌로 질식할 듯한 목소리로 말을 하기 위해서 애쓰는 것을, 발작을 일으키며 벽을 치는 것을 보았습니다. 바로 그 집에서 온 클로디아가 감히 신속하게 작용하는 독의 효과에 대해서 이야기할 수 있습니까?” 키케로는 자신이 소송에서 이겼음을 알 수 있었다. 모든 청중들이 그 여자에 대한 가장 나쁜 소문을 기꺼이 믿으려고 했는데, 그 여자의 미모와 부, 그리고 교만이 그녀를 극도로 시샘하는 적들을 사방에 만들어놓았기 때문이다. 명민한 변호인이었던 키케로는 자신의 연설을 신속하게 끝마쳤다. 현대의 독자들에게는 놀랍게도, 키케로는 마지막 진술에서 그녀의 고소는 실체가 있는 어떤 것, 논리적 논증, 전제로부터 필연적으로 추론된 결론에 의해서 뒷받침된 것이 아니라, 오직 증인들의 증언(로마의 모든 사람들이 모든 거리의 길목에서 특별한 진술을 해달라고 돈을 주고 증인을 고용할 수 있음을 알고 있었다)에만 근거하고 있음을 지적했다. 그리고 잘못을 저지르기는 했지만, 저 가난하고 죄 없는 젊은 카일리우스의 딱한 모습과, 그의 고귀하고 늙은 아버지의 비참함이 모두 그 사악한 여자 때문이라고 지적했다. 이렇게 그의 변론은 카일리우스를 옹호하는 것이라기보다는 클로디아를 저항할 수 없게 정죄한 것이었다. 바로 이 여자가 인생의 아이러니로 인해서 세계적으로 유명한 사랑 이야기의 여주인공이 된 인물이다.

클로디아는 자신이 불후의 명성을 얻을 것임을 알아채지 못했을 것이며, 혹시 알아챘다고 해도 크게 개의치 않았을 가능성이 매우 높다. 그녀의 관심은 미래가 아니라, 현재의 매 순간에 자극적인 쾌락을 가능한 최대로 끌어올리는 것이었다. 그녀에게 불멸의 명성은 공허한 것으로 전혀 의미가 없었다. 그럼에도 불구하고 그녀는 불멸의 명성을 차지했는데, 그녀의 매력이나 그녀의 사악함 혹은 그녀를 심문했던 자의 명성 때문이 아니라, 그녀가 한때 잠시 사랑했던 한 남자가 사랑의 열정을 시로, 그것도 그보다 더 뛰어난 사람이 그 이전 혹은 그 이후에 거의 없을 정도로 뛰어나게 표현했기 때문이었다.

그 남자가 바로 카이사르에게 오명을 뒤집어씌웠던 불같은 젊은 시인 카툴루스였다. 그는 베로나 출신으로, 신중한 그의 아버지가 작은 도시의 생활방식에서 벗어나 교양을 익히고 세련되라고 로마로 보냈다. 그가 팔라티움 언덕에 있는 그 대저택으로 처음 소개받아 갔을 때는 아마 20세 전후였을 것이다. 그 저택의 찬란한 여주인은 그 위대한 세계 전체를 위해서 살롱을 열고 있었다. 아마도 처음 들어갔을 때 그는 수줍음을 타는 시골 젊은이로, 쾌활하게 어울리는 무리의 한구석에서 우물쭈물했을 것이다. 그러나 그의 시를 읽어보면 그가 매우 매력적이었음에 틀림없고, 아름다웠다고 믿지 않을 수 없다. 기묘하게도 어느 시대 어느 곳이든 시인들이 미모를 타고난 경우가 많았는데, 카툴루스 또한 그랬다. 결국 그는 그 집 여주인의 관심을 끌었고, 이내 그녀의 가까운 친구가 되었다. 클로디아는 뛰어난 재능을 알아볼 수 있는 마음과 취향을 갖춘 여자였다. 그녀는 이 재능 있고 젊은 베로나 사람과 함께 작가들을 비평하고 감식하는 것을 좋아했으며, 그들은 조잡한 작가들을 발기발기 찢으면서 유쾌한 시간을 보내곤 했다. "나의 귀부인은, 만약 내가 더 이상 신랄한 비판을 하지 않겠다면, 그녀가 시들을 깨물어보고 최악의 시인을 골라서 그의 시문(詩文)들을 불타는 제단에 바치겠다고 맹세했다. 그렇게 해서 더할 나위 없이 나쁜 볼루시우스의 시들이 선택되었고, 신들은 그 시들을 바친 제사를 보고는 기뻐서 웃을 것이다."

이것은 젊은이가 감당하기에는 너무 강한 포도주였다. 열 살이나 더 먹은, 대가문의 매우 아름다운 부인은 농촌 소년을 다른 어떤 우아한 속물들보다 더 사랑했다. 물론 카툴루스는 지독한 사랑에 빠졌고, 한동안 그녀를 감동시켜 자신을 사랑하게 만들었다. 아마도 젊은 촌뜨기인 자신이 그녀로 하여금 그렇게 강렬한 사랑을 느끼게 만든 것에 놀랐을 것이다. 이 사랑 이야기는 카툴루스의 시들에서 명확히 읽을 수 있다. 현존하는 그의 시들을 연대순으로 파악하는 것은 불가능하다. 그의 시 모음집에 담겨 있는 시들은 연대순이 뒤죽박죽이어서 생의 말년에 쓴 작품들이 모음집 앞부분에 등장하기도 한다. 그러나 연애시들의 순서는 의심할 바 없이 명확한데, 그 시들이 스스로 말해주기 때문이다.

카툴루스의 연애시들, 즉 "레스비아(시에서 클로디아가 레스비아로 나오는 것은 젊은 남자가 사랑하는 부인에게 가명으로 시를 쓰는 것이 유행이었기 때문이다)에게 보내는 시들"은 사랑 문학에서 독특한 한 장을 차지한다. 영문학의 전 범위에서 그 시들에 필적하는 것을 찾아볼 수 없다. 오랜 세월 동안 드문드문 등장한 몇 편의 시들이 열정과 통절함이라는 측면에서 카툴루스의 연애시에 육박한다. 잉글랜드에 사랑을 노래하는 시인은 많았지만, 열정을 노래하는 시인은 거의 없었다. 진실을 말하자면, 실제로 영국 시인들의 가슴을 사로잡은 것은 사랑하는 여인이 아니라 자연이었고, 그런 경우 나무, 구름, 새, 특히 영국의 정원에서 자라는 꽃이 부각되어 그 부인은 시야에서 사라지기 쉬웠다.

장미여, 수선화여, 푸른 제비꽃이여, 아름다운 앵초와 더불어 말해보세요.

당신들은 내 요정의 달콤하고 예쁜 얼굴과 뛰어난 자태를 보았잖아요.

(밝은 노란구륜앵초, 만개한 패랭이꽃) 그녀의 (흰 백합) 모습은 (아, 향꽃장대, 아, 데이지!) 신성한 별과 같이 우아하게 빛나지 않았나요.[2]

카툴루스의 시에 진정으로 비교될 만한 유일한 시는 셰익스피어의 소네트인데, 그것도 열정이라는 측면에서만 그렇다. 다른 모든 점에서 두 시인은 완전히 다른 세계에서 살았다. 셰익스피어는 열정뿐만 아니라, 남자의 마음이라는 하나의 우주 전체를 표현하기 위해서 언어를 쥐어짰다. 그 우주에는 죽음, 시간, 영원, 그리고 결코 성취되지 못하는 기쁨이라는 인생의 비극이 담겨 있다. 반면에 카툴루스는 우주에서 레스비아 이외에는 아무것도 보지 않았고, 단순하지 않은 것은 아무것도 느끼지 않았기 때문에 완벽하게 단순히 말할 수 있었다. 그의 생각은 끊임없이 사랑을 중심으로 활동하지만, 오직 사랑밖에 생각하지 않기 때문에 모든 것을 펜으로 적을 수 있었다. 그는 레스비아만을 생각하는 연인이었고, 그의 장소는 이 땅이었으며, 그의 구역은 엄격하게 자신의 사랑과 미움에 한정되었다. 그는 오직 한 가지, 강렬함을 제외하면 모든 면에서 제한되어 있었다. 그

---

2) 존 레이놀즈, 「꽃다발(Nosegay)」/역주.

는 위대한 시인이었지만, 로마인이었다. 그리고 로마인은 아무리 시에 빠져 있다고 해도, 영원히 방랑하는 생각에 빠지지 않는다. 라틴 문학 전체에서 유일한 예외는 카툴루스의 동시대인으로 그리스 철학을 시로 노래했던 위대한 시인 루크레티우스뿐이었다.

카툴루스는 다른 주제들에 대해서도 쓸 수 있었다. 그는 자신이 원하는 모든 것에 대해서, 가령 항해하는 배, 호수의 물이 바람에 웃고 있는 "거의 섬 같은" 작은 고향, 저녁 만찬, 친구의 슬픔 등등에 대해서 매력적인 몇 편의 시를 쓸 수 있었다. 그는 사랑스러운 노래로 결혼을 축하할 수 있었고, 요정이 나오는 이야기를 하면서 즐길 수도 있었다. 그는 또한 카이사르와 마무라에게 퍼부었듯이, 그것들이 문학의 영역에 속한다면, 문학에서 발견되는 그 어떤 것보다 거칠고 폭력적인 비방의 글들을 쓸 수도 있었다. 그러나 시인은 그의 최고 분야로 평가되어야 한다. 그의 저급한 글들은 그에 대한 최종적인 평가에 아무런 영향도 미치지 못한다. 카툴루스는 클로디아의 사랑–시인이었고, 이 점에서 그의 명성은 확고하다.

다른 모든 시인들을 능가하는 그의 독특한 특징은, 사랑의 황홀함과 번뇌를 너무나 직접적으로 표현해서 독자와 시인의 가슴 사이에 아무런 가리개가 없는 것처럼 보이게 만드는 것이다. 그는 자신의 느낌을 너무나 뜨거운 열정으로 쏟아내느라고 오직 명백한 표현만을 사용했다. 수사, 사랑스런 구절들을 이용한 장식, 정교한 상상과 같은 시의 모든 장식물들은 배제되었다.

물론 그가 원한다면 그런 것들을 매우 뛰어나게 구사할 수 있었다. 그는 감정을 배제한 주제들에 대해서 쓴 몇 안 되는 긴 시들에서, 종종 매우 기꺼이 일반적인 시의 방식에 따라서 장식을 사용했다. 그러나 그것들은 연애시들에 비하면 무시할 만하다. 드물기는 했지만 그가 불행한 사랑을 주제로 삼을 때, 혹은 정말 있음직하지 않은 신화적 인물들 속에 레스비아를 갑자기 등장시킬 때─카툴루스는 그녀를 배제할 수 없었다─다시 한 번 그는 열정적이고 황홀하며 번뇌에 찬 목소리를 구사했고, 그의 불에 의해서 녹은 말들을 사용했기 때문에, 우리는 장식들을 볼 수 없으며 오직 뜨거운 불꽃만 볼 수 있다.

그가 이야기하는 사랑 이야기는 모든 사랑을 응축했다. 그는 세상 모든 곳에서 사랑하는 자들이 느끼는 범위 전체를 가로지른다. 그렇다고 해도 그는 전형적인 연인은 아닌데, 그렇게 뜨거운 감정은 결코 전형적일 수 없다. 오히려 그는 정수만을 뽑은 연인이다. 그는 사랑에 수반된 열정의 본질을 몇 개의 짧은 시로 표현했다.

젊은 연인이 늘 그렇듯이 그의 사랑 이야기는 매우 절묘하게 시작한다. 클로디아─레스비아─에게는 작은 새가 한 마리 있는데, 그녀가 그 새와 놀고 있을 때 낯선 젊은이가 감탄하면서 그녀를 쳐다본다. 그리고 그는 어느 날 집에 가서 그녀에게 시를 썼다. 물론 오래 머뭇거린 후에야 그 시를 그녀에게 보냈다.

달콤한 나의 소녀에게 가장 큰 기쁨인 참새야,

그녀는 항상 너와 함께 놀고 있구나, 너를 가슴에 품고서,

사랑을 갈망하는 너에게 콕콕 쪼아달라 검지를 내밀곤 하는구나.

내가 갈망하는 그 소녀에게, 너는 내가 모르는 무언가 사랑스러운

　　몸짓으로 놀아주고

그녀가 겪고 있는 슬픔을 이기는 위안이 되어주었지.

네가 정염의 불꽃으로 인해 무거워진 소녀의 가슴에 휴식을 가져

　　다주었듯이,

그녀처럼 나도 너와 놀 수 있다면

내 마음을 무겁게 하는 슬픈 고통의 무게를 덜 수 있을 텐데.[3]

레스비아는 이 시에 기뻐했고, 카툴루스에게 점점 더 많은 관심을 기울였다. 카툴루스는 같은 어조의 두 번째 편지를 보냈다. 이제 그의 고통스러운 근심이 사라졌기 때문에 카툴루스는 행복했다. 그는 그 아름다운 여인을 부드럽게 놀릴 수 있었다.

애도하십시오, 사랑과 미를 관장하는 신들과 여신들이여

그리고 상냥한 마음이 있는 모든 사람들이여.

내 여인의 기쁨이자 가장 달콤한 노리개였고,

---

3) *Cat*. II. 이런 시들은 번역할 수 없다는 사실을 여기서 지적할 필요는 없다. 모든 시는 번역할 수 없기 때문이다. 특히 감정과 표현이 이렇게 뜨겁게 융합된 경우, 번역하기는 더욱 어렵다. 여기에서 제기한 번역은 독자들에게 카툴루스 시의 참모습을 보여주기는 어렵다고 하더라도 카툴루스 자신의 모습이라도 독자들에게 전달할 수 있기를 바라면서 이루어졌다. 독자들에게 리듬감을 주기 위해서 시의 원래 운율을 충분히 살리기 위해서 노력했다.

그녀가 자신의 눈처럼 소중히 여겼던, 아니 눈보다 더 소중히 여
   겼던

내 여인의 참새가 죽었습니다.

그녀는 자신의 눈보다 참새를 더 사랑했습니다.

그녀에게 꿀이었던 작은 참새는

소녀가 소중한 어머니를 사랑하듯 그녀를 사랑했으며,

그녀의 무릎에서 결코 떨어지지 않았고

그녀가 가는 곳이면 어디든, 여기저기로 쫓아다니면서

오직 그녀만을 위해서 지저귀었습니다.

이제 그 참새가 다시는 돌아오지 못한다는

저 어두운 길로 갔습니다.

지하 세계를 주관하는 나쁜 어둠의 신들이여 당신들에게 불행이.

당신들은 모든 아름다운 것을 삼켜버리는군요.

나의 그토록 아름다운 참새를 빼앗아가버렸군요.

당신들에게 불행이. 오 불쌍한 참새야.

이제 너 때문에 나의 여인이 눈물이 가득 고이고

슬픔으로 충혈된 눈으로 울고 있구나.[4]

레스비아의 경쟁자가 찬양받자, 그녀의 시인은 신속하게 공
격하고 방어했다. 레스비아는 그 시들을 보고 기뻐 웃었고, 누
구나 확신할 수 있듯이, 그 시들을 다른 사람들에게 보여주었다.

---

4) *Cat.* III.

많은 사람들이 퀸티아가 아름답다고 이야기하네.

그녀가 살결이 희고, 키가 크고, 건장한 것은 인정하지.

그러나 오직 그 정도밖에는 인정할 수 없어.

절대 그녀를 아름답다고 말할 수는 없어.

어떻게 매력이라고는 하나도 없는 그녀를 아름답다고 말할 수 있단 말인가?

그렇게 거대한 덩치에 재치는 조금도 깃들일 수 없어.

레스비아는 아름답지. 그녀는 머리끝에서 발끝까지 사랑스러워.

비너스 여신이 아름다움을 잃어버렸는데, 레스비아가 훔쳐갔기 때문이지.5)

순식간에 레스비아가 승리를 거두었다. 그녀는 연인들의 감식가였고, 카툴루스 이전에는 그렇게 뛰어난 시인이 그녀의 연인이 되어 그녀를 추종하지 않았었다. 그녀는 시인과 연인을 결합시키는 것이 매력적임을 발견했다. 카툴루스는 천상에 있었다.

레스비아여, 함께 살고 사랑합시다.

완고한 노인들이 말하는 것은 동전 한 닢의 가치도 없는 것으로 무시해버립시다.

태양은 졌다가 늘 다시 떠오릅니다.

그러나 우리에게 허락된 짧은 빛이 지고 나면,

---

5) *Cat.* LXXXVI.

우리는 반드시 끝없는 밤 동안 계속 자야 합니다.

나에게 천 번의 키스를, 그리고 백 번의 키스를,

다시 천 번의 키스를, 그리고 백 번의 키스를,

또다시 백 번의 키스를, 그리고 단숨에 천 번의 키스를 주십시오.

   그리고 다시 수없이 많은 키스를 해서

도저히 횟수를 세지 못하고 우리 자신도 몇 번이나 키스했는지 알

   수 없게 합시다.

그래야 그 누구도 우리가 몇 번이나 키스했는지 알고,

질투를 퍼붓지 못할 것입니다.[6]

   그러나 상황은 어려웠다. 어떻게 만나고, 어떻게 선한 메텔루스의 의심을 피한단 말인가. 어디에서든 진정으로 사랑하는 연인들을 괴롭히는 모든 문제들이 기다리고 있었다. 물론 레스비아는 그런 상황에서 남편을 다루는 데 능숙했다.

   레스비아는, 그녀의 남편이 가까이 있을 때면,

늘 나를 험담하여 저 늙은 바보를 크게 기쁘게 합니다.

그녀가 겉으로는 나를 비난하면서도 속으로는 나를

기억하고 있다는 것을 알아채지 못하는 천치 같은 사람.

그녀의 침묵은 사랑이 식었다는 것을 의미합니다. 지금 그녀가 나

   를 놀리고

---

6) *Cat.* V.

조롱하는 것을 보니 그녀는 나를 잊지 않았습니다. 아, 사실 그녀
　　는 침묵하기는커녕 화를 내는데,
나는 그녀의 화난 모습에서 불타오르는 가슴을 봅니다.
그녀는 나에 대한 사랑으로 불타고 있습니다.[7]

　그러나 최초의 떨림과 믿을 수 없는 황홀함은 수그러들었
다. 카툴루스는 항상 초조했다. 그녀가 올 것인가, 아니면 오지
않을 것인가? 언제, 어떻게, 왜? 그는 비탄에 빠져 성마르게
되었다.

레스비아는 항상 나에게 험담을 하고 잠시도 침묵하지 않습니다.
그녀가 나만을 사랑하지 않는다면, 맹세컨대 저는 죽고 말 것입니다.
어떻게 알 수 있습니까? 나는 그녀를 닮았습니다. 나는 하루 종일
　　계속해서 그녀에게 험담을 퍼붓고 있습니다.
맹세코 그녀만을 사랑하지 않는다면, 나는 죽고 말 것입니다.[8]

　여전히 황홀한 순간들이 있었지만, 그 순간들의 저 밑바닥에
는 줄곧 두려움이 있었다.

나의 생명이신 당신은 우리의 사랑은 영원하고,
　우리의 사랑의 기쁨은 끝이 없을 것이라고 말합니다.

_____
7) *Cat.* LXXXIII.
8) *Cat.* XCII.

위대한 신들이여, 진실되게 약속할 수 있는 힘을,

오직 진실만을 이야기하고 가슴에서 우러나서 이야기할 힘을 그녀
　에게 주십시오.

그렇게 하여 우리가 죽을 때까지 신성하게 묶여서

영원히 서로 신의를 지키는 연인이 되게 해주십시오.[9]

이 시는 카툴루스의 사랑과, 그 사랑과 결부되어 있는 그의 인생의 정점을 상징한다. 그러나 이미 그는 의심의 고뇌를 배우고 있었다. 그는 믿기를 갈망했지만 의심을 중단할 수는 없었다. 그는 이 행들에서 진정으로 사랑하는 사람이, 배경에 있는 남편이나 그 밖의 어떤 것을 비롯한 모든 난관에도 불구하고, 변함없이 느끼는 위대한 사랑의 거룩한 순결을 노래했다. 카툴루스는 영원히 충실하겠다는 열정이 그 자체로 늘 정당하다고 느꼈고, 평생 동안 오직 레스비아만을 사랑했다.

그러나 그는 사랑의 정점에서 신성한 유대가 자신과 똑같이 레스비아를 묶고 있다고 확실하게 믿었지만, 그 믿음은 너무나 빠르게 무너지기 시작했다. 의심할 바 없이 로마 세계의 원숙한 여인이었던 레스비아는 시인의 이상이 감내하기 힘들며, 일상에는 열정의 고귀한 이상에 못 미치는 것이 더 적합하다는 사실을 이내 깨달았다. 그녀는 지속적인 환희에 진력이 났다. 우리는 그녀가 자신에게 충실하지 않다는 것을 처음으로 깨달았을

---

9) *Cat.* CIX.

때 카툴루스가 느꼈을 번뇌를 상상만으로도 알 수 있다. 카툴루스가 그 순간을 시로 썼을 수도 있지만, 어쨌든 그런 시는 전해내려오지 않는다. 아무리 시인이라고 해도 그 순간은 너무나 끔찍해서 제대로 쓸 수 없었을 것이다. 그러나 카툴루스는 매우 젊었고, 행복을 열렬히 추구했으며, 또한 진정한 사랑의 속성인 겸손함을 갖추고 있었기 때문에 겸허했다. 그녀는 너무나 위대하고, 너무나 아름다운데, 어떻게 그녀가 오직 자기만을 사랑해주기를 바랄 수 있겠는가? 그 경이로운 부인이 자신을 가장 사랑해주는 것만으로도 만족해야 하지 않겠는가? 카툴루스는 이렇게 썼다.

그렇게 나의 빛, 나의 사랑이 나의 품으로 왔습니다.
큐피드가 사프란으로 만든 옷을 입고 빛나는 소년이 되어,
그녀 주위를 돌면서 유쾌하게 춤을 추었습니다.
그러나 과거는 흘러갔습니다. 이제 더 이상 카툴루스 혼자 그녀를
　　만족시킬 수 없습니다.
이제 그녀는 다른 자들에게 가고 있습니다. 오직 몇 명에 지나지
　　않기 때문에 나는 용서합니다.
나는 바보 같은 다른 사람들과 달라서 질투심에 사로잡힌 불평으
　　로 그녀를 괴롭히지 않습니다.
게다가 그녀는 아버지의 오른손을 잡고
이곳 나의 집, 아시리아 향기가 가득 찬 곳으로 온 것이 아니었습
　　니다.

비밀스러운 밤에 남편의 가슴에서 사랑의 놀라운

선물을 몰래 훔쳐와서 나에게 베풀었습니다.

따라서 이것으로 충분합니다. 그녀가 그녀 가슴속에 밝게 빛나는,

매우 하얀 돌로 표시한 그날 그녀와 함께하는 것만으로 족합니다.[10]

그러나 레스비아는 다양한 즐길 거리에 익숙했다. 그녀는 결코 자신을 "오직 몇 명"에 한정할 생각이 없었고, 카툴루스의 용서를 받는 것에 점점 더 신경쓰지 않게 되었다. 그때부터 카툴루스는 거대한 열정을 무시당한 자가 가게 마련인 불같이 뜨거운 지옥 속에서 살게 된다. 그는 최초로 번뇌에 빠졌을 때, 그런 경험이 어떤 것인지를 2행으로 이루어진 짧은 시에 표현했다.

나는 증오하면서도 사랑하노라. 아마 당신은 어떻게 그럴 수 있느

냐고 묻겠지.

나도 모르노라. 그저 내 마음이 그렇다는 걸 느끼고 괴로워할 뿐.[11]

이제 카툴루스는 클로디아가 어떤 여자인지를 알게 되었고, 그녀의 달콤한 말들은 더 이상 아무것도 아니게 되었다.

여자가 그녀를 갈망하는 연인의 품에서 하는 말은 차라리

---

10) *Cat.* LXVIII*b*.

11) *Cat.* LXXXV.

바람에, 그리고 빨리 흐르는 물에 쓰는 것이 나을 것이다.12)

카툴루스는 모든 것을 알게 되었지만 벗어날 수 없었다.

레스비아, 한때 당신은 오직 카툴루스밖에 모른다고,

다른 누구도, 유피테르라고 해도 나와 바꾸지 않겠다고 말했지요.

그때 나는 보통의 남자들이 여인을 사랑하듯 당신을 사랑한 것이

　　아니라,

아버지가 자식을 사랑하듯 사랑했소. 그렇게 당신은 나에게 소중

　　했소.

그러나 이제 나는 당신의 참모습을 알게 되었소. 나는 이전보다

　　더 뜨겁게 불타오르고 있지만,

당신이 경박하고, 천박하다는 것을 명확히 알게 되었소.

당신은 어떻게 그럴 수 있느냐고 묻겠지요. 당신이 연인에게 한

　　나쁜짓 때문에 나는 당신을 더욱 사랑하지만,

오 나의 연인이여, 예전보다는 덜 귀하게 여긴답니다.13)

　카툴루스는 참새가 노는 것을 바라보던 젊은 시절의 새롭게 매료된 세계에서 너무나 멀리 왔다. 그는 고작 20대 초반이었지만 다시는 그 황홀한 세계로 들어갈 수 없었을 것이다.

---

12) *Cat.* LXX.
13) *Cat.* LXXII.

레스비아여, 당신의 악행이 나의 마음을 여기까지 끌고 왔습니다.
　사랑은 그 의무감 때문에 패망의 길로 나아갑니다.
이제 더 이상 당신이 최고의 여성이 되기를 바랄 수 없습니다.
그럼에도 불구하고 당신이 어떤 행동을 하더라도 사랑하는 것을
　멈출 수는 없습니다.14)

카툴루스가 이렇게 격심하게 번뇌하고 있을 때 클로디아는
그를 붙잡으려고 시도했다. 그러나 그녀가 더 이상 노력하지 않
는 날이 오고야 말았다. 클로디아는 그와의 관계를 청산했고,
카툴루스는 열정으로 찢어지고 절망적인 젊은이의 가슴으로 진
실을 직시할 용기를 발휘했다.

가엾은 카툴루스여, 이제 이렇게 광적인 어리석음을 그만두어라.
가엾은 바보야, 지나가버린 것은 돌이킬 수 없으니 포기하여라.
한때는 밝은 태양이 네 앞에서 빛났지,
그때 너는 한 소녀가 이끄는 대로만 움직였지,
그녀는 이 세상의 그 어떤 소녀보다 더 뜨거운 사랑을 받았고.
그때 두 사람은 무한히 즐겁게 놀았지,
네가 원하는 것을, 또한 그녀가 원하는 것을 하면서.
진실로 밝은 태양이 네 앞에서 빛났지.
이제 그녀는 더 이상 원하지 않고, 너 또한 의지를 잃어버렸어.

---

14) *Cat*. LXXV.

그녀가 도망가는데 뒤쫓아갈 것이냐, 그렇게 비참하게 살 것이냐?

마음을 단단히 먹고, 굳은 결심으로 견뎌내라.

안녕 내 사랑, 이제 카툴루스는 마음을 굳게 먹었다.

더 이상 쫓아가지 않을 것이다. 차갑게 뿌리치는데 억지로 구애하
  지 않을 것이다.

그러나 아무도 당신에게 구애하지 않을 때 당신은 고통스러울 것
  이다.

사랑하는 소녀여, 불쌍하구나, 어떤 인생이 당신을 기다리고 있겠소?

이제 누가 당신에게 가겠소? 누가 당신을 아름답다고 하겠소?

이제 당신은 누구를 사랑할 것이오? 누구에게 당신이 그만의 것이
  라고 맹세할 것이오?

누구와 열렬하고 뜨겁게 키스하고, 누구의 입술을 깨물겠소?

그러나 너 카툴루스여 이제 끝내어라. 마음을 굳게 먹고 견뎌내라.[15]

이 무렵, 카툴루스가 끔찍이 사랑했던 형이 머나먼 동방에서
사망했다. 비탄에 빠진 카툴루스는 변화를 갈망했고, 연로한 아
버지가 그를 불렀기 때문에 고통스러운 로마를 떠나서 고향 베
로나로 돌아갔다. 고향에서 카툴루스는 금전 문제로 고통을 겪
었다. 그는 곤궁에서 신속히 벗어나기 위해서 부임 직전에 있는
새로운 총독 밑에 자리를 얻었고, 그를 따라서 동방으로 갔다.
로마의 재산 사냥꾼들이 이미 그 속주를 훑고 지나갔기 때문에

---

15) *Cat.* VIII.

돈을 벌 수는 없었지만, 크게 바랐던 한 가지는 이룰 수 있었다. 그의 형의 무덤에 가서 시 한 편을 쓴 것이다. 그의 시 가운데 최고로 꼽히는 이 시는 그의 마음속에 존재하는 아픔을 노래했다.

> 형제여, 여러 나라를 지나고 여러 바다를 건너서
> 죽은 자의 이 서글픈 무덤에 내가 와서 울고 있소,
> 이제야 죽은 자에게 마지막으로 바쳐야 하는 의무를 행하고
> 재가 되어서 침묵하고 있는 당신에게 눈물을 흘리며 헛되이 말을
>   걸고 있소.
> 운명이 당신을, 당신을 앗아가버렸으니
> 아, 불쌍한 형제여, 너무나 젊은 나이에 당신을 나에게서 데려가버
>   렸으니,
> 그러나 이제 먼 옛날부터 조상을 통해서 전해오는 관습에 따라서,
> 당신의 형제로서 끊임없이 눈물을 흘리면서,
> 죽은 자를 위해서 마지막으로 바쳐야 하는 서글픈 의례를 행하니
> 이제 받아들이고, 형제여 영원히 안녕, 잘 가시오.[16]

그러나 카툴루스의 사랑 이야기는 끝나지 않았다. 클로디아가 그를 다시 불렀던 것이다. 그가 로마로 돌아갔던 데에는 그녀를 그리워하는 마음을 주체할 수 없었던 것도 한몫했을 것이다. 그리고 어느 날 클로디아가 군중 속에서 카툴루스를 보았는

---

16) *Cat*. CI.

데, 그는 노골적으로 증오와 경멸을 표출하면서 피했다. 그러자 클로디아는 갑자기 유쾌한 마음으로 자신의 힘을 과시하겠다는 결단을 내렸다. 아마 그녀는 자신의 힘뿐 아니라 스스로를 과시하고 싶은 욕심도 있었던 듯하다. 거의 40줄에 이르렀던 그녀는 자신의 외모에 대한 자신감을 확인하고 싶었을 것이다. 그래서 클로디아는 악의 없는 위협을 가해서 카툴루스를 불렀고, 그는 그녀에게 복종했다.

> 만약 애태우며 갈망하던 자에게 포기했던 희망이 오랜 절망 끝에 뜻밖에 이루어진다면 그것은 최고로 기쁜 일입니다.
> 레스비아여, 당신이 돌아올 것을 갈망하고 있던 나에게 당신의 귀환은 최고로 기쁜 일이고, 또한 금보다 값진 일입니다.
> 당신이 돌아오기를 갈망했지만 기대하지 않았는데
> 당신은 돌아왔습니다. 나를 위해서 눈부시게 빛나는 빛이여!
> 이 세상에서 누가 나보다 행복하고,
> 누가 생명보다 이 일을 더 간절히 원했다고 말할 수 있겠습니까?[17]

그러나 재결합은 오래갈 수 없었다. 팔라티움 언덕에 있던 집 분위기가 바뀌었다. 착하지만 어리석었던 메텔루스가 죽었고, 그의 죽음에 대해서 이상한 소문들이 나돌았다. 충격을 받은 사람들이 더 이상 이 집을 방문하지 않았고, 집주인도 그들을 그

---

17) *Cat.* CVII.

리워하지 않았다. 그 집에서 과도한 일들이 계속적으로 일어났고, 가장 최근의 일이 직전의 일을 무효로 만들곤 했다. 카툴루스는 결코 그곳에서 겪은 일을 시로 쓰지 않았다. 카일리우스 루푸스는 그의 친한 친구였다. 클로디아가 그를 취해서 집에 데려와 살도록 했을 때, 카툴루스는 자신과 클로디아의 관계가 완전히 끝났음을 확인했다. 카툴루스는 클로디아와 갈라섰고, 이것으로 두 사람은 영원히 헤어졌다.

오랫동안 품어왔던 사랑을 갑자기 그만둔다는 것은 어려운 일이다.
참으로 어려운 일이다. 그러나 어떻게 해서든 그렇게 해야 한다.
그것만이 살길이다. 이 싸움에서 반드시 이겨 승리자가 되어야 한다.
그것이 가능하든 불가능하든 어떻게 해서든 그렇게 해야 한다.
신들이여, 당신들이 정말로 자비로운 분들이시고,
극한 상황에 내몰려 죽음 직전에 이른 자에게 정말로 희망을 주시
   는 분들이라면,
비통에 빠진 저를 보시고 사악함에서 벗어나 살아가겠다고 맹세하
   는 저를 구해주십시오.
저의 몸, 뼈, 근육 안 깊숙이 들어와서 서서히 온몸을 부패시키는
이 전염병을 피 속에서 쫓아내주시고, 이 병균들을 온몸에서 제거
   해주십시오.
그것들 때문에 제 가슴속 어디에도 즐거움을 찾을 수 없습니다.
저는 제가 그녀를 사랑하듯이 그녀가 저를 다시 사랑해주기를,
그리고 그것이 불가능하기 때문에, 그녀가 진실해지기를 더 이상

바라지 않습니다.

저는 건강해져서 이 끔찍한 질병으로부터 벗어나기를 바랍니다.

오 신들이시여, 저를 불쌍히 여기셔서 이 사랑으로부터 벗어나게
만 해주십시오.[18]

이후 카툴루스는 1년 혹은 2년밖에 살지 못했다. 그는 여자를
사랑하는 것처럼 인생을 사랑하는 데에도 연인의 진수를 보여
주었고, 요절했다. 그의 글에 따르면, 가슴이 찢어지게 아팠던
그는 지독한 감기에 걸려서 고생했다. 그가 죽기 직전에 클로디
아의 재판이 끝났고, 그로 인해서 클로디아의 무모함이 점점 더
심해졌다. 그것을 본 카툴루스가 카일리우스에게 다음과 같이
썼다.

카일리우스여, 우리의 레스비아, 그 레스비아가,

카툴루스가 자기 자신보다, 그리고 자기의 모든 것보다 더 사랑했던

그 레스비아가 이제 네 갈래 큰 길에서 그리고 좁은 길에서

연인을 찾고 있고,

로마의 고귀한 자제들의 껍데기를 벗기고 있소.[19]

이 쓰라리고 통절한 말을 마지막으로 클로디아, 그리고 그녀
를 노래한 시인은 더 이상 기록에 등장하지 않는다.

---

18) *Cat.* LXXVI.
19) *Cat.* LVIII.

8
—
호라티우스

오래 사는 것이 어울리지 않는 듯한 사람들이 있다. 카툴루스가 그들 중 한 명인데, 진실로 아무도 노년이 된 그를 상상하지 못할 것이며, 아무리 냉혹한 마음을 가진 사람이라고 해도 그러기를 바랄 수는 없을 것이다. 그는 30년밖에 되지 않은 짧은 인생을 살았지만 80대까지 산 대부분의 사람들, 심지어 80대까지 산 시인들보다 더 많은 것을 느꼈다. 그는 인생의 모든 일을 항상 최종적인 것으로 생각하여 조금도 느슨해지지 않고 철저하게 대했다. 그런 인생을 살면서 그가 느꼈던 곤함은 상상하기도 힘들다. 그런 극단적인 상황에서 영원히 사는 것은 인간이 감당할 수 없는 일이며, 카툴루스가 오래 살았다면 노년이 되기 훨씬 이전에 기진맥진하고 말았을 것이다. 따라서 인생을 짧게 마감한 것이 축복이었을 수도 있다.

  그러나 모두가 영원히 살아주기를 바라는 사람들도 있는데,

대표적인 사람이 바로 호라티우스이고, 본인도 그것을 바랐을 것이다. 그는 풀이 무성한 강둑, 차가운 밤에 불타는 모닥불, 한 움큼의 잘 익은 올리브, 하늘, 햇빛, 시원한 바람 등등 삶의 모든 사소한 즐거움들을 뜨겁게 기뻐할 줄 아는 매우 쾌활한 성격을 지니고 있었다. 그리고 우리가 영원히 살 것 같은 사람으로 선택한 사람 열에 아홉은 바로 이런 재능을 가지고 있음에 틀림없다. 그런 재능은 그것을 가지고 있는 사람뿐만 아니라, 주위 사람에게도 인생 내내 많은 도움을 준다.

연중 어느 날이든 자기 집 대문 안으로 호라티우스가 걸어오는 것을 보고 좋아하지 않을 사람은 없을 것이다. 그가 들어온 즉시 모든 것들이 더 상쾌해 보이고, 칵테일은 더 맛있을 것이며, 안락의자는 더 편해질 것이고, 따뜻하게 차폐되어 안락하기만 했던 방도 상당히 활기찬 기쁨을 띠게 될 것이다. 결코 그가 대화의 중심이 되지는 않을 것이다. 누군가 그렇게 하려고 시도한다면 그는 유쾌한 유머로써 제지하며 막을 것이다. 당신의 안락의자에 앉은 그는 당신이 이야기를 더욱더 신명나게 하도록 북돋울 것이다. 그러나 당신이 지나친 과장을 늘어놓는다면 그는 능란하게 날카로운 아이러니를 구사하여 허장성세를 꺾어놓을 테지만, 당신의 마음을 아프게 할 정도로 심하게 몰아붙이지는 않을 것이다.

그리고 당신이 어려움에 처했다면, 너무 과도하게 낭비했다면, 중요한 이웃과의 분쟁이 발생했다면, 당신의 고용주를 화나게 했다면, 옛사랑을 깔끔하게 정리하지 못하고 새로운 사랑을 시작하려고 시도한다면, 가장 이해심이 깊고 명민하며 세속의 지혜를 터득한 호라티우스에게 조언을 구할 수 있을 것이다.

호라티우스는 모든 사람을 관용하며 누구도 편들지 않는 세상에서 가장 완벽한 사람이다. 모든 사람과 사이좋게 지내고, 모든 곳에서 집처럼 편안함을 느끼고, 어떤 즐거움이라도 기꺼이 받아들이고, 모든 혼란스러운 열정을 피하며, 세속적인 일들을 상당히 초연하게 바라볼 수 있었다. 그리고 늘 웃을 수 있는 마음을 가지고 있었다. 이런 성품들은 시인과는 어울리지 않을 것 같다. 진실로 그는 누구보다도 열광에 사로잡힌 사람, 혹은 어떤 사람의 참된 연인과는 거리가 먼 사람이다. 그의 깨끗하고 침착하고 균형 잡힌 머리에 광적인 것은 전혀 없다. 그는 결코 시인이 되지는 않을 인물인 벤저민 프랭클린의 심성을 타고나 시인이 된 사람이며, 좀더 정확히 말하자면 그가 아메리카 대륙에 가본 적이 없으므로 몽테뉴의 심성을 타고난 시인이었다. 시인으로서 그의 두드러진 특징은 상식이며, 그 이전 또는 그 이후에도 상식과 시를 그렇게 잘 결합시킨 사람은 없었다.

키케로가 죽고 로마가 최악의 내전기에 돌입했을 때 그는 21세가 되었다. 내전 내내 그는 브루투스 편에 가담하여 그와 함께 싸웠지만, 그 싸움은 공화주의의 대의를 주장하는 자들이 최종적으로 패배하고 아우구스투스와 안토니우스가 세계의 지배자로 우뚝 서면서 끝났다. 그가 크게 낙담하여 로마로 돌아왔을 때 그의 집은 몰수당했고, 그는 무일푼이 되었다. 많은 사람들이 이런 역경에 부딪치면 자신의 위대한 능력과 감수성을 완전히 잃어버리고 염세적인 사람이 되기 쉽다. 호라티우스의 초기 저작들은 때때로 비통함과 잔학성을 띠는데, 이는 그가 영원히 비뚤어지고 위축될 위험에 매우 가까이 다가갔음을 보여준다. 그러나 그런 기분은 이내 사라졌다. 호라티우스는 공화국이 완전히 소멸했고 아우구스투스가 완벽하게 살아남았다는 사실을 받아들였고, 하급 관리(금고 관리 서기/역주)가 되었다. 그 후 호라티우스는 다시는 공화국의 이념을 주창하는 글을 쓰지 않았다. 오히려 반대로, 아우구스투스를 찬양하는 글을 썼다. 그의 찬양이 매우 적극적이어서 로마 제정시대를 제외한 다른 시대의 사람들은 믿을 수 없는 역겨운 아첨이라고 생각할 수 있다. 그러나 호라티우스의 독자들은 이런 글들을 읽고 그를 정죄하겠다는 생각을 전혀 하지 않았다. 호라티우스를 아는 사람이라면 누구도 그를 기회주의자라고 비난하지 않았다. 그는 결코 그런 사람이 아니었다. 그는 뛰어난 감각을 가진 사람으로, 공화국이 돌이킬 수 없이 사라져버렸고, 제정(帝政)이 안정을 찾았다는 것을 깨달았으며, 시곗바늘을 거꾸로 돌리려는 헛된 노력으로 인생을 낭비해서는 안 된다고 확신했다. 그 결과, 그는 대부분의 사람이라면 파멸하고 말았을 정도로 격심한 고통과 패배를 어린 나이에 겪었음에도 불구하고 그것을 극복했고, 충성의 방향은 바뀌었지만 겁먹고 비굴한 정신에 빠지지 않았으며, 차분하게 평정을 유지하면서 흔들리지 않고 독립심을 지키는 사람이 되었다. 이는 그가 한결같이 평정을 유지하는 정신과, 가장 드문 덕 가운데 하나인 지혜를 갖추고 있었기 때문에 가능한 승리였다.

호라티우스에게 감내하기 어려운 고통을 너무나 많이 부여했던 운명이 친절하게 바뀌었다. 호라티우스는 아우구스투스의 유력한 대신이었던 마이케나스를 만났는데, 자신이 첫 만남에서 너무나 수줍어했기 때문에 더듬지 않고는 한마디도 하지 못했다고 썼다. 그럼에도 불구하고 마이케나스가 호라티우스를 좋아하게 되었고, 두 사람 사이에 30년이나 계속된 위대한 우정이 싹텄다. 호라티우스보다 몇 주 앞서 죽기 전 임종의 침상에서 마이케나스는 아우구스투스 황제에게 "호라티우스 플라쿠스를 나처럼 돌봐주세요"라고 당부했다. 호라티우스의 곤경은 끝났다. 그는 그 시절 최고들이 모였던 마이케나스 모임에 가입했고, 씀씀이가 소박했기 때문에 마이케나스의 후원으로 넉넉히 살 수 있었으며, 자유로웠다. 세계는 이제 그의 것, 그가 원하는 대로 정확하게 해주는 곳이 되었다.

호라티우스는 자신이 원하는 것이 무엇인지에 대해서 조금도 의심하지 않았다. 초기 작품들 가운데 하나에서 호라티우스는 키케로와 서신을 주고받은 사람이었고, 유명한 법률가였던 트레바티우스를 찾아가서 조언을 부탁했다. "'트레바티우스여, 저를 이끌어주십시오. 제가 무엇을 해야겠습니까?' 트레바티우스가 대답했다. '침묵하십시오.' 호라티우스가 다시 물었다. '더 이상 시를 쓰지 말라는 말씀인가요, 한 편도?' 트레바티우스가 대답했다. '그것이 내가 말하고자 했던 것이오.' 호라티우스가 말했다. '최고의 시를 쓰지 못한다면 저는 죽고 말 것입니다. 그러나 시를 쓰지 않는다면 저는 항상 잠을 잘 수 없을 것입니다.

정말 한숨도 자기 힘들겠지요. 모든 사람은 인생을 즐기는 각자의 길이 있습니다. 저의 즐거움은 단어에 운율을 부여하는 것입니다. 그것에는 추후의 의심도 없습니다. 평화로운 노년이 나를 기다리고 있든, 아니면 지금 당장 검은 날개를 한 죽음이 나를 덮치든, 부유하든 가난하든, 로마에 있든 뜻밖의 운명으로 다른 곳으로 귀양 가 있든, 앞으로 전개될 나의 운명이 밝든 어둡든, 나는 계속 시를 쓸 것입니다."[1]

호라티우스는 마이케나스를 만난 후 30년 동안 줄곧 그렇게 생각했다. 그는 항상 "단어들을 종이 위에 쓰면서 놀았고"—그는 자신의 글쓰기를 이렇게 칭했다—어떤 다른 목표도 결코 추구하지 않았다. 그럼에도 불구하고 그는 얇은 책 한 권 분량의 작품을 남겼을 뿐이다. 로마에서 시인들이 작품 활동을 하는 데는 한 가지 매우 좋은 점이 있었다. 호라티우스를 비롯한 시인들에게 다작을 재촉하는 일이 전혀 없었다. 그는 더 많이 쓰면 쓸수록 주머니가 두둑해질 것이라는 생각을 결코 해본 적이 없다. 로마 세계에서 문학의 길과 돈을 버는 길은 대개 별개였다. 이 특이한 사실이 세상에는 매우 이로웠는데, 호라티우스가 천성적으로 누구보다 뛰어나고, 간결하게 쓰는 재주를 지니고 있었기 때문이다. 원하는 대로 자유롭게 쓴 결과, 그는 찌꺼기를 모두 증류해버리고 정수만을 남긴 최상의 시를 쓸 수 있었다. 그는 작가 지망생에게 작품을 쓰는 것에 대해서 많은 충고를 했

---

1) 호라티우스, 「풍자시(*Sermones*)」(이하 *Serm.*으로 표기) II, 1, 1.

는데, 그중 "간결하라"가 첫 번째였다. 그는 "그래야 생각이 피곤한 귀를 짓누르는 단어들에 가로막혀서 스스로 좌초하는 일이 없다", 그리고 "남는 것보다 긁어내는 것이 더 많아야 한다"는 것을 항상 명심하라고 했다.

그는 자신의 가르침을 실천했고, 그의 운문은 시라기보다는 운율에 맞춰 쓴 산문이었다. 그가 그 비형식성에 좀더 잘 어울리게 각각 "이야기(Talk)"와 "편지(Letter)"라고 불렀던, 「풍자시(*Sermones*)」와 「서간시(*Epistulae*)」는 그의 작품의 반 이상을 차지하고, 그가 자신에 대해서 이야기했던 것, 즉 "단어에 운율을 부여하는 것"을 사랑한다는 것이 의심할 수 없는 사실임을 입증해준다. 그가 그것들을 산문으로 쓰지 않았던 다른 이유를 찾을 수 없다. 그것들은 세상의 잡다한 모든 것들에 대해서 두서없이 쓴 작은 논설들이다. 상당히 많은 부분은 뛰어난 문학비평이지만, 일부는 그렇게 뛰어나지 않다. 또 상당히 많은 부분은 도덕을 다룬 따분한 습자 책이고, 그 가운데 일부는 매력적일 정도로 진실이다. 교육에 대한 많은 현명한 관찰이 들어 있고, 요리에 대해서도 적잖이 이야기했다. 그는 에피쿠로스 학파와 스토아 학파의 철학자들에 대해서 논의했고, 여행하면서 겪은 재난을 자세히 다루었고, 지루한 사람의 대화방식을 조롱했고, 그리스 시에 상식을 적용했으며, 기타 등등의 다양한 주제를 다루었다. 그는 이런 주제로 시를 쓰면서 산문으로 넘어가기 직전의 선을 따라서 움직였고, 오직 경탄할 정도의 간결함만으로 지루해지는 것을 막았다. "단어에 운율을 부여하기"를 사랑한다는 그 자신의 설명이 없었다면 왜 키케로가 로마 문학에 남긴 당당한 매체, 즉 산문을 이용하여 그것들을 그가 짧은 산문 에세이로 쓰지 않았는지 해명할 수 없었을 것이다.

그는 각 행을 부드럽게 흐르는 운율로 쓰는 것을 좋아했고, 율격(measure)이 복잡하면 복잡할수록 그의 기쁨도 커졌다. 자신의 손으로 그리스 서정시의 다양한 운율들을 라틴어로 옮기는 것은 그에게 참으로 위대한 일이었고 큰 기쁨이었다. 그의 노래 가운데 첫 11편은 10개의 서로 다른 율격으로 쓰였는데, 그 율격은 각각 완전히 달랐다. 그렇게 복잡한 리듬을 사용하면서 그가 보여준 세련되고 완벽한 기법과 숙달된 방법은 독보적이었다. 이 점에서 그를 따라갈 만한 사람은 아무도 없다. 그러나 우리가 대체적으로 서정시인의 자질이라고 생각하는 것, 즉 노래하는 재능, "새의 목에서 흘러나오듯이 노래"를 부르는 능력은 결코 호라티우스의 것이 아니었다. 그는 자신에게 그런 재능이 없다고 단호하게 이야기했다. 그는 시의 자발성은 자신을 위한 것이 아니라고 말했다. 그는 "힘들게 애써서" 자신의 노래를 만들었다.

그는 종이에 펜을 긁적였던 사람 가운데 가장 능숙한 기교가들 중 한 명이었다. 그는 단어 하나, 구절 하나에도 열정을 쏟았다. 그는 작시법에 대해서 이야기하면서 "때때로 아름다운 단어들이 튀어나온다"고 말했다. 그의 저술 활동은 계속 그런 식으로 이루어졌다. 그는 "교묘한 결합으로 익숙한 말들을 아주 새롭게 보이도록 만들 수 있다"고 썼고, 그가 찬양하고자 하는 것을 매우 잘 알고 있었다. 그는 구(句)를 절묘하게 구성하고, 최고로 완벽하게 단어를 구사하는 시인이었다. 그가 말하는 것은 무시할 수 있지만, 그가 말하는 방식은 정말 매혹적이다. 햄릿이 호레이쇼에게

접어두고, 지고의 행복을, 잠시—[2]

라고 요청한다면, 이 말들에는 시의 완벽한 아름다움이 담겨 있지만, 아름다움은 바로 이 단어들에 담겨 있는 것이지 생각 자체에 있는 것이 아니다. 즉 다른 단어들로 표현한다면 시가 사라져버린다. 이 시를 "잠시 동안 행복을 삼가세요", "기쁨으로부터 일시적으로 물러나세요"처럼 바꾸어 표현할 수도 있지만, 두 문장에는 중요한 의미가 전혀 담겨 있지 않다. 그러나 다음 시를 살펴보자.

사람은 자기 뜻대로 이 세상에 오지 않았듯이
저 세상에 가는 것도 마음대로 할 수 없으니 참아내야 합니다.
모든 것에는 때가 있는 법입니다.[3]

이 문장에는 단어를 어떻게 바꾸더라도 절대로 놓칠 수 없는

---

2) 셰익스피어, 「햄릿(*Hamlet*)」, 5막 2장. 원문은 "Absent thee from felicity a while" 이다/역주.

3) 셰익스피어, 「리어 왕(*King Lear*)」, 5막 2장/역주.

뭔가가 담겨 있다.

"거칠고, 사나운 너울의 요람에서", "신록이 너무 울창해서 생긴 어둠들과 꾸불꾸불하게 이끼 낀 길을 통해서", "잔잔하고, 차갑고, 투명한 물결 밑에서"와 같이 가장 아름다운 시구들은 조금만 변화를 주면 산문으로 전락하고 만다. 그러나 비록 조잡하게 번역한다고 해도 카툴루스의 격렬함이 살아 있듯이, 다음 시의 경우 단어를 바꾼다고 해도 그 열정을 잠재울 수는 없다.

당신을 너무나 사랑하기 때문에,

저를 생각하는 것이 당신을 슬프게 한다면

사랑하는 당신의 달콤한 생각들에서 저는 잊혀지고 싶습니다.[4]

"여기까지는 와도 좋지만, 그 이상은 넘어오지 마라. 너의 도도한 물결은 여기에서 멈춰야 한다"[5]는 단순한 지리적인 진술로 바뀔 수도 있다. 그러나 "내가 인간의 여러 언어를 말하고 천사의 말까지 한다 하더라도 사랑이 없으면 나는 울리는 징과 요란한 꽹과리와 다를 것이 없습니다"[6]에는 시의 진실이 그 독특한 표현과 별개로 존재한다.

그러나 호라티우스의 시에는 단어와 별도로 존재하는 의미 같은 것이 전혀 없었다. 그의 생각은 잘해야 현명한 것 이상은

---

4) 셰익스피어, 「소네트(*Sonnet*)」, 71/역주.

5) 「욥기」, 38장 11절/역주.

6) 「고린토인들에게 보낸 첫째 편지」, 13장 1절/역주.

결코 아니며, 매우 종종 상식에 지나지 않는다. 그는 자신의 풍자에 대해서 "단어의 순서를 바꾸면 시가 아니다"라고 말했고, 이는 어떤 의미에서 그의 모든 저술에도 해당된다. 그가 무엇을 말했는가는 결코 중요하지 않으며, 늘 중요한 것은 어떻게 말했는가이다. 이 때문에 그는 라틴 작가들 가운데서 라틴어를 모르는 사람들에게 설명하기가 가장 곤란한 작가이다. 그의 시는 정말 번역이 불가능하다. 영어로 번역을 시도한 모든 찬미자들은, 그들 가운데 몇몇은 정말 뛰어난 사람임에도 불구하고, 그의 시를 번역하는 것이 지극히 어렵다는 사실을 새삼 깨닫게 해주었을 뿐이다.

다음 사례들은 설명해주는 진술이 없다면 모두 같은 시를 번역한 것임을 알기 어렵고, 더욱이 그것들이 호라티우스의 매우 유명한 시임을 추론하기는 확실히 힘들 것이다.

애디슨은 이렇게 번역했다.

믿음이 단호하고 확고하여
사악한 것에 타협하지 않고 집요하게 정의로운 자는
버릇없는 어중이떠중이들의 오만을,
분별없이 이루어지는 그들의 떠들썩하고 소란스런 요구를 멸시
　한다.
그는 폭군의 광포함을 속여넘기고,
뛰어난 위대함으로 웃어넘긴다.

바이런은 이렇게 번역했다.

단호하고 고귀한 영혼의 소유자를
당파심에 사로잡혀 떠들썩하게 외치는 자들은 결코 통제할 수 없다.
위협하는 폭군의 어두운 얼굴도
그를 정의로운 뜻에서 벗어나게 할 수 없다.
아드리아 해의 중심부를 휘게 하는 강풍도
그의 확고하고 굳은 마음을 위압할 수 없을 것이다.

글래드스턴이 손을 대자 이런 번역문이 나왔다.

의지가 강한 정의로운 사람을
미친 군중들은 결코 꺾어서 잘못된 길을 가게 할 수 없다.
강압적인 폭군의 표정과 말,
무례한 남풍의 신, 변덕스러운 아드리아의 군주도,
유피테르가 번개를 쳐서 펼치는 강압적인 손도,
그의 확고한 영혼을 움직일 수 없다.

이렇게 지금까지 살펴보았듯이, 그는 라틴어를 읽을 수 있는 사람만이 이해하는 신비로 남아 있을 것이다. 그가 죽은 직후 찬미자들 가운데 한 사람이 "기묘한 행복(curious felicity)"이라고 불렀던 그의 작품들은 결코 다른 언어로 번역될 수 없을 것이다. 그는 사람들에게 보여줄 새로운 진리를 어렴풋하게 보지도 않았고, 사람의 마음속에 그 이전에는 숨겨져 있던 어떤 것을 새로이 계시하지도 않았다.

시인은 감정과 상상력으로 가득 찬 열정적이고 영감을 받은 존재라는 생각은 재고해보아야 한다. 호라티우스는 그런 범주에 속하지 않는다. 열정과 상식은 양립할 수 없다. 열정이 더 높은 곳에 혹은 더 낮은 곳에 있어서, 양자가 같은 수준에서 작동하는 일은 없다. 천성적으로 어리석은 일을 극도로 싫어한다고 해도 일단 사랑에 빠지면 누구나 한동안 광적인 존재가 되기 마련이다. 호라티우스는 늘 열정이 없는 시인이었다. 그의 시에는 그가 정복했다고 주장했던 아름다운 여인들의 이름들이 계속해서 등장한다. 필리스, 리케, 키나라, 레우코노이, 피라, 클로에, 글리케라, 네아에라, 랄라게, 그리고 많은 다른 여자들이—숫자가 너무나 많기 때문에 이들 중의 일부는 오직 그의 시에만 존재하는 가공의 인물일 것이다—존재한다. 그러나 어떤 여자든 한번도 그를 고통스럽게 했던 것 같지는 않다. 모든 증거를 종합해보건대, 그는 우리가 사랑에 빠졌다고 부르는 것을 결코 해보지 않은 듯하다. 우리의 생각에 따르면 연인은, 특히 시인-연인(poet-lover)은 최소한 조금이라도 절망 속에서 헤매야 하는데 호라티우스는 결코 조금도, 정말 조금도 그러지 않았다. 그는 그들 모두와 함께 극도로 유쾌한 시간을 보냈다. 그는 사랑이란 인생에 즐거움을 더해야 하는 것이라고 생각했고, 자신은 정확하게 그것을 실천했다. 그는 한 아름다운 여인을 떠나서 다른 여인에게로 가는 데 놀라운 재능을 가지고 있었음에 틀림없는데, 그의 작품에는 그럴 때 일반적으로 동반되는 눈물, 질책, 낙담 등의 징후가 전혀 없기 때문이다. 사실 그것들이 호라티우스와 정면으로 맞선다는 것은 있을 수 없는 일이었다. 호라티우스는 그런 것들을 매우 불합리하고 무례한 것이라고 거리낌 없이 규정해버렸다. 번뇌하는 여인은 이별의 순간을 맞이하기 오래 전에 웃고 있는 자신을 발견할 것이고, 헤어질 때 그 이후 어떻게 해야 하는지에 대해서 훌륭한 충고를 받았을 것이다. 그리고 호라티우스는 지절대며 흐르는 강가 푸른 둑에 다른 아름다운 여인과 앉아 있을 것이다. 그녀는 호라티우스를 위해서 장미 화관을 짜주고, 황금빛 포도주로 잔을 가득 채워줄 것이다.

필자는 뛰어난 선배 문인들이 시도했음에도 불구하고 좋은 결과를 거두지 못했다는 것을 너무나 잘 알고 있기 때문에, 거대한 열정에 대한 호라티우스의 이런 태도를 예증하기 위해서 그의 송시 가운데 하나라도 감히 번역하지 않겠다. 그러나 16세기 잉글랜드의 사랑-시인들은 호라티우스의 연애시의 정신에 대해서 매우 잘 알고 있었다. 17세기의 사랑-시인들은 종교와 사랑을 혼합하는 경향이 있었는데, 호라티우스에게 이보다 더 낯선 것은 없을 것이다. 그러나 16세기의 사랑-시인들은 호라티우스의 태도를 종종 의도적으로 재현했다. 이 점에서 호라티우스는 16세기 사랑-시인들에게 엄청난 영향을 끼쳤는데, 이들은 사랑과 인생을 호라티우스와 근본적으로 같은 방식으로 바라보았다. 물론 이 비교는 오직 제한된 범위에서만 유효하다.

16세기 사랑-시인들 가운데 최고인 사람도 호라티우스 시의 세련미와 매력을 따라잡지 못했지만, 그들은 호라티우스와 같은 방식으로 사랑을 느꼈다. 따라서 호라티우스의 작품을 번역하는 것보다 그들의 작품을 보여주는 것이 호라티우스를 이해하는 데 도움이 될 것이다. 진정 호라티우스가 릴리의 「큐피드와 나의 캄파스페가 놀았다(Cupid and my Campaspe played)」의 모든 구절을 썼다고 말할 수 있을 것이다. 말로는 「열정적인 목동이 그의 연인에게(Shepherd to his Love)」에서 호라티우스와 똑같은 방식으로 열정을 바라보았다.

　와서 나와 살며 나의 연인이 되어주세요.
　우리는 언덕과 계곡, 골짜기와 들판,
　관목 숲과 가파른 산들이 베푸는
　온갖 즐거움을 누릴 수 있을 거예요.

드레이턴도 종종 그를 따랐다.

　그러나 저의 인내심이 얼마나 커졌는지 보세요,
　당신에 대한 이 모든 괴로움 속에서.
　오세요, 사랑스런 이여, 저의 가슴을 내버려두어도 좋아요,
　나는 당신 없이는 살 수 없어요.

다니엘은 다음과 같이 썼는데, 이것은 오직 호라티우스의 메

아리일 뿐이었다.

　달콤한 여인이여, 인생의 이 시기를 즐기시오,
　시들기 전에 꽃을 모으는 것을 배우시오.

　진실로 셰익스피어의 소네트들과 약간의 다른 시들을 제외한
다면, 16세기의 모든 연애시는 호라티우스의 처방으로 이루어
졌다.

　이제 굴뚝들에 연기가 가득 피어오르게 하시고
　잔은 포도주로 넘쳐나게 하소서.
　좋은 선율을 이룬 말들이
　신이 내린 화음으로써 (당신을) 놀라게 하소서.
　이제 노란 밀랍으로 만든 초들이
　꿀 같은 연인을 시중들 것입니다.[7]

　이는 호라티우스의 연인들의 낙원이고, 그가 다시 살아난다고
해도 그 낙원을 이보다 더 정확하게 묘사할 수 없었을 것이다.
　상식이 반드시 상상력을 파괴시키는 것은 아니지만, 진정으
로 영감을 받은 시인들이 상상력을 마음껏 펼쳐서 하늘 높이 날
아오를 경우 상식은 그 시인을 끌어내리는 무거운 짐과 같다.

---

7) 토머스 캠피온, 「이제 겨울밤은 길어지고(Now Winter Night enlarge)」 중에
　서/역주.

그러나 호라티우스는 결코 높이 솟아오르지 않았다. 그는 결코 영감을 받은 시인이 아니었고, 자신이 그렇다는 사실을 잘 알고 있었으며, 거기에 만족했다. 그는 베르길리우스를 찬미했고, 우리에게는 이름만 전해오는 그 시대의 다른 고상한 서사시인들과 비극시인들도 찬양했지만, 본인은 오직 지상의 유쾌한 방식만을 원했다. 그는 그리스의 위대한 대가들을 존중했다(우리는 그가 사랑한 것 이상으로 존중했다는 것을 확실히 느낄 수 있다). 젊은 작가들에게 그들의 작품을 밤낮으로 연구하라고 요청했지만, 그렇게 높은 곳은 자신의 몫이 아니라고 확신했고, 자신의 냉정한 머리가 제시한 작은 길에서 벗어나지 않았다. 핀다로스는 "산에서 쏟아지는 강물처럼 그 깊이를 잴 수 없는 (말들을) 입으로 (쏟아내). 그러나 나는 관목 숲과 넓게 흐르는 테베레 강둑 주변에 있는 달콤한 야생 백리향 안에서 부지런히 일하는 꿀벌과 같지. 매우 작지만 너무나 열심히 수고하는 그 벌처럼 나는 나의 노래를 만드네."[8]

이는 자신의 작업에 대한 그의 전형적인 태도이다. 그보다 더 보잘것없는 명분을 주장하는 시인은 없었다. 그렇지만 그가 기꺼이 자신을 낮추었음에도 불구하고 그는 자신의 힘을 알고 있었고, 자신이 "놋쇠보다 더 오래갈 것이고 거대하고 장엄한 피라미드보다 더 높은 기념물을 세웠다"는 것을, "사제들과 베스타 신전의 여사제들이 카피톨리움에 올라가는 한" 자신의 작품

---

8) 호라티우스, 「송시(*Carmina*)」(이하 *Carm.*으로 표기) IV, 2, 5, 25.

이 읽힐 것임을 알고 있었다.9) 비록 의도하지 않았다고 해도 자신에 대한 그의 과소평가는 거의 아이러니에 가깝다.

이처럼 호라티우스는 몇 차례 진정한 겸양에서 벗어나 자신의 천재성을 인식하고 있음을 보여주었지만, 그런 경우는 오직 한두 번뿐이었다. 그가 좀더 우쭐대고 좀더 자신감이 강했다면 실제로 그렇게 완벽하게 유쾌한 사람이 되지는 못했을 것이다. 많은 사람들이 그의 작품을 라틴어로 읽을 수 없으면서도 믿음을 통해서 그가 천재라는 사실을 받아들인다. 그러나 비록 질이 떨어진 번역본이라도 대충 훑어본 사람이라면 누구나 그의 유쾌한 성격을 즉각 알 수 있다. 번역자가 웬만큼 큰 실수를 한다고 해도 독자가 그런 성격을 파악해내는 것을 막을 수는 없다.

무엇보다도 그는 매력적이지만 모순적인 사람이어서, 사치를 즐기면서도 사치하지 않고도 전혀 불편함을 느끼지 않고 살 수 있는 사람이었다. 결코 그는 오래된 포도주의 향연을 펼치거나, 미식가들의 낙원이라고 불려도 좋을 만큼 극도로 사치스러운 요리를 즐김으로써 미각을 탐진하지 않았다. 호라티우스는 닭의 경우 일반적인 방법으로 죽인 것보다 포도주에 익사시켜 죽인 것이, 사냥감은 추운 날보다 온화한 날 잡은 것이, 과일은 달이 이울 때 딴 것이 월등히 낫다는 것을, 그리고 물고기 소스를 만들 때는 언제 그리스 포도주를 넣어야 하는지를 정확하게 알고 있었다. 그러나 그는 미각을 만족시키기 위해서라기보다

---

9) *Carm*. III, 30.

는 즐기기 위해서 이런 정교한 음식 제조법을 익혔고, 가장 좋아했던 식사는 다음과 같다. "얇은 빵 한 조각과 양파와 완두를 담은 단지, 그리고 시중을 드는 세 명의[!] 노예로 충분하지. 하얀 돌 탁자에 두 개의 큰 잔과 혼합할 때 쓰는 대접[아폴리나리스 지역에서 생산한 것처럼 톡 쏘는 맛을 내기 위해서 포도주에 물, 그것도 종종 바닷물을 섞는다], 주전자 하나, 보통의 도기로 만든 큰 접시 하나가 있네. 그 후 마음 편히 자고, 일이 있어서 일찍 출타하지 않는 한 10시까지 침대에 누워 있네. 그렇게 나는 지상의 가장 위대한 자보다 더 달콤하게 살고 있네."[10]

호라티우스는 거듭 이렇게 이야기했는데, 거짓으로 그런 태도를 취하지는 않았다. 그는 결코 사치에 찌들거나 쾌락에 싫증나서 어떤 것에도 자극을 느끼지 못하는 나태한 한량으로서 그런 감상에 빠지지 않았다. 오히려 정반대였다. 즉 그는 즐거움의 원천을 외부의 자극이 아니라, 확실히 자기 내부에서 찾을 수 있는 심성을 가진 자유인이었다. 단 한 가지 예외가 있었는데 한 잔의 포도주, 아니 여러 잔의 포도주가 꼭 필요했다. 이 점에서 그는 확고했다. 호라티우스는 포도주가 기쁨을 줄 뿐만 아니라 여러 가지 이점을 제공한다고 매우 적극적으로 확신하고 있었다. "물을 마시는 자가 쓴 노래는 사람들을 기쁘게 하지 못할 뿐 아니라 오래가지도 못한다", "오 바루스여, 신성한 포도 이전에는 다른 나무를 심지 마시오. 신들의 명령으로 모든 것이

10) *Serm.* I, 6, 115.

딱딱해져 말라버릴 것이오", "내가 태어났을 때, 기쁜 날이 오면 내놓기 위해서 한 단지의 포도주를 담갔고, 오늘 우리가 마시는 구나, 오 영혼을 부드럽게 자극하는 포도주여, 네가 없었다면 움직이는 것이 얼마나 고되고 힘들었을까." 이렇게 포도주는 호라티우스의 가장 격정적인 시의 주제였다.

그렇지만 그는 늘 파에제(이탈리아 트레비소 주의 한 지역/역주) 포도주라면 어떤 것이든 만족했고, 늘 그렇게 주장했다. 마이케나스가 농촌의 한 곳을 증여해주었는데, 그곳은 호라티우스의 사비니 농장으로 문학에서 가장 유명하다. 호라티우스는 매우 소박한 시골 생활에서 단순한 즐거움을 넘어 참된 기쁨을 느꼈고, 여러 시에 그 감정을 넘쳐나게 표현했다. "이곳은 늘 내가 소원하던 곳이다. 그렇게 크지 않은 작은 땅에 정원이 있다. 집 근처에는 마르지 않는 샘이 있고, 그 너머에는 작은 숲이 있다. 신들은 너무나 풍족하게 베푸셨다. 좋다. 더 이상 바라지 않는다."[11] 그러나 호라티우스는 결코 그 집에 대해서 쓰는 것을 끝낼 수 없었다. "내 집의 뇌문(雷紋)으로 장식된 천장에는 상아도 금도 빛나지 않네. (아키트레이브는) 히메투스에서 가져온 대리석으로 (만들어지지 않았네)……나는 내가 가진 것, 즉 나의 축복받은 사비니 농장 이외에는 바라지 않네."[12] 그곳은 "다른 누구보다 먼저 그에게 웃어주는 땅의 구석"이었다. 그는 "굽은 수금(竪琴)의 주인(아폴로를 말함/역주)에게" 기도했다. "신

---

11) *Serm*. II, 6, 1.
12) *Carm*. II, 18, 1.

성한 아폴로 신에게 헌주하면서 시인은 무엇을 간청하겠습니까? 비옥한 사르디니아에 있는 좋은 토지도 아니고 금도 아니고 인도산 상아도 아닙니다. 들판과 정원에서 내가 먹을 수 있는 올리브와 부드러운 풀들이 자라게 하소서. 오 라토나의 아들이시여, 저에게 저의 것들을 즐기게 해주십시오. 그리고 늙어서도 온전한 마음을 가지도록 해주시고, 추하지 않게 해주시고, 시를 앗아가지 말아주십시오."[13] 그는 "(재산을) 가지지 못한 자들이 많지만, 가지려고 애쓰지 않는 자도 있다"고 썼다.

그는 천성적으로 이렇게 절제했고, 그것이 또한 합리적이라고 확신했다. 그는 겉모양을 추구하며 태평하게 사는 사람이 아니었다. 그런 길은 오직 연애를 할 때만 따랐다. 그러나 그는 삶을 진지하게 바라보는 사람이었다. 그는 기질적으로 행복해지고 싶었고 강렬하게 행복을 원했지만, 천성적으로 정황을 충분히 고려한 후에야 행복을 찾을 수 있었다. 그는 받침돌이 될 수 있는 안정된 기반을 가져야 했고, 전혀 손쓸 길이 없는 순전한 우연을 좋아하지 않았으며, 추구하지도 않았다. 그런 길에는 까닭 모를 불행이 있다고 생각했고, 이치에 맞지 않는 것의 존재를 비참하게 묵인하는 것을 거부했다. 그는 상황이 진행되는 방식에는 항상 의미가 있다고 주장했고, 따라서 인생의 근심, 고통, 어려움, 위험을 침착하게 감내하면서 살아갈 수 있다고 생각했다. 그것은 종교에서 큰 역할을 수행할 수 있는 심성이었

---

13) *Carm.* I, 31.

다. 물론 호라티우스는 우리가 생각하는 의미의 종교를 결코 신봉하지 않았다. 그는 일상적인 주제들을 초월하고 영광을 엿보는 낯선 생각들에 잠시도 빠져들지 않았다. 그는 시인으로서 그랬던 것 이상으로 인간으로서도 극단적 신비주의에 대해서는 전혀 관심을 기울이지 않았다. 그럼에도 불구하고 그는 종교를 믿었고, 그의 종교는 오로지 상식에 근거했으며, 상식에 맞는 냉정한 요구만을 만족시키는 것이었다.

호라티우스 시기에 로마의 공식 종교는 거의 남아 있지 않았고, 합리적인 호소력을 가진 것도 전혀 없었다. 황제가 유일하게 진정으로 효력적인 신이 되어가고 있었다. 그러나 그리스의 사고방식이 로마에 침투해 들어왔다. 플라톤의 방식으로 구도하는 자들이 등장했는데, 그들은 숲, 강, 바다에 아름다운 모습으로 나타난 신들의 모습에서가 아니라 자신들의 내부에서 진리를 추구했다. 호라티우스는 이런 철학 가운데 자신에게 적합한 것을 선택했고, 인생을 쌓아나가기 위한 기반을 마련했다.

호라티우스는 자신에게 행복과 비참함은 외적 사실이 아니라 내적 감정이며, 본질적으로 자신의 통제하에 있다고 말했다. "나는 운명이 나에게 보내는 것을 하나도 마음대로 정할 수 없지만, 보내진 것들을 받아들이는 방식은 내 마음대로 할 수 있다. 나는 내 영혼의 질서를 바로잡아서 아무리 가혹한 운명이 닥치더라도 동요하지 않고 평정을 유지할 수 있다." "친구여, 자네는 내가 느끼는 것을, 무엇을 위해서 기도하는지를 아는가? 의심스러운 시기의 희망에 매달려서 이리저리 흔들리지 않기를.

신이시여, 당신이 저에게 어떤 인생을 주시든, 부유하게 하시든 가난하게 하시든, 저는 동요하지 않은 영혼의 소유자가 되겠습니다."14)

여기에 인생의 모든 비밀이 있다. 오직 한 가지 중요한 것은 우리가 어떤 종류의 사람인가이다. 그는 "바보는 장소를 탓한다"고 썼다. 잘못은 장소에 있는 것이 아니라 마음에 있고, 결코 마음을 벗어날 수 없다." 호라티우스 사상의 바탕을 이루었던 이 생각은 수없이 많은 방식으로 표현되었다. "바다를 건너는 자는 그들의 하늘을 바꾸지만 마음을 바꾸지 않는다. 당신이 찾는 것은 여기에, 매우 평범한 모든 마을에 있다. 평정을 유지하고 차분한 마음을 가지면 반드시 찾을 수 있다." 그는 늘 "당신을 스스로의 친구로 만들기 위해서 노력하라"고 촉구했다.

그리고 이런 평형 혹은 평정(equanimity) — 호라티우스가 그 개념을 설명하기 위해서 사용했던 라틴어 "평평한(aequus)"과 "마음(animus)"의 결합어 — 을 확보하기 위한 처방은 명확한 한계 속에서 사는 것, 욕망을 축소하는 것, 높은 꼭대기와 위험스러운 환희를 피하는 것, 영원히 그리고 늘 가장 먼저 안전을 선택하는 것이었다. 이것이 호라티우스의 신조인 "황금의 평범함(golden mediocrity)"이었다. 그것을 실천하는 자는 거대한 궁정들도 위험에 빠뜨리는 시기(猜忌)의 대상이 되지 않을 것이고 — 그가 결코 모험을 하지 않을 것이므로 — 빈곤하고 추잡한

---

14) 호라티우스, 「서간시(*Epistulae*)」(이하 *Ep.*으로 표기) I, 18, 106.

가난에 빠지지도 않을 것이다. 인생의 여행에서 항해 시간을 단축했으니 어떤 바람이 불더라도 견뎌낼 수 있을 것이다. 그는 "만약 충분한 것 이상으로 덕을 추구한다면 현자도 바보이다"라고 썼다.

따라서 사람은 희망과 두려움에 의해서 흔들리지 않고 완벽한 평정 속에서 우리가 원하든 원하지 않든, 그리고 얼마나 고된 미래가 우리에게 닥쳐오든, 모든 사람이 살아야 하는 바로 지금의 지나가는 순간을 온전히 살 수 있다. "하루가 끝나고 내일은 구름이 끼든 햇빛이 나든, 나는 오늘을 살았다고 말할 수 있는 사람은 자신의 주인이고 행복한 사람이다. 유피테르라고 해서 지나간 행동을 단 한 가지도 없던 일로 할 수 없고, 날아가는 시간이 일단 데리고 가버린 것을 무효로 만들거나 돌이킬 수는 없다." 인생에서 유일하게 확실한 것은 죽음이다. "창백한 죽음은 공평해서 가난한 사람의 오두막과 왕의 요새를 가리지 않고 찾아온다." 그리고 "인생은 짧아서 긴 희망을 가지는 것은 헛된 일이다." 따라서 "매일 새벽이 당신에게 마지막 날을 가져온다고 믿어라." 그리고 "왜 키 큰 플라타너스나 소나무 밑에서 편안히 누워 쉬지 않는가, 장미로 만든 화관을 머리에 쓰거나 혹은 달콤한 향기를 내기 위해서 아라비아 향수를 쓰지 않는가. 소년이여, 포도주 잔의 불을 옆에 흐르는 시냇물로 신속하게 끄고, 우리에게 리데(Lyde : 호라티우스의 시에 나오는 창녀/역주)를 데려다주게. 그녀에게 상아로 만든 그녀의 수금을 들고 서둘러 오라고 요청해주게." 호라티우스는 카툴루스가 레스비아에게 한 말들을 면밀히 관찰했고, 자신의 마음속에 반항할 수 있었다. "빨리 지나가는 달은 머지않아 다시 원래의 모습으로 떠오를 것이다. 그러나 우리가 위대한 죽은 자들이 간 곳으로 가면 먼지와 그림자일 뿐이다. 누가 신들이 오늘에 내일을 보태 줄 것임을 아는가."

이것이 호라티우스의 철학이고 로마인의 종교였다. 그것은 리데와 그녀의 수금, 유쾌한 강둑을 강조하고 있음에도 불구하고 슬픈 종교이다. 이 종교를 진지하게 받아들인 자는 다른 자들을 위해서는 유쾌한 정신을 가지라고 명령할 수 있지만 자기 자신에게는 우울함을 요구할 것이다. 이보다 더 매력적인 결합은 없다. 바탕을 이루는 슬픔이 쾌활함을 완화시켜 상냥하고 무한히 애정을 이끌어내는 것으로 만든다. 그렇게 해서 순전한 쾌활함이 생겨난다. 매우 미묘하지만 동정에 호소하는 것은 파멸을 초래할 수 있다. 그러나 그것은 늘 운명이 어떻게 정해지든 낙담하지 않고, 다만 마음속 깊이 유감스럽게 생각하면서 어둠을 용감하게 바라보는 정신을 제시한다. 바로 이것이 호라티우스의 변함없는 매력의 근본적인 비밀이다. 호라티우스의 동시대 사람들만큼이나 그 이후의 세대들이 그를 사랑하는 데에는 그의 말과 운율에 즐거움이 담겨 있기 때문이기도 하지만, 이 이유가 더 크다. 그가 죽은 직후에 그의 찬미자 한 명이 이렇게 썼다. "그를 인정하라, 그러면 그는 너의 가슴 주변에서 놀 것이다." 그는 늘 진정 가슴 가까이에서 항상 놀 것이다.

그럼에도 불구하고 유감스러운 모순이 있는데, 시인이 그렇게 집요한 설교자인 적은 없었다는 사실이다. 시와 설교는 서로 잘 어울리지 않는데, 설교가 주도권을 장악하면 시가 사라지기 때문이다. 호라티우스를 비롯한 모든 로마인은 이 사실을 알지 못했다. 로마인은 시인이 운율을 적절히 지키기만 한다면, 설교를 많이 할수록 위대하다고 생각했다. 굴러가는 6보격에 도덕을, 물론 애국심과 함께 싣는 것이 시인의 최고 업적이었다. 현대인은 호라티우스가 설교를 얼마나 당연한 것으로 여겼는지, 로마가 그것을 얼마나 강요했는지 제대로 알 수 없을 것이다. 호라티우스는 로마의 시인으로서 시를 통해서 국가에 봉사하고, 시민들에게 의무를 촉구해야 한다고 확신했다. 그가 「풍자시」와 「서간시」에서 그렇게 했다는 것을 원망하는 사람은 없을 것이다. 그는 스스로 공언하며 선생이 되어 그 작품들을 썼고, 종종 매우 유쾌하고 현명하게 가르쳤다. 그러나 그의 「송시」에서, 다시 말해서 아름다운 시 가운데서 그런 종류의 일과 마주치는 것은 화나는 일이다. "사악함에 물든 세대가 먼저 결혼을, 그리고 종족과 가정을 타락시켰네. 이 원천으로부터 파멸이 흘러나와 나라와 백성들 사이에 넘쳐나네. 성숙한 소녀가 육욕에 젖은 춤 동작을 기뻐하면서 배우네."[15] 또는 "이제 위엄 높은 건물들의 무리 탓에 쟁기로 갈 땅은 거의 남아 있지 않구나……로물루스가 혹은 수염을 깎지 않은 카토가 통치하고 있을 때, 혹은 조상들의 격언에 따라서 통치될 때는 이러지 않았네. 그때는 그들

---

15) *Carm.* III, 6, 16.

개인의 재산 목록은 짧았고, 국고 목록은 거대했지."16) 또는 현명한 통제 속에서 이루어지는 강제는 뛰어난 결과를 낳지만 "지성이 결여된 힘은 그 자체의 무게로 무너진다"17) 등등이 그런 예이다. 호라티우스는 그 당시까지 세계가 어떻게 황폐해져왔는가에 대해서 많은 진술을 한 후 세계에 희망이 별로 없다고 말했다. "할아버지 세대보다 못한 아버지 세대들이 그들보다 못한 우리 세대를 낳았고, 우리는 또한 우리보다 더 못한 후손들을 낳을 것이다."18)

호라티우스가 혼자 행한 설교가 그리스 문학 전체에서 찾을 수 있는 설교보다 더 많을 것이다. 에우리피데스는 전쟁을 철저히 사악한 것으로 보았고, 그때까지 존재했던 가장 위대한 반전 작품인 「트로이의 여인들(*Troades*)」을 썼지만, 결코 설교단에 오르지는 않았다. 그는 전쟁을 비난하지 않았고, 다만 그것의 실상을 보여주었다. 로마 문학에서는 공공연한 설교자가 등장했다. 천성적으로 설교자를 싫어했던 플라우투스조차도 때때로 설교자의 직책을 맡았다. 테렌티우스는 그 직을 열성적으로 맡았고, 키케로도 그랬다. 그러나 남아 있는 작품의 분량으로 비교해보면, 호라티우스가 그 누구보다도 설교자의 직책을 많이 맡았다. 아름다운 노래를 부른 시인, 쾌활하고 익살스러운 정신의 소유자, 고요하게 초연하는 심성의 소유자였던 호라티우스

---

16) *Carm.* III, 15, 1.
17) *Carm.* III, 4, 65.
18) *Carm.* III, 5, 46.

로 하여금 악을 열정적으로 비난하고 덕을 권유하게 만들었던 거대한 성형력(molding force)이 작동하고 있었다. 로마가 그의 배후에 있었다. 그가 좀더 호의적인 운명을 타고나서 그의 전성기에 아테네에 존재했기를 바라는 사람들도 있을 것이다. 그러나 호라티우스가 그렇게 열성을 보였던 데에는 따뜻하고 매력적인 측면이 있는데, 그는 아우구스투스가 제국을 예전의 좋은 방식으로 되돌려놓고 소박하게 살면서 고귀하게 행동하는 로마를 재창조하는 데 일조하고 싶었던 것이다. 우리는 인간을 단지 죽을 수밖에 없는 존재로만 보지 않았던 위대한 그리스의 비극작가들을 경외의 눈으로 바라본다. 그러나 호라티우스는 우리의 가슴 주변에서 활동했다. 그리스의 시인들이 우리의 스승들이라면, 로마의 시인들은 우리의 친한 친구들이다.

9

—

호라티우스가 본 아우구스투스 시기의 로마

호라티우스는 거대한 도시 로마의 거리를 활보하면서, 유행을 선도하는 숙녀들의 짧은 옷, 향수를 뿌린 젊은이가 최신식으로 세련되게 차려입은 토가, 명사들의 가마꾼(로마 거리에서 낮에는 마차가 허용되지 않았다), 까치발을 하고 안달하며 검투사 경기 포스터를 열심히 살피는 자신의 노예, 청동 나팔과 트럼펫을 불면서 행진하는 장대한 장례 행렬을 즐거운 눈으로 스치며 보았을 것이고, 특히 까다로운 한 시인이 최근에 펴낸 시집을 기쁜 마음으로 쳐다보았을 것인데, 그 책은 가게의 바깥쪽에 진열되어 있었을 것이고, 서민들이 땀이 묻은 손으로 만지작거렸을 것이다. 그는 한 주랑(지붕으로 가려진 열주가 몇 마일에 걸쳐 있었다)에 전시된 어느 유명한 화가의 작품을 보기 위해서 걸음을 멈추었을 것이고, 한 상인의 물건, 즉 "머나먼 아라비아와 부(富)의 수여자인 인도에서 가져온 진주들"1)을 쳐다보았을 것이고, 다른 상점에 들러서는 세계의 모든 곳에서 가져온 희귀하고 아름다운 물건들, 즉 "은제품들과 대리석으로 만든 오래된 제품들, 청동제품들, 예술작품들, 보석, 자색 염료(Tyrian purple)"2)를 구입했을 수도 있다. 한 세대 이후의 한 작가는 "테베레 강은 세상의 모든 곳에서 생산된 모든 것들을 거래하는 가장 평온한 상인이다"라고 썼다.

그러나 이런 화려함은 당시 로마가 뽐내고 있던 장관의 일부에 지나지 않았다. "나는 평민의 무리를 싫어하고, 그들을 멀리한다"는 그의 말에서 알 수 있듯이 호라티우스는 군중들을 혐오했다. 그렇지만 군중들이 너무나 북적댔기 때문에, 호라티우스는 "밀치며 애쓰고 나아가면서 천천히 가는 자의 옆구리를 찔러야 했고", 반면에 군중들은 "이 미친 사람아, 당신이 마이케나스에게 그렇게 서둘러 가려면 가는 길에 서 있는 것은 무엇이든 때려눕혀야 한다는 것을 알고 있으면서 도대체 무슨 짓을 하고 있는 것이오"3)라고 뻔뻔스럽게 야유하면서 외쳤다. 이 묘사는 비록 짧기는 하지만 의미심장하다. 당시 로마는 대도시였는데, 이 묘사에 따르면 사람들이 시인들에게 매우 깊은 관심을 보였다. 심지어 민중들도 호라티우스가 지나갈 때 그를 알아보았고, 그가 어디로 가는지 정확하게 알고 있었다. 또한 비록 군중들이 예의바르고 좋은 성정(性情)을 보여주지는 않았지만, 고분고분

---

1) *Ep.* I, 6, 6.
2) *Ep.* II, 2, 180.
3) *Serm.* II, 6, 27.

하고 비굴하지도 않았음이 명백하다. 유럽 지역의 평민들은 거듭해서 무기력하고 무의미한 상태에 빠지곤 했지만 로마의 평민—노예 바로 위의 계층—은 결코 그렇지 않았다. 도시의 군중은 로마의 가장 위엄이 높았던 황제가 반드시 배려해야 하는 존재였다. 아무리 전락했다고 해도 넝마를 걸친 로마의 무산자들은 배려해야 할 존재였다. 역사적으로 보면 다른 어느 시대의 무산자도 식량을 무료로 받고 오락을 무료로 즐기지 않았다.

앞에서 인용한 풍자시에서, 호라티우스는 아벤티누스 언덕에 사는데 퀴리날리스 언덕에 가야 했던 한 남자를 방문하게 되었다. "당신은 그 거리가 인간에 불과한 우리에게 얼마나 편리한지 알고 있습니다."[4] (4마일을 걸어서 언덕을 오르락내리락해야 한다는 것을 의미한다.) "모든 사람이 거리에 나와 있습니다. 교활한 도급업자가 그의 노새와 짐꾼을 데리고 서둘러 가고 있고, 이곳에서 기중기가 바위와 거대한 들보를 들어올리고 있고, 슬픈 장례 행렬이 지나가기 위해서 애쓰고 있고, 저기에서 미친 개 한 마리가 도망가고 있고, 진흙투성이의 돼지가 뒤쫓아오고 있습니다." 이 묘사는 우리가 너무나 친숙하다고 느끼지만 실제로는 거의 모르는 도시 로마의 거리를 명확하게 보여주는 연극 속의 한 장면과 같다. 그것은 로마의 전경을 잠시 동안 은막에 비춘 것처럼 우리에게 제시한다.

전 세계 어디든, 어느 시대든 대도시는 늘 대조적인 삶들이

---

4) *Ep.* II, 2, 72.

펼쳐지는 곳이지만, 로마의 경우는 그것이 너무나 심해서 오늘날 동방의 어느 도시도 따라갈 수 없을 정도였다. 호라티우스는 외부의 모든 것의 균형이 깨졌기 때문에 정신의 내부 균형을 소중히 여겼다. 제정기에 양 극단 사이는 점점 더 크게 벌어졌고, 심지어 그의 시대에도 극단적인 것이 삶의 법칙이 되어버렸다. 꼭대기에는 절대적인 전제정이 있었고, 밑바닥에는 거의 아무런 희망이 없는 노예제가 있었다. 찬란한 사치와 형언할 수 없는 더러움, 괴물처럼 책임질 줄 모르는 쾌락과 가공스러울 정도의 비참함이 공존했고, 모든 곳에서 폭력적인 대립이 난무했다. 내부와 외부의 삶이 균형을 이루는 조화는 그리스의 이상이었다. 그리스에서 세계는 아름다운 것으로, 그 안에서 정신은 편안한 것으로 여겨졌다. 로마인에게 이런 이상은 영원히 이해할 수 없는 것이었다. 호라티우스는 여러 가지 점에서 그리스인을 닮았지만, 그런 상태는 너무나 비현실적이어서 갈망할 수도 없는 것이라고 생각했다. 그는 자신을 삶에 맞추거나 삶을 자신에게 맞추는 것을 추구하지 않았고, 다만 자기 내부에서 좋은 것, 즉 현실의 삶과 정반대되는 것을 찾고자 했다. 오늘날의 우리와 마찬가지로 로마인들이 현실이라고 불렀던 모든 사실과, 사람들이 안에 가지고 있는 생각 혹은 이상 사이의 명확한 대립이 로마 제국시대보다 심했던 적은 없었다. 호라티우스와 그의 종족에게는 두 개의 다른 세계, 즉 외부와 내부의 세계가 있었다. 그 두 세계는 동떨어진 것으로 보였다.

호라티우스의 로마는 무엇보다도 돈이 지배하고 있는 곳이었다.[5] "여왕, 돈"이 그의 관용구였다. 호라티우스는 천성적으로 돈에 대해서 거의 신경을 쓰지 않았지만, 그런 분위기가 사회 전반에 만연했기 때문에 항상 그 구절을 입에 달고 다녔다. 그런 시대가 호라티우스에게 그와 맞지 않는 태도를 부가했다. 이 점이 시간상 별로 떨어져 있지 않은 호라티우스 시기와 키케로 시기의 두드러진 차이이다. 소년 시절 호라티우스는 저 위대한 웅변가를 본받으라는 이야기를 종종 들었을 것이다. 그러나 키케로 시대에 돈은 철저하게 배경에 감추어져 있었고, 거의 언급되지 않았다. 키케로는 비싼 고급품 애호가였지만 호라티우스는 그렇지 않았기 때문에, 돈은 키케로에게 훨씬 더 중요했다. 두 사람의 저술에서 돈의 역할이 달랐던 것은 오로지 출신 성분이 달랐기 때문이다. 한 명은 귀족 출신이었고, 다른 한 명은 자수성가한 사람이었다. 키케로는 돈을 당연하게 여기고 언급하지 않은 옛 공화국 귀족들의 기질을 가지고 있었는데, 그 기질은 출생에 의한 것 또는 본성에 의한 것이 아니라 철저하게 습득한 것이었다. 왜 그랬을까? 공화정 귀족들에게 돈은 항상 있는 것이었기 때문에 바다의 조류나 자연의 어떤 현상보다 흥미를 끌 만한 주제가 아니었다. 그러나 아우구스투스 시대에 모든 것이 바뀌었다. 영리한 독재자라면 누구나 옛 귀족제도를 존속시키지 않는 법이다. 매우 교묘하게, 매우 신속하게, 그리고 매우 완벽하게 종언을 고하면서 로마의 대귀족들은 배경으로

---

5) *Ep.* I, 6, 37.

사라졌다. 호라티우스가 친숙한 사회에서 안정된 계층은 하나도 없었다. 돈을 번 자들이 다른 모든 좋은 것들도 차지했다. 그는 찬양받고, 본받아야 할 사람이 되었고, 관직에도 진출했다. 그의 혈통은 전혀 문제되지 않았다. 그는 노예로 태어난 후에 해방된 피해방 자유민(노예에서 해방된 자/역주)으로서 내세울 만한 전통도 없고, 높은 직책을 차지할 만한 교육도 전혀 받지 못했을 수도 있다. 호라티우스는 저속하지만 돈이 많기 때문에 훌륭한 만찬에 상류층과 문인들을 초대한 한 벼락부자를 조롱하는 데에 기쁨을 느꼈다. 몰려든 사람들은 벼락부자가 잔뜩 허세를 부려 화려하게 차린 식사를 즐기면서 값비싼 음식을 숨겨가기 위해서 냅킨에 싸곤 했다.

「서간시」 가운데 그의 다른 작품보다 어떻게 돈이 가장 중요한 존재가 되었는지를 보여주는 두 통의 기이한 편지가 있다.[6] 그 편지들에서 호라티우스는 한 젊은이에게 운명을 개선하려면 부자와 친구가 되라고 충고했다. 그에 따르면, 까다로운 그리스 철학자는 "가난한 운명에 만족한다면 돈 있는 자들과 사귈 필요가 없다"고 말하겠지만, 인생을 현명하게 사는 사람은 "돈 있는 자들을 이용할 수 있다면 가난한 운명에서 벗어날 수 있다"고 말할 것이다. 실로 호라티우스에 따르면, 후자가 정말 존경받아야 할 사람이고, 정력적이고 진취적인 사람으로 성공하겠다는 의지가 굳은 사람이며, 작은 일에 만족하여 게으르게 안주하지

---

6) *Ep.* I, 17 그리고 18.

않는 사람이다. 호라티우스는 다음과 같이 재치 있는 사람이 되라고 충고하면서 편지를 끝마친다. "부자의 면전에서 계속해서 조르는 사람이 아니라, 자신의 가난에 대해서 침묵하는 사람이 더 많은 것을 얻는다. 비록 네가 우정을 추구하는 이유가 부유해지기 위해서일지라도, 절도 있게 받고 탐욕을 부리지 않아야 함을 명심하라." 두 번째 편지는 조금도 빈정거리려는 의도 없이 매우 진지하게 쓴 것으로 "매우 독립심이 강했던 롤리우스"에게 쓴 것이었다. 호라티우스에 따르면, 미숙한 자는 유력한 친구를 사귀는 것이 쉬운 일이라고 생각하기 쉽지만, 실제로 시도해본 사람은 거기에 많은 위험이 따른다는 것을 알고 있다. 롤리우스는 그 무엇보다도 자신의 독립심을 경계해야 한다. "만약 유력자가 사냥을 가자고 하면, 잠자리에서 빨리 일어나야 한다. 책 보는 일을 제쳐놓아야 하고, 항상 그의 희망에 따라야 한다. 그가 우울하거나 즐거울 때면 너도 그래야 하고, 그가 다른 일을 하고자 할 때 그에게 시를 읽어주는 것을 고집해서는 안 된다." 호라티우스는 종결의 권고에서 그 젊은이에게 스스로를 부자가 마음에 드는 존재로 만듦에 철학을 공부함으로써 지성을 배양하는 일을 절대 잊어서는 안 된다고 말했는데, 이 또한 비꼬기 위한 것이 아니라 진지한 마음에서 우러난 것이었다.

이 편지들은 많은 것을 알려준다. 여기서 우리는 어떻게 행동해야 할 것인가라는 문제에 직면하여 뚜렷한 성공을 거두어서, 그들이 닮고 싶은 경력을 쌓은 선배에게 조언을 구하는 젊은이들의 모습을 볼 수 있다. 호라티우스의 아버지는 노예로 태어났지만, 호라티우스는 유력자들과 어깨를 나란히 하는 사람이 되었다. 그가 그렇게 성공할 수 있었던 것은, 자신을 부자와 유력자들이 호감을 느끼는 존재로 만들었기 때문이다. 그의 작품을 읽은 사람이라면 누구도 그가 마이케나스에게 깊은 애정을 지니고 있다는 사실을 의심하지 않을 것이다. 진실로 호라티우스는 마이케나스에게 일생 동안 깊은 애정을 품었던 것 같다. 그러나 그의 세속적인 상식에 따르면, 부자와의 우정은 감정과 아무 상관이 없는 것이었다. 그는 젊은이들에게 도움을 받을 수 있는 사람을 사랑하라고 촉구하는 데 결코 감상적인 죄의식을 느끼지 않았다. 그렇다고 그가 위선자였던 것은 전혀 아니다. 그가 젊은이들에게 추천했던 방법은 자신이 마이케나스에게 실천했던 것임에 틀림없다. 그렇게 하면서 그는 자신이 느꼈던 것, 자신의 진짜 감정을 논하는 것은 별 의미가 없다고 생각했다. 유력자와 사귀는 것이 너무나 명백하게 사업의 일환이었기 때문이다. 그는 어떤 사람에게 돈을 얻어낼 목적으로 헌신을 과시하는 것에 조금이라도 혐오스러운 점이 있다는 생각을 전혀 하지 않았다. 로마인은 원래 천성적으로 비굴하지 않았다. 호라티우스와 그의 젊은 친구들은 다른 어떤 것보다 많은 돈을 버는 것이 중요했던 시대의 산물이었다. 더군다나 그 시대에는 돈을 벌기가 너무나 어려워서, 다른 면에서는 매우 명예심이 두터웠던 호라티우스 같은 사람도 돈을 추구하는 데 체면 따위는 생각하지 않았다.

호라티우스의 저술에서 돈은 여러 가지 모습으로 늘 등장한다.7) 이제는 문학작품에 거의 등장하지 않았던 수전노가 중요한 역할을 했다. 수전노는 아우구스투스 시절 사람들에게 매우 친숙한 인물이었고, 호라티우스는 거대한 부자이면서도 자신의 목숨을 구하기 위해서 몇 푼의 돈도 쓰지 않으려는 수전노의 모습을 그리면서 다소 과장해도 독자들이 책망하지 않을 것임을 잘 알고 있었다. 물론 수전노를 더욱 돋보이게 해주는 인물인 방탕아와 도박꾼도 나란히 등장한다. 돈은 늘 전면에 배치되었다. 호라티우스의 비꼬는 요약에 의하면, "인간과 신의 모든 것, 덕, 명예, 명성이 아름다운 부에 복종한다. 부를 쌓아올린 자는 명성이 높고, 용감하고, 정의롭다. 현명한 자 또한 복종할 것인가? 물론이다, 왕이라고 해도 그럴 것이다."8)

또한 호라티우스의 시 전체에서 돈으로 구입할 수 있는 것들, 즉 온갖 종류의 값비싼 것들, 긴 상아 의자, 모자이크 마루, 자색 염료를 입힌 천, 자수품, 상감세공품, 희귀한 골동품, 보석, 은 접시, 금 항아리 등이 반복적으로 등장한다. 이는 가구나 세간이 아무런 역할을 하지 못했던 그리스 문학과 정말 대조적이다.9) 핀다로스가 그의 극에 자주 등장하는 친숙한 주인공이자, 시칠리아 군주로서 호화로운 것들에 둘러싸여 있던 시칠리아의 히에론의 식사 메뉴나 식당 탁자에 대해서 묘사하는 것, 혹은

---

7) *Serm.* II, 3, 151.

8) *Serm.* II, 3, 94.

9) 그러나 아리스토파네스는 이런 양식이 시작되었음을 보여준다. 「말벌들」, 1212 참조.

「향연(*Symposion*)」에서 플라톤이 아가톤의 식탁보를 경탄했든 비난했든 감명받는 것을 상상할 수 없듯이, 호라티우스가 사람들의 집을 꾸미고 저녁 만찬을 대접하는 방식에 대해서 관심을 기울이지 않는 것을 생각하는 건 불가능하다. 호라티우스는 결코 사치를 찬양하거나 크게 즐기지는 않았지만, 그것을 늘 예민하게 의식하고 있었다. 아가톤과 그의 손님들은 틀림없이 무슨 음식이 나왔는지에 대해서 신경쓰지 않았고, 식사와 관련된 모든 세부 사항을 완전히 무관심하게 바라보면서 그저 당연한 것으로 받아들였다. 그러나 호라티우스와 같은 방식으로 보았다면, 노예가 깃털이 달린 채로 구워져서 화려한 꼬리가 넓게 펼쳐져 있기 때문에 마치 은 접시 위에 있다가 순식간에 탄 것처럼 보이는 붉게 빛나는 공작 요리를 들고 오는 것을 보고, 혹은 거대한 접시를 휘게 할 정도로 큰 곰을 통째로 요리해서 손님들에게 대접하는 것을 보고 누가 당연한 것으로 받아들일 수 있겠는가?[10] 플라톤의 작품에 등장하는 아테네의 신사들에게 만찬은 주로 대화의 기회였던 데 반해, 호라티우스의 친구들에게 그것은 이목을 끌며 과시하고 특별히 공들여 만든 위압적일 정도로 풍부한 음식을 먹는 기회였다.

호라티우스는 음식과 조리, 그리고 음식 목록에 큰 관심을 기울였다. 두 편, 그것도 긴 것 두 편 전부, 그리고 또다른 시의 반 이상에서 다른 것은 전혀 다루어지지 않았다.[11] 한 가지 예

---

10) *Serm.* II, 2, 26.
11) *Serm.* II, 8 그리고 4.

를 살펴보면 다음과 같다. 호라티우스: "성대한 저녁 만찬이 어떠했습니까?" 친구: "내 인생에서 가장 맛있는 식사였소." 호라티우스: "지루하지 않으시다면 이야기 좀 해주세요, 전채(前菜)로 무엇이 나왔습니까?" 이후 100여 줄에 걸쳐서 메뉴를 조소하면서도 매우 세밀하게 열거했고, 특별히 맛있는 음식의 요리법도 다수 이야기했다. 이때 로마의 신사들은 다음과 같은 음식을 먹었다. 온갖 종류의 절인 야채를 곁들인 냉멧돼지 고기, 멋진 소스를 곁들인 굴과 조개, 두 종류의 가자미, 에스파냐 산 물고기, 그리스 산 포도주, 레스보스 산 식초, 그리고 흰 후추로 소스를 만들어 뿌렸고 큰 물고기가 새우들 사이에서 헤엄치는 것처럼 보이는 훌륭한 요리, 곡식의 낟알을 곁들인 야생 가금, 잘 익은 무화과로 살찌운 흰 거위의 간, 토끼의 어깨살("밑부분보다 즙이 매우 많은"), 구운 지빠귀와 산비둘기 등등. 단것들은 언급하지 않았고, 과일 중에서는 오직 진홍색 사과만을 언급했다. 그러나 다른 곳에서 진정한 식도락가는 후식으로 먹을 맛있는 것들에 대해서 관심을 기울이지 않는다고 이야기하면서, 마지막 코스로 오디를 권했다. 그러나 그것은 해가 중천에 뜨기 전에 채집한 것이어야 했다.

그는 "우리는 과식해서 핏기 없이 식탁에서 일어난다"고 말했고,[12] 현대의 독자는 왜 초기 기독교인들이 폭식을 일곱 가지 중죄에 포함시켰는지 이해하고 있다. 조금이라도 더 많이 먹

---

12) *Serm.* II, 2, 76.

기 위해서 구토제를 사용하는 관습은 조금 더 뒤에 유행했던 것 같다. 그런 일이 있었다면 호라티우스가 단연 유쾌하게 조롱했을 터인데, 그것을 전혀 언급하지 않았기 때문이다. 그렇지만 그것은 로마인의 특성을 파악하고자 하는 사람들에게 매우 유용한 주제이다.

호라티우스가 묘사하고 있는 만찬은 그렇게 우아하고, 심지어 장려하기까지 했지만 종종 품위를 떨어뜨리는 한 가지 중요한 결함을 가지고 있었다.13) 호라티우스는 식탁보에 대해서 너무나 잘 알고 있었는데, 그것들이 빈번히 극도로 더러웠기 때문이다. 그는 친구에게 초대장을 보내면서, 자기 집에 와서 식사를 한다면 천이나 냅킨을 청결히 하여 냄새로 얼굴을 찡그리는 일이 없게 하겠다고 약속했다. 그는 청결이 너무나 쉽고 비용도 많이 들지 않는데 왜 그런 일이 벌어지는지 개탄스럽다고 말했다. 나아가 그는 손님들이 식탁에서 충분한 공간을 차지할 수 있으므로, 옆 사람과 너무 가까이 앉았을 때 종종 맡게 되는 혐오스러운 냄새를 두려워할 필요가 없다고 간략하게 서술하면서 편지를 끝냈다. 거대한 목욕탕으로 유명한 로마의 상황이 이러했다.

위대한 아우구스투스 시절, 도시 신사들의 광이 번쩍이는 표면 아래에는 이렇게 저속함이 숨어 있었고, 그것은 종종 너무나 확연하게 드러났다. 호라티우스는 만약 친구가 자기 옆에 비스

---

13) *Ep.* I, 5, 22.

듬히 누워 식사를 하다가 술을 너무 많이 마시고, 값비싸고 오래된 도자기를 떨어뜨리고, 차마 입에 담을 수 없는 외설스러운 행동을 하고, 최종적으로 상체를 구부려서 자신이 먹고 있던 닭고기를 낚아챈다면, 그 때문에 그를 덜 소중히 여기고 불쾌하게 대할 것인가?라고 썼다. 독자들은 진실로 그렇지 않다고 주저 없이 결론을 내릴 것이다. 호라티우스와 그가 독자로 삼은 사람들은 그런 무례에 너무나 익숙했고, 대개 웃음으로 관용하면서 넘어갔다.

어느 날 호라티우스는 몇 명의 매우 지체 높은 명사들과 여행을 하게 되었다. 그 무리는 마이케나스, "그리스어를 가장 잘하는 자"와 호라티우스가 "머리카락 하나까지 절묘하게 세련된 사람"이라고 묘사한 자를 포함한 두 명의 외교관, 그리고 베르길리우스를 포함한 세 명의 유명한 문인으로 구성되었다. 그들은 당시 세계에서 흔히 볼 수 없는 가장 뛰어난 무리였다. 그 가운데 세 명의 이름은 1900년이 지난 오늘날까지도 많은 사람들의 가문 명으로 친숙하게 사용되고 있다. 여행하던 중 어느 날 그들은 한 친구의 빌라에 머물렀고, 저녁 식사 중에 두 사람의 대화로 이루어진 짧은 연극을 즐겼다. 연극의 주인공은 "광대인 사르멘투스와 수탉이라는 별명을 가진 메시우스였는데"[14] 전자는 마르고 키가 작았으며, 후자는 엄청나게 덩치가 크고 굉장히 못생긴 농부였던 것 같다. 그들은 관객들을 즐겁게 해주기

---

14) *Serm.* I, 5, 51.

위해서 다음과 같은 대화를 나누었다. 사르멘투스 : "음, 당신은 야생마처럼 생겼군요"(청중들 속에서 웃음이 터져 나온다). 메시우스(머리를 광포하게 흔들면서) : "잘 보았소. 그러니 조심하시오." 사르멘투스(메시우스의 이마에 두드러져 보이는 털이 많고 섬뜩한 큰 흉터를 응시하며) : "아, 만약 당신의 머리에서 뿔을 뽑지 않았다면 당신은 못할 짓이 없었겠군요, 그런 식으로 계속 위협했다면 모든 사람이 불구가 되어버렸겠어요." 사르멘투스는 그런 기형을 남겼던 질병들의 종류에 대해서, 메시우스의 우스꽝스러운 악행에 대해서 계속 농담을 늘어놓음으로써 메시우스의 흉터를 집요하게 물고늘어졌다. 그리고 그 덩치 큰 사람에게 키클롭스(그리스 신화에 나오는 외눈박이 거인/역주)처럼 생겼다며 손님들을 위하여 "키클롭스의 춤"을 추라고 재촉했다. 그러나 메시우스는 훌륭하게 되받아쳤다. "오, 당신, 방금 전까지 노예였죠. 무엇 때문에 여주인으로부터 도망쳤어요? 그녀가 굶겨 죽이려고 했기 때문에 피할 수 없는 선택이었나요? 당신같이 작은 사람이 살찌는 것은 일도 아닐 터인데, 왜 그렇게 피골이 상접했지요?" 호라티우스는 그것은 즐거운 오락거리였다고 결론내렸다. 여기서 「향연」의 엄숙하고 재치 있는 신사들을 생각해보라. 그들은 피리 부는 소녀를 쫓아내어 "시끄러운 소리"를 없앰으로써 오락거리에 방해받지 않고 만찬을 품위 있는 대화의 시간으로 활용하고자 했다.

물론 이 비교는 정말 공정하지 않다. 호라티우스는 명백하게 실제로 있었던 일을 설명했던 데 반해서, 플라톤은 아마도 그럴 수 있을 것이라고 상상했을 뿐이다. 그럼에도 불구하고 이 이야 기는 그리스인과 로마인의 자질을 평가하는 척도이다. "당신이 무엇을 하고 노는지 알려주면, 나는 당신이 어떤 사람인지 말해 주겠습니다." 이 로마의 엘리트 무리는 광대짓, 질병, 털이 많은 큰 흉터를 이렇게 오락거리로 즐겼다. 소크라테스와 아리스토 파네스, 그리고 「향연」의 다른 인물들이 페리클레스 시대를 대 변한다면, 이들은 아우구스투스 시대를 대변한다. 그리고 어떤 아테네인이 로마의 식탁에 왔을 때 크게 즐거워했을 것이라고 생각할 수도 없다. 아리스토파네스는 추함, 기형, 질병을 농담 거리로 삼지 않았으며, "당신도 나와 마찬가지이고, 심지어 나 보다 더 나쁜 사람이야"라는 식으로 대화를 이끌지 않았다. 그 리고 베르길리우스와 호라티우스가 그리스의 식탁에 간다면, 세상에 실재하지 않는 것들을 길게 이야기하는 것을 보고 금방 싫증을 느낄 것이다. 그들은 지나치게 정밀한 이론을 펼치는 것 은 즐겁지도 않고 유익하지도 않은 시간 낭비라고 생각했다. 호 라티우스는 이상적인 일류의 대화에 대해서 다음과 같이 이야 기했다. "우리에게 중요한 문제, 즉 다른 사람의 집이나 빌라에 대해서 혹은 레포스가 춤을 잘 추었는지 아닌지에 대해서가 아 니라 부와 덕이 사람을 행복하게 할 수 있는지, 그리고 정의를 추구하는 마음 혹은 이익을 추구하는 마음이 친구를 사귀는 데 영향을 끼치는지에 대해서 토론합시다."15) 로마인의 생각에 의

---

15) *Serm.* II, 6, 73.

하면, 그런 대화는 어떤 방식으로든 도움이 되기 마련이다. 그것은 사람들을 좋은 시민으로 만든다. 만약 즐거움을 추구한다면 어릿광대, 광대, 검투사를 찾으면 된다.

호라티우스가 묘사한 만찬 중에서 한 쌍 혹은 여러 쌍이 상대방이 죽을 때까지 싸우는 광경이 오락거리로 제공된 적은 없었다. 이런 오락거리는 후대에 만들어지지만, 200여 년 전부터 로마는 공공 검투사 시합에 익숙했고, 호라티우스가 검투사 시합에 대해서 반대거리를 전혀 찾지 못했던 것은 놀라운 일이 아니다. 키케로도 검투사 시합을 만족스러운 것으로 받아들였는데, 로마 사회와 우호적인 관계를 맺었던 호라티우스가 거기에 반대할 이유는 없었다. 호라티우스는 싸우는 장면을 묘사하지 않았고, 경기장에 참석했다는 것을 언급하지는 않았지만, 검투사를 1회 이상 언급했고, 늘 배우나 가수와 마찬가지로 당연한 존재로 생각했다. 그의 풍자시 가운데 한 편에서 호라티우스는 마이케나스와 나눈 짧은 대화를 기록했다. 거기서 그들은 몇 시인지를 이야기한 후에 날씨에 대해서 언급하기 전에 포스터에 붙은 두 명의 인기 있는 검투사들의 대결을 볼 기회에 대해서 논의했다. "트라키아 갑옷(방패가 매우 적다)을 입은 수탉이라고 불리는 자가 시리아인의 상대가 될까?"[16]

두말할 나위도 없이 호라티우스는 노예들에 대해서 주목하지 않았는데, 그처럼 민감하고 감성이 풍부했던 사람이 노예에 대

---

16) *Serm.* II, 6, 44.

한 끔찍한 처벌에 대해서 철저하게 무관심했다는 것은 생각해볼 만한 문제이다. 그는 음식을 조금 훔쳤다고 노예를 십자가에 처형한 자를 미쳤음에 틀림없다고 부드럽게 이야기했지만,[17] 노예가 두들겨 맞는 것, 채찍 끝에 금속 조각을 매달아 때리는 "끔찍한 처벌", 그리고 그 규모가 엄청나게 커져서 위험스러운 존재가 된 노예 계급을 계속 억압하기 위해서 고안된 다른 학대 방법들을 당연한 것이라고 말했다. 호라티우스는 지위가 높은 사람이 오직 5명의 노예를 대동하고 거리를 활보한다면 초라한 것이고, 200명을 대동하고 다닌다면 좋은 의미의 한계를 넘어선 것이라고 말했다.[18] 그렇지만 그렇게 숫자가 많았음에도 불구하고 노예들은 전혀 사람 취급을 받지 못했다. 폭력을 가해서 큰 고통을 주거나 죽이는 여러 오락거리를 즐기는 데 익숙했던 로마인들은 노예들을 별 생각 없이 학대하고 죽였다. 최고의 로마인이라고 할 수 있는 사람, 즉 사상가이고, 상냥하고, 예의바르고, 의무감이 있었던 호라티우스 같은 사람도 거기에 대해서는 지나가는 길에도 일고해보지 않았다. 만약 그가 다시 살아나서 우리의 관점을 본다면 크게 당혹스러워할 것이다. 그는 현명하고 선량했지만, 괴물 같은 사악함과 함께 살았고, 결코 그 실체를 희미하게조차 파악하지 못했다. 그렇게 사람은 관습의 노예가 되곤 한다.

그러나 중요한 여러 가지 다른 측면에서 로마의 사고방식은

17) *Serm.* I, 3, 81.
18) *Serm.* I, 3, 10.

그리스의 사고방식보다 훨씬 더 우리들의 사고방식에 가깝다. 「향연」에서 알키비아데스가 소크라테스에게 두 통의 포도주를 마시자고 도전장을 내밀었을 때, 소크라테스는 마시고 안 마시고를 선택할 수 있었다. 그러나 호라티우스 시절의 초대 손님들에게는 그런 자유가 없었다. 호라티우스는 각 손님들에게 얼마나 먹어야 할지를 지시하기 위해서 늘 임명되었던 술자리의 주인을 자주 언급했다. 만찬에서 꼴사나운 일들이 수없이 많이 일어나서 그런 규제가 만들어졌을 것이다. 술 취한 로마인은 다루기 힘들고, 험악하고, 싸우기 좋아하고, 위험했을 것이다. 틀림없이 수많은 연회 끝에 싸움이 일어나서 가구가 부서지고, 사람들이 다치고 죽었을 것이다. 그래서 로마인들은 그들의 전형적인 방식대로 술 취하는 것에 한계를 정하기 위해서 법을 통과시켰다. 물론 이 법으로 인해서 모든 사람이 똑같은 숫자의 잔을 비워야 했기 때문에 한편으로 과음하는 사람이 줄어들었을 터이지만, 다른 한편으로는 절주하는 사람이 자신이 원하는 것보다 훨씬 더 많이 마셔야 했을 것이다. 자유를 남용한 소수 때문에 자유를 남용하지 않는 다수의 사람들을 규제하려는 법이 적용되었을 때, 그런 예기치 않는 결과들이 일어나게 마련이다. 진실로 본성에 속하는 철저하게 사적인 일에서 평균에 근거한 통일을 강요하려는 모든 시도는 오직 한 가지 결과만을 낳을 수밖에 없다. 대중적인 방법을 사용하기 위해서 동원된 수많은 사람들이 모두 알고 있듯이, 그런 시도는 최고의 사람들을 가장 압박한다.

아테네인들은 신사는 자유롭게 내버려두어도, 과음해서 다른 자들을 괴롭게 하여 미움을 받지 않을 것이라고 생각했다. 로마인은 신사라고 해도 그렇다고 확신할 수 없기 때문에 규제를 통해서 질서를 지키도록 만들어야 한다고 생각했다. 아테네인은 조화를 주창했다. 인간의 내적 욕구가 훌륭한 삶과 조화를 이루고 있기 때문에 모든 사람에게 자유를 주어야 한다. 반면에 로마인은 규율을 주창했다. 훌륭한 삶은 사악한 것을 원하는 인간의 본성을 규제해야 가능한 것이므로 모든 사람을 주의 깊게 제어해야 한다.

호라티우스는 음주 규제법을 유감스럽게 생각했다. "오 이 나라여, 언제 내가 너를 볼 수 있을 것인가. 누구나 이 불합리한 법에 구애받지 않고 각자 원하는 대로 술을 마실 수 있는 오 밤이여, 신들을 기리는 축제여."[19] 호라티우스는 예리한 통찰력으로 사람들의 도덕 감정이 뒷받침해주지 않는다면 모든 법은 공허한 형식에 지나지 않는다고 지적했다. 그럼에도 불구하고 로마 문학 전반을 통해서 그렇듯이 그의 시 전반을 통해서 인생은 법과 함께 "끔찍한 필연의 강철같이 단단한 발톱", 유피테르의 절대 변하지 않는 포고, 마음대로 실을 자았다가 잘라버리는 운명의 여신과 같은 외부의 힘들에 의해서 정해지고 통제되는 것이라는 인식이, 명백하게든 혹은 암묵적으로든 늘 감지된다. 호라티우스는 "반드시……해야 한다"는 말을 달고 살았다.

---

19) *Serm.* II, 6, 65.

"이것을 당신은 반드시 해야 한다. ……에 반드시 복종해야 하고,……을 반드시 마주쳐야 하고, 반드시 견뎌내야 한다."로 마인은 인생을 그렇게 보았고, 호라티우스가 내부에서 자유를 추구했음에도 불구하고, 그는 결코 자유롭다고 느낄 수 없었다.

이 점에서 카툴루스는 눈에 띄는 이례적인 인물이다. "필연이라는 끔찍한 여신"은 그가 숭배하는 신들에 속하지 않았다. 그는 자기 인생이 자신의 손에 달려 있다고 보았다. 그리고 레스비아의 손에 달려 있다고 보았는데, 이때도 그의 뜨거운 열정은 그 자신 이외의 다른 어떤 필연을 전혀 인식하지 못했다. 더욱이 그런 뜨거운 열정은 카툴루스를 제외하면 로마 문학에서는 거의 등장하지 않는다.

호라티우스가 제시한 로마의 축소 모형은 이런 눈에 띄는 특징들을 가지고 있었지만, 그가 도외시한 것 또한 중요하다. 키케로의 글에서는 모든 전경(前景)을 차지했던 정치 게임이 호라티우스의 글에는 전혀 없었다. 키케로의 시대에 예견되었던 일들이 현실로 나타났다. 시민단은 자체의 타락에 대처하지 못했고, 그에 따라서 발생했던 끔찍한 해악들이 종식되어야 했다. 이 때문에 절대권력자가 등장하여 모든 책임을 떠맡고 국가의 모든 일을 관장하게 되었다. 위대한 아우구스투스 시대의 많은 뛰어나고 유능한 사람들은 공공의 일을 맡아야 하는 고통과 걱정에서 벗어나서 개인의 일에 전념할 수 있게 되자 깊은 안도의 한숨을 쉬었다. 그들은 공화국 관리들의 부정직함과, 어리석음과, 무능함에 분노했었다. 그들은 전쟁과, 국내외 일들의 부실한 관리와, 재판의 파행이 종식되기를 간절히 바랐다. 그 모든 것들이 이제 끝났다. 강력하고 현명한 사람이 황제가 되었고, 그의 의지가 의미 있는 유일한 법이 되었으며, 로마인들은 기뻐했다. 그러나 그들은 장차 그들의 조국을 기다리고 있는 것, 즉 서구세계가 경험한 것 중에서 가장 무책임한 전제주의에 대해서는 전혀 알지 못했고, 미래를 건설하는 데 관심을 기울이지도 않았다. 로마에서 개인의 이득을 초월한 애국주의는 사라졌고, 다시는 발흥하지 않을 것이다. 소수의 사람들이 여기저기에서 애국주의의 부활을 시도했지만, 그들의 숫자가 너무 적었기 때문에 아무런 역할도 하지 못했다.

호라티우스는 자신의 「서간시」 중 하나에서 그가 알고 있는 극장에 대해서 짧게 묘사했다.[20] 대중 극장이 너무나 흔했기 때문에, 그와 그의 동료들은 정말 그렇게 생각하지 않았지만 그 시대의 일반적인 정신의 소유자들은 그 극장이 오직 잠깐 동안 열린 것으로 생각했다. "사람들은 배우들이 시를 낭독하고 있을 때조차도, 곰 쇼나 레슬링 시합을 요구했다. 즐거움이 귀에서 쉼 없이 움직이는 눈으로, 그리고 의미 없는 오락거리로 옮겨가 버렸다. 막이 오른 지 네 시간 혹은 그 이상이 지났다. 그동안 공연장 옆으로 기병대의 무리와 보병대가 서둘러 지나갔고, 패배한 왕들이 손을 뒤로 묶인 채 끌려갔다. 전차, 수레, 마차, 배가 빨리 지나갔고, 코린토스에서 빼앗은 모든 전리품과 함께 노

---

20) *Ep.* II, 1, 185.

획한 상아도 옮겨졌다. 표범에 기린이 섞인 것 같은 여러 동물들과, 아마도 흰 코끼리가 군중들의 주의를 끌었다. 어떤 배우의 목소리가 그런 소란 속에서도 들릴 수 있을 만큼 크겠는가? 관객들은 서로 묻는다. '저 배우가 무슨 말을 했는가?' '아직 안 한 것 같은데.' '그런데 무엇이 그렇게 좋은가?' '오, 저 배우의 아름다운 자색 옷.'"

이제 로마가 원하는 것은 점점 더 다양해지고 화려해져가던 바로 그 장관(壯觀)이었다. 마음 혹은 정신을 만족시키는 것이 아니라 눈을 만족시키는 것이 로마인의 영혼을 사로잡았다. 로마의 크기, 힘, 부가 로마의 중요성을 재는 잣대가 되었다. 로마 시민들의 생활은 그들이 풍요롭게 소유한 물건들로 이루어졌다. 페리클레스에게 아테네의 영광은 파르테논 신전이나 아크로폴리스가 아니라, 아테네가 모든 지혜의 길에서 그리스의 학교가 되었다는 것이었다. 반면에 아우구스투스는 자신이 벽돌의 도시를 대리석의 도시로 만들었기 때문에 영광을 차지할 권리가 있다고 거듭거듭 주장했다.

10

로마의 길

베르길리우스는 「아이네이스(*Aeneis*)」에서 유피테르의 입을 빌려 미래 로마의 영광에 대해서 "나는 로물루스의 백성들에게 시공의 한계를 설정하지 않는다. 영원히 계속될 제국을 주었다"[1]라고 말했다. 로마인은 제국의 힘과 범위에서뿐만 아니라 욕망, 야심, 욕심에서도 한계가 없었다. 로마인에게는 그들을 거대 제국의 건설자로 만들었던 실용적인 현명함이라는 눈에 띄는 민족적인 자질과 언뜻 보기에 모순되어 보이는 과장하는 기질이 있었다. 그러나 좀더 세밀히 관찰해보면 그것은 모순이 아니다. 로마인은 다른 무엇보다도 전사들이었다. 수세기 동안 그들이 한 유일한 선택은 정복할 것인가, 아니면 정복당할 것인가였다. 아마도 전쟁은 그들의 매우 자연스러운 표출이었을 것이고, 그

---

1) 베르길리우스, 「아이네이스(*Aeneis*)」(이하 *Aen.*으로 표기) I, 278.

들이 한 민족이 되기 위해서 치러야 하는 대가였음에 틀림없다. 리비우스가 계산한 대로 로마의 건설에서부터 그의 시대까지 약 800년간 로마인은 계속 싸우면서 필사적인 긴급함에 이끌려 그들의 천재적 자질의 한 측면, 즉 확실하고, 예리하고, 안정된 상식을 발전시켰다. 그러나 전쟁은 엄격한 억제와 고삐 풀린 강탈 혹은 약탈이 번갈아 일어나기 때문에 폭력적인 욕구를 완화시키는 훈련이 아니었다. 전쟁 때에는 늘 무례하고, 원초적이며, 육체적인 욕구가 전면에 부각되었다.

로마의 위대함을 최종적으로 분석해보면, 로마인이 강력한 종족이기는 하지만 뭔가 좀더 강력한 것이 있었다. 그들 속에는 병사의 기본적인 덕성인 규율이 뿌리박혀 있었다. 그들의 본성적 충동이 아무리 격렬하다고 해도, 법과 질서를 지켜야 한다는 감정이 더 강했고, 그 감정은 그들 속에서 가장 강력한 것이었다. 그것이 깨지면 끔찍한 일이 벌어졌다. 우리 세계가 겪은 어떤 것보다 심각한 내전이 발생했고, 패배자들은 역사상 가장 끔찍하게 처리되었다. 그럼에도 불구하고 로마의 두드러진 특징은 제어된 삶이라는 이상을 흔들리지 않게 고수하고, 이런저런 개인이 아니라 정의와 공정한 처분이라는 원칙을 구현한 체제에 복종한다는 것이다.

로마인이 애호했던 오락거리는 로마 법이 통제하려고 했던 로마인의 본성이 얼마나 야만스러웠는지를 잘 보여주는데, 그것들은 너무나 잘 알려져 있기 때문에 간략하게 언급하는 것만으로 족할 것이다. 그런 오락거리로는 투기장을 사냥터로 해서 벌어지는 야생동물 사냥, 지하에 감추어진 운하를 통해서 원형 경기장에 물을 대고 이루어지는 해상 전투, 그리고 가장 일반적이었고 가장 인기가 높았던 검투 경기를 들 수 있다. 검투 경기가 열릴 때면 모든 로마인은 검투사들이 열 명씩 혹은 백 명씩 서로 죽이는 것을 보고, 승리자에게 패배자를 죽이라는 신호를 보내고, 승리자가 칼을 높이 들었다가 무기력한 패배자에게 꽂으면 피가 분출하는 것을 보기 위해서 원형경기장의 관람석을 빽빽이 채웠다.

바로 이런 것이 로마인이 가장 소중히 여겼던 기쁨이었고, 세계의 스포츠에 대한 로마의 유일한 기여였다. 이런 장관 연출 가운데 그리스에서 기원한 것은 하나도 없다. 로마가 그리스를 정복한 후에 그리스에 이것들을 도입했다. 그러나 전하는 바에 의하면, 아테네인은 검투 경기를 결코 허용하지 않았다. 두 번에 걸쳐서 아테네인은, 위대한 사람의 항의에 자극받아서, 막 시작하려고 했던 검투 경기를 중단시켰다. 첫 번째는 어떤 사람이 "아테네인들이여, 검투 경기를 허용하려면 먼저 나와 함께 가서 '자비의 여신'에게 바치는 제단을 파괴합시다"라고 외치자, 사람들은 한목소리로 그들의 극장을 검투 경기로 더럽혀서는 안 된다고 고함쳤다.[2] 두 번째는 존경과 사랑을 받는 한 철학자가 검투 경기에 수반된 잔혹함을 비난하자 똑같은 일이 벌어졌다.[3]

---

2) 루키아노스, 「데모낙스(*Demonax*)」 57(Magnin, *Origines du Théatre*에 의해서 인용되었다). 데모낙스는 루키아노스의 스승이었다 / 역주.

3) 필로스트라투스, 「아폴로니우스의 생애(*Vita Apollonii*)」 IV, 22(Magnin, *op. cit.*).

그러나 다른 곳에서는 로마가 가는 곳이면 어디든 그 잔인한 게임들이 뒤따랐고, 점점 더 잔인해지고 규모도 커졌다. 어떤 경우에는 한 번에 100마리의 수사자와 100마리의 암사자를 죽였고,4) 또다른 경우에는 황소, 호랑이, 표범, 코끼리를 비롯한 500마리의 동물을 죽였다.5) 아우구스투스 시기에서 약 75년이 지난 후 위대한 베스파시아누스의 아들 도미티아누스 황제를 치켜세우는 경구(epigram)를 계속해서 사용했던 시인 마르티알리스는 이렇게 말했다. "갠지스 강가의 사냥꾼은 로마에서 볼 수 있는 만큼 많은 호랑이를 동방 지역에서 만날까봐 두려워하지 않았다. 이 도시는 더 이상 기쁨거리의 횟수를 셀 수 없었다. 황제여, 당신의 투기장은 오직 두 마리의 호랑이가 끄는 수레를 탄 바커스 신의 개선 행렬과 광휘를 능가합니다."6)

이런 경기에서 얼마나 많은 사람이 죽었는지에 대한 정확한 숫자는 전혀 알려져 있지 않다. 전쟁 포로가 수요를 충족시키지 못하자 사형수들이 검투 경기에 보내졌다. 노예 소유주들이 노예를 팔기도 했고, 심지어 자원자들도 있었다. 키케로는 한 번 이상 자원자에 대해서 언급했다. 오랜 세월 동안 경기가 성행하면서 모든 측면에서 심한 과장이 이루어져 현대 독자들은 믿을 수도 없는 끔찍한 공상적인 이야기들이 떠돌았다. 전승에 의하

---

4) 크시필리누스, 「디오 카시우스 요약집(*Dio Cassius*)」(이하 Xiph.으로 표기)
   LXIX, 8.

5) Suet. *Tit*, 7.

6) 마르티알리스, 「경구(*Epigrammata*)」(이하 Mart.으로 표기) I, 6.

면, 투기장에는 금가루가 뿌려졌고, 난쟁이들이 서로 또는 야생 동물들과 경기를 펼쳤다. 그리고 여자 경기도 있었는데, 마르티 알리스는 여자 검투사가 사자를 죽이는 것을 보았다고 이야기했다.[7] 황제들도 참가했는데, 당연히 그들의 경기는 미리 주의 깊게 짜여진 각본에 따라서 진행되었다.[8] 로마 최고의 황제인 마르쿠스 아우렐리우스의 아들은 2,000명의 검투사를, 그것도 왼손만으로 물리쳐 죽였다고 자랑했다.[9] 똑같은 것을 계속 보면 식상해지는 법이다. 새롭고 흥미롭게 살육하는 방법을 더 이상 고안할 수 없는 지경에 이르자, 갈망하는 관중들을 만족시키는 유일한 길은 규모를 키우는 것이었다. 투기장에 물을 가득 채운 해상 전투 한 번에, 1만9,000명을 승선시킬 수 있는 24척의 배가 참가했다고 전해진다.[10]

기록들을 세밀하게 읽다보면, 로마에 사실을 과장하는 언론인 같은 풍조가 있었을 것이라는 생각을 떨쳐버릴 수가 없다. 이런 주제에 대해서 이야기할 때면 누구든지 과장하고 싶은 욕구를 참을 수 없다. 그런데 원래 다소 과장하는 경향이 있는 로마인이 과장하지 않고 역사적 사실을 정확히 기록했다고 말한다고 해서 그 말을 액면 그대로 믿어서는 안 될 것이다. 심지어 제국 말기의 한 황제는 "인간의 피 없이는", 다시 말해서 사람들

---

7) Mart. VIII, 26.
8) Xiph. LXVIII, 8.
9) Xiph. LXXII, 22.
10) Suet. *Claud.* 21.

이 서로 죽이는 것을 보지 않고는 "식사를 하지 못했다"는 이야기가 전해진다.[11] 이런 근거 없는 낭설은 로마인이 이 주제에 대해서 과장했다는 우리의 의심이 들어맞는다는 사실을 뒷받침한다. 그것은 선정적인 신문의 기사 제목으로 너무나 잘 어울린다. 어떻게 해서 그런 사실이 알려졌을까? 궁정 노예들이 소문을 퍼뜨린 것일까? 아니면 로마인이 그랬듯이, 네로를 능가하며 네로로 보이기를 원했던 잔인한 황제 자신의 주장에 의해서일까? 게임들에서 발생했다는 기괴한 사건들, 특히 게임 중에 거대한 숫자의 사람들이 죽었다는 것을 확실한 역사적 사실로 받아들일 수는 없지만, 그것들은 아리스토텔레스가 진실이라고 부른 것, 즉 역사보다 더 진실하다고 이야기할 수 있는 것을 보여준다. 로마인들은 그런 이야기를 로마인을 위해서 썼고, 바로 그들이 그런 이야기를 읽고 믿는 것을 즐거워했다.

로마인들이 오락거리로 즐겼던 것에 대해서는 이 정도로 살펴보고, 실제로 그들이 세상에서 무엇을 했는지에 대해서 논해보자. 이렇게 이야기 주제를 바꾸면 우리는 사뭇 다른 세계로 가게 된다. 로마는 무자비하게 모든 민족을 짓밟지 않았고, 야만적으로 피를 탐하면서 살육을 일삼지도 않았다. 로마는 참으로 위대한 문명을 만들어냈다. 세상에서 결코 지워지지 않을 로마의 기념비적인 업적은 법률이다. 천성적으로 폭력적이고, 탐욕이 대단했으며, 잔인한 군인이었던 로마인이 모든 자유민의

---

11) 락탄티우스, 「박해자들의 죽음(*De Mortibus Persecutorum*)」 21(Magnin, *op. cit*에 의해서 인용되었다).

권리를 평등하게 보장하는 위대한 만민법을 만들었다. 모든 사람이 너무나 유명한 이 사실을 떠올릴 때면 매번 놀라움에 사로잡히지만, 로마의 성공 비결들은 쉽게 파악된다. 일곱 개의 언덕 위에 있던 작은 도시는 그 시민들이 명령에 절대적으로 복종했기 때문에 주변의 다른 도시들을 정복했다. 로마에 대해서 아는 사람이라면 누구나 이것이 단순한 추측이 아님을 느낄 것이다. 승리했지만 명령을 어겼다는 이유로 자신의 아들을 사형에 처한 아버지(티투스 만리우스/역주)는 매우 중요한 의미를 가진 전설적인 인물이다. 정복한 도시를 파괴하는 경우나 살육을 벌이는 내전과 마찬가지로, 투기장에서 벌였던 방탕함은 일시적인 이완이었다. 그것들은 단지 우발적인 것에 지나지 않았다. 이에 반해서 시민이 자기 밖에 있는 힘에 반드시 복종해야 한다는 개념은 지속적이었다. 로마는 작은 부족들이 살아남기 위해서 다른 작은 부족들과 끊임없이 싸우던 무법천지의 세계로, 태곳적부터 내려오던 부족의 관습보다 계몽된 것이 없던 세계로, 창과 칼만큼이나 확실하게 질서 잡힌 삶이라는 이상을 가지고 진군해나갔다. 어떤 사람이나 어떤 부족도 그것을 벗어날 수 없었고, 모든 사람이 그들에게 철저한 자기 절제를 요구하는 비개인적이고 절대적인 권위에 복종해야 했다. 법에 의해서 세워지고 뒷받침되는 로마 문명의 상징물인 거대한 로마의 도로 및 상수도와 함께 이 이상(理想)이 정복지로 전파되었다.

이 개념은 장대하고 장엄하다. 다른 누구도 아닌 바로 로마가 모든 사람이 유죄로 입증되기 전까지는 무죄로 대우받아야 한다는 생각을 가는 곳마다 전파했고, 어떤 법이 초래할 현실적인 좋음과 나쁨을 고려하지 않고 논리적으로만 법을 실행하는 것은 가장 부정한 것이라고 선언했으며, 법을 제정하면서 남자든 여자든, 자유인이든 노예든 모두가 "본성상" 동등하다는 개념을 결코 잃지 않았다.

이렇게 해서 탄생한 문명은, 아무리 강력하다고 해도 단지 외적이기만 한 힘이라면 가질 수 없는 저력을 거듭 보여주었다. 갈리아인은 사나운 전사들이었고, 기상이 높았으며, 또한 규율이 잡혀 있지 않은 종족이었지만, 로마 문명의 의미를 제대로 파악하고 그것의 우월성이 명백함을 깨닫자, 카이사르 정복 이후 한번도 로마의 지배에 맞서서 전 종족 규모의 반란을 일으키지 않았다. 「사도행전」은 로마 문명의 일원이 되는 것이 무엇을 의미하는지 훌륭하게 보여준다. 기록에 따르면, 사도 바울은 타르소스 출신의 유대인이었지만 그 도시가 로마의 동맹국이었기 때문에 로마 시민권을 가지고 있었다. 한 도시에서 그가 설교하고 있을 때, 유대인들의 요청을 받은 로마의 파견대장이 그를 사로잡아서 매질을 하라고 명령했다. 매질을 당하기 직전에 바울은 자신이 로마 시민이라고 옆에 있던 백인대장에게 이야기했고, 그 이야기를 들은 백인대장은 파견대장에게 가서 "그 사람은 로마 시민이니 조심히 다루셔야 합니다"라고 말했다. 그러자 "파견대장이 바울에게 가서 '당신이 로마 시민이라는 것이 사실이오?'라고 물었다. 바울이 그렇다고 대답하자, 파견대장은 '나는 많은 돈을 들여 로마 시민권을 얻었소'라고 말했다. 바울은 '나는 태어나면서부터 로마 시민입니다'라고 말했다." 바울의 자부심 강한 말은 즉각 효력을 발휘했다. 사도 바울은 엄중한 호위 속에서 그를 죽이려던 유대인들이 살고 있던 도시에서 속주의 총독이 있는 도시로 호송되었고, 편견과 개인적인 원한이 가득 찬 지역을 떠나서 비개인적인 재판이 이루어지는 곳으로 가기 위해서 총독의 면전에서 "나는 황제께 상소합니다"라고 말했다. 총독은 바울의 요구를 들어줄 수밖에 없었고, "당신이 황제께 상소했으니 나는 당신을 황제께 보낼 것이오"라고 대답했다. 그리하여 바울은 로마 병사들의 호위를 받으며 로마로 갔다.

3세기 초에 제국의 모든 자유 시민에게 로마 시민권이 부여되었을 때 사람들이 늘 갈망해왔던 이상, 즉 협소한 종족의 경계를 넘어서는 보편 공동체의 이념, 세계 평화의 이념이 거의 실현된 것으로 보였다.

물론 이 이념은 그리스에 기원을 두었으며, 로마에서 처음 생긴 것은 아니다. 이 이념은 그리스 철학과 알렉산드로스 대왕을 통해서 로마에 수입되었지만, 그것을 구체화시키고 실제로 작동시킨 것은 로마인이었다. 로마는 다른 어떤 종족보다 뛰어난 정의의 이념을 실질적으로 실현시킨 법을 발전시켰다. 그리스인이 이론을 만들었다면, 로마인은 그 이론을 실천했다. 또한 다른 어떤 종족이 아니라 로마인이 위대한 그리스의 사상을 물려받았다는 것을 반드시 기억해야 한다. 작은 도시에서 성장하여 서양 세계와 아시아, 아프리카의 상당 부분의 주인이 된 로마는 좀더 잘 복종하고, 좀더 지적으로 싸우며, 역경을 불굴의 인내력으로 견뎌내는 능력에서만 지구상의 다른 종족을 능가했던 것이 아니다. 오직 로마인만이 그리스가 어떤 존재였는지를 파악했다. 로마는 종종 자신이 피해를 당할지라도 그리스를 찬양했다. 로마인은 자신의 타고난 성향을 발전시키기보다는 그리스인을 모방했지만, 그리스인의 위대함을 알아보았고, 그것을 통해서 자신의 위대함을 과시했다.

로마인이 황금처럼 소중히 여겼던 행동을 다룬 이야기들은 로마 기풍의 고귀함과 고상한 이상주의를 보여주는 또다른 징표인데, 그 이야기들에 담긴 로마는 키케로와 호라티우스 시기의 로마와 기이할 정도로 달라 보인다. 한 민족이 그 민족의 위대한 사람들에 대해서 반복해서 하는 이야기는 다른 어떤 것보다도 그 민족의 이상을 잘 말해준다. 넬슨은 진정 "잉글랜드는 모든 사람이 그의 의무를 다하기를 기대한다"(1805년 트라팔가르 해전 직전에 넬슨이 병사들에게 신호로 보냈던 말/역주)고 말하지 않았던가? 프랑수아 1세는 "명예 이외에는 모든 것을 잃었습니다"(1525년 파비아 전투에서 카를 5세에게 패배한 후 자신의 어머니에게 보낸 편지에서 한 말/역주)라고 말하지 않았던가? 아마 그들은 그런 말을 했을 터이지만 설령 하지 않았다고 해도 다른 영국인 혹은 프랑스인이 그 말을 떠올리곤 했다면, 그것은 영국인과 프랑스인이 궁지에 몰렸을 때 해야 한다고 생각하는 이상적 행동을 완벽하게 보여준다. 레굴루스가 고문을 받아 죽을 수 있는데도 불구하고 약속을 했기 때문에 카르타고로 돌아갔다는 이야기가 있는데, 로마인의 성격을 파악하는 데 정말 중요한 것은 그가 실제로 갔느냐 혹은 가지 않았느냐가 아니라 그 이야기가 수세기 동안 로마인들 사이에 반복해서 회자되었다는 사실이다. 이 이야기는 로마인이 사람이라면 자신이 말한 것을 반드시 지켜야 한다고 생각했음을 잘 보여준다.

로마인만큼 영웅들의 행적과 애국적인 헌신, 그리고 사심 없는 덕을 보여주는 이야기를 사랑한 종족은 없다. 다리 위에서 용감히 싸운 호라티우스, 구덩이 속에 몸을 던진 쿠르티우스, 로마의 계획을 밝히라고 고문으로 위협했을 때 손을 불속에 집어넣고 빼지 않았던 젊은이(기원전 6세기의 전설적인 영웅 무키우스 스카이볼라/역주)의 이야기를 비롯한 수많은 이야기가 전해 내려온다. 이렇게 훌륭한 이야기라는 측면에서 로마인을 능가하는 종족은 없으며, 로마인과 견줄 만한 종족도 매우 드물다. 비록 이런 이야기 속의 사건이 실제로 일어나지 않았다고 해도, 로마인이 즐겼던 게임들에 대한 설명이 진실이었듯이 이런 이야기들 또한 진실이다. 그것들은 로마인들의 개념이었고, 사람이 성취할 수 있는 것, 그리고 성취해야 하는 것에 대한 로마인의 신념을 구체화시켰다. 한 민족의 이상은 그 민족을 이해하는 데 중요한 역할을 한다. 고문과 죽음도 이겨낼 수 있게 만드는 높은 명예심과 애국심은 로마인이 다른 무엇보다도 중요시했던 것 중 으뜸이다.

로마의 문학과 예술에 대해서 말하자면, 양 분야에서 모든 로마인은 자신들의 자질이 자연스럽게 이끄는 방향이 그리스의 방식과는 달랐음에도 불구하고 오랫동안 그리스의 방식을 따르고자 시도했다. 그리스와 로마의 예술과 문학은 거의 공통점이 없었다. 그러나 키케로가 이 이야기를 들었다면 반대했을 터인데, 거기에는 나름대로 이유가 있다. 그는 면밀하게 그리스 전통으로 훈련받았고 교양을 쌓았다. 그에게 예술은 그리스의 것이 전부였고, 다른 예술은 전혀 없었다. 그의 빌라를 아름답게 덮고 있는 담쟁이덩굴은 틀림없이 그리스의 전형적인 취향에 따라서 엄격하게 식재(植栽)되었고, 만약 아테네로 옮겨 심는다면 원래 거기서 재배된 것처럼 보였을 것이다. 모든 로마의 문화는 그리스에서 왔고, 로마인들은 그리스의 조각, 신전, 집들을 훌륭하게 모조(模造)하고 변용한 것을 열렬하게 원했다. 호라티우스 또한 나의 주장을 논박할 것이다. 어떤 그리스인도 그가 농촌에 소유하고 있던 작은 토지와 그곳에 있던 느릅나무, 포플러, 강 쪽으로 비탈지게 조성된 잔디밭의 아름다움을 그만큼 알지 못할 것이다. 그러나 키케로처럼 그도 그리스의 양자였다. 그는 그리스의 서정시인들을 모델로 삼았고, 그의 눈은 그들에 의해서 훈련되었다. 그는 그들이 가리키는 곳, 즉 사람의 일상적인 주변에서 아름다움을 보았다.

친숙한 것, 일상의 것에서 아름다움을 인식하는 것은 그리스인의 독특한 재능이었고, 이런 아름다움을 드러내려고 했던 그리스의 예술과 문학은 낭만적 예술 및 문학과 구별되는 고전적 예술 및 문학의 가장 좋은 예이다. 그리스인은 고대의 고전주의자들이었고, 오늘날에도 여전히 뛰어난 고전주의자들이다. 그리스인이 행한 모든 행동의 근본적인 특징, 즉 그들이 고전주의자라는 검증각인은 실생활의 의미를 직접적으로 단순하게 표현했다는 것이다. 그리스의 예술가와 시인들은 바로 이 실생활에서 그들이 원하는 것을 찾았다. 그들은 친숙하지 않은 것이나 특별한 것을 좋아하지 않았고, 모든 형태의 과장을 싫어했다. 그들은 가까이 있는 것을 아름답고 많은 의미를 가진 것으로 파악했고, 진실되게 표현하기를 원했다.

그러나 그것은 로마인의 방식이 아니었다. 로마인은 그리스의 직접적인 지도를 받지 않을 때는 일상의 문제들에서 아름다움을 인식하지 못했거나, 인식하려고 진정으로 애쓰지 않았다. 그들에게 미(美)는 중요하지 않았다. 그들의 눈에 삶은 절대 오락이 아니었고, 매우 열심히 분투해야 할 사업이었으며, 그들은 삶을 단지 장식으로 보이는 것에 할애할 시간이 없다고 생각했다. 모든 로마인이 생각했듯이, 돈과 여유가 로마인을 타락시키기 전에 예술에 대한 로마인의 타고난 태도는, 설사 그가 최고이고 가장 위대한 영혼을 가진 자라고 해도 포위된 성채의 사령관이 병사들 가운데 한 명이 무기 손잡이를 자신이 좋아하는 모양으로 부지런히 조각하는 걸 보는 것과 같았다. 늘 긴급한 과제들이 있었고, 그것들은 로마인들에게 그들의 자질 전부를 요청했다. 그림, 조각, 그런 사소한 것들은 한 로마 작가가 지칭했던 대로 "굶주린 하찮은 그리스인들"에게 맡겨져야 할 것이었다.

그렇지만 로마가 부유해지고, 강해지고, 자부심을 가지게 되면서 당연히 가시적인 장대함으로 자신의 힘을 과시하려는 욕구를 느꼈다. 로마는 찬란한 신전, 궁전, 개선 아치를 세웠지만 그것들은 모두 그리스의 것을 닮은 것, 즉 그리스의 방식을 로마의 눈으로 각색한 것으로 원래 그리스의 것보다 더 크고 훌륭했다. 로마인은 큰 것을 그 자체로 숭배했다. 따라서 세상에서 가장 훌륭한 신전은 가장 큰 신전이었다. 로마인은 만약 코린토스의 주두(柱頭)가 아름답다면, 하나 위에 또다른 하나를 쌓은 것은 두 배로 아름다울 것이라고 생각했다. 그러나 실제로 그런 광채가 나는 장식은 전혀 로마적인 것이 아니었다. 그리스의 신들을 모시는 장엄한 신전들, 흰옷을 입은 사제들과 베스타 신전의 여사제들이 에게 해의 섬이 고향인 그리스의 신들에게 바치는 찬송을 부르는 젊은이들과 처녀들을 대동하고 카피톨리움 언덕을 걸어올라가는 행렬도 로마적인 것이 아니었다. 그런 것들은 공적인 로마의 장대함을 뚜렷하게 표시하는 데 매우 적절하고 옳은 것이었지만, 로마의 실질적인 종교와는 아무런 관련이 없었다. 로마인이 가슴속에서 소중히 여겼던 숭배는 작고 조야한 상(像)들인 가정의 작은 신들이었다. 로마인들은 그들을 위해서 향을 피우지 않았고, 가축들의 첫 새끼를 바치지 않았고, 귀하거나 값나가는 것을 전혀 드리지 않았으며, 오직 일상 음식의 한 조각을 드렸을 뿐이다. 이들에 대한 숭배와 관련해서 어떤 미나 위엄이 있었다는 이야기는 없다. 로마인은 그런 것을 소원하게 생각하고 멀리했다. 미(美)나 위엄이 가장 크고 위대한 신인 유피테르를 모시는 위압적인 신전에는 적절했지만, 일상생활의 경우 로마인은 검소함에서 편안함을 느꼈다. 그러나 그리스인은 조야한 검소함에 불편을 느꼈을 것이다. 그들은 보기에 좋은 자신들의 가재도구를 가져야 했다.

그러나 로마인들이 문화에 대해서, 그리고 그리스인들에 대해서 신경쓰는 것을 중단하고 그들이 실제로 원하는 것에 헌신하기 시작했을 때 그들도 그들의 미, 즉 대규모의 미를 창출할 수 있음을 보여주었지만, 그것은 의도적으로 추구된 것이 아니라 늘 부산물이었다. "로마에서 진정한 예술가는 건축가이다." 로마의 천재성은 거대한 세계 제국의 실용적인 필요에 의해서 작동되었다. 로마는 정말 훌륭하게 필요성을 충족시켰다. 엄청나게 거대하고 누구에게도 뒤지지 않는 건축물들, 즉 8만 명이 경기를 관람할 수 있는 원형경기장들과 3,000명이 동시에 목욕할 수 있는 목욕탕들을 지었고, 그것들은 2,000년 동안 거의 온전하게 남아 있다. 그리고 솟아오르는 아치와 큰 규모의 잔교(棧橋)를 아름답고 매우 정밀하게 이용하여 넓은 강과 먼 거리를 가로지르는 다리와 상수도를 건설했다. 그리고 이런 것들과 함께 어떤 것에도 굴하지 않는 인간 노력의 결정판과 같은 건축물인 장대한 로마의 도로가 거대한 돌들을 나란히 연결하며, 미지의 적대적인 숲을 지나고, 산속의 방어물들을 건너서, 태양이 이글거리는 사막을 가로질러 인간이 거주하는 곳 끝까지 거침없이 뻗어나갔다.

이것이 로마의 진정한 예술이었다. 그것은 로마 정신의 자발적 표현물이었고, 현실적인 수단들을 실용적 목적에 맞게 열심히 변용시킨 것이며, 로마의 의지력과 지속적인 노력의 소산이고, 거대한 에너지와 담대함, 그리고 자부심의 결과였다. 미는 순전히 부수적인 결과물이었지, 끔찍하게 어려운 난관에 직면한 건축가들과 건설자들이 조금이라도 그것을 생각하여 의도적으로 만들어낸 것이 아니었다. 그러나 로마의 미는 경탄할 만하게 실용적인 창조물과 비실용적인 미 사이에 기묘한 일치가 이루어져서 사물들의 본성 속에 존재하게 되었다.

누구라도 추리할 수 있듯이, 그런 종족의 의식적인 예술은 철저하게 현실적이어서 가차 없는 진실 이외에는 다른 어떤 것도 표현하려고 하지 않고, 삶을 냉혹한 사실로 제시한다. 이런 특징은 로마의 독특한 성취인 조각과 인물 반신상에서 잘 드러난다. 인물들의 두상은 주인공의 외양과 거의 가감 없이 일치했다. 모든 조각가는 인물을 정확히 사실적으로 표현하고자 했다. 그는 불후의 존재가 될 늙은이들의 뻔뻔스럽고, 지친 얼굴의 모든 세밀한 사항들을 대리석으로 재생하고자 했다. 깊게 주름진 이마에 난 불행한 선 하나도, 턱 밑에 무겁게 늘어진 살이 접힌 부분 하나도 지나치지 않았다. 또한 아둔한 잔인함이나 성마른 심술궂음까지 표현해냈는데, 이런 특징이 종종 인물상 전체를 좌우했다. 로마인은 비위를 맞추어주는 것을 요구하지 않았고, 있는 그대로의 자신에 만족했다. 예술가를 후원하는 자의 눈에는 인물상이 사실에 가까우면 가까울수록 예술가가 더 큰 성공을 거둔 것으로 보였다. 이는 남성뿐만 아니라 여성에게도 마찬가지였다. 한 황후는 그녀의 단단한 입술을 부드럽게 하거나 큰 귀의 귓불을 짧게 해주기를 원하지 않았다. 유명한 고급 매춘부는 그녀의 머리와 이마의 추한 선들을 줄이지 않고 그대로 그리는 것을 기꺼이 허락했다. 그들이 추한 것을 알지 못했거나 무관심했다고밖에 생각할 수 없다. 손을 씻기 위해서 대야를 향해 허리를 구부린 그리스 처녀의 조각상을 떠올려보면, 대리석으로 표현한 로마의 이런 인물상이 그리스의 사실주의와 얼마나 다른지 즉각 명백하게 드러난다. 그 소녀의 조각상에는 고전적 예술이 구현되었고, 일상적인 행동이 완벽한 미로써 표현되었다.

때때로 로마의 조각에도 베스타 여신 최고 사제상과 같은 것이 있다. 이 조각상에는 개인의 얼굴을 정확하게 재생하는 것을 뛰어넘어 남성적인 힘과 심오한 중후함, 인간적인 연약함의 그림자가 전혀 없는 힘을 대리석에 정확하게 표현하려는 조각가의 신앙이 만들어낸 일종의 웅장함이 담겨 있다. 이 조각상은 로마로 하여금 자신이 그런 유형의 얼굴을 하고 있다고 믿게 만든다. 그러나 이런 것들은 드문 예외이다.

다른 대부분의 조각상들에서 로마 조각가들이 그리스를 모방하지 않았을 때—그리고 복제품들을 중후하고 잘 조화가 되지 않게 만들었을 때—그들은 풍자적인 내용을 담은 얕은 돋을새김 제작에 열성적으로 착수했고, 그것을 통하여 설교하면서 로마를 찬양하는 것을 가르쳤다. 호라티우스가 문학에서 설교했다면, 그들은 조각을 통해서 설교했다. 도덕을 위한 예술이 이보다 더 의식적으로 추구된 적은 없었으며, 예술은 완벽하게 도덕에 의해서 압도되었다. 로마는 오직 작은 한 분야에서만, 즉 땅에 충만한 선물들이 그려진, 친숙하고 자주 복사되는 화판 위에서만 자체적인 풍요로운 미를 성취했다. 그것들은 과일과 꽃, 포도송이가 주렁주렁 달린 포도나무에서 큰 포도송이들을 따는 토실토실한 소년들, 잘 익은 곡식들의 가리, 암소들과 양들, 즉 남유럽의 풍요로운 토지가 쏟아내는 모든 넘치는 풍요로움으로, 이들은 거의 아무런 디자인도 없이 다른 것들 위에 덧붙어 북적이고 있다. 그것은 진정 로마적이다. 그것들은 장식을 할 때 꽃을 아껴 쓰는 그리스 방식과는 완전히 다르다. 그리스의 토양은 아낌없이 주는 풍요의 뿔이 아니었기 때문에 그런 선물들을 넉넉하게 주지 않았다. 그리스에서 예술가들은 다른 모든 것처럼 꽃과 과일을 "경제적으로" 사용해야 했다.

한 위대한 빅토리아인은 고전주의가 미에서 일반적인 것을 사랑하는 것이라면 낭만주의는 미에서 낯선 것을 사랑하는 것이라고 말했는데, 이 말은 두 유파 사이의 차이의 본질을 경탄스러울 정도로 잘 보여준다. 로망스나 "낭만적인(romantic)"이라는 말 자체가 흥분과 모험이 가능하다는 인식으로 일상의 따분함과 단조로움을 몰아내는, 모호하지만 밝은 환상을 떠오르게 한다. 물론 일상이 따분하거나 단조롭게 보이지 않는다면 로망스를 추구할 이유가 없을 것이다. 바로 이런 이유 때문에 그리스인은 낭만적이지 않았다. 그들에게 사실은 흥미로 가득 찬 것이었다. 그들은 사실들 속에서 충분한 미와 기쁨을 찾았기 때문에 그것들을 초월할 욕구를 느끼지 않았다.

그러나 로마인에게 사실은 아름다운 것도, 그 자체로 흥미로운 것도 아니었다. 그리스의 검증각인이었던, 우주에 존재하는 모든 것에 대한 열렬한 탐구는 로마에 도달하지 못했다. 자연에 대한 탐구는 아무도 모르는 것, 혹은 아무도 알 필요가 없는 것을 찾고자 하는 것이라는 키케로의 언급은 로마인의 태도를 완벽하게 보여준다. 그들은 지적인 종족이 아니었다. 로마인은 사상이 아니라 실용적인 일의 세계에 몰두했다. 그리스가 쇠퇴하면서 학문은 끝났고, 그 후에 로마가 부상했다. 로마인은 온 세상을 여행했지만 지리학자가 되지 않았으며, 그 이전에 결코 없던 방식으로 아치를 개선했지만 물리학자가 되지는 않았다. 그들은 일관되게 이론에 무관심했다. 그들은 어떤 일을 어떤 방식으로 성취할 수 있는가를 아는 데에 만족했지, 그 이유를 알려고 하지는 않았다. 그들은 오직 "어떻게"에만 관심을 가졌지, "왜"에는 관심이 없었다.

미는 더더구나 흥미의 대상이 아니었다. 로마인에게 그것은 결코 현실적인 것이 아니었다. 우리와 마찬가지로 그들은 사실, 현실을 추하고 불쾌한 것으로 보았다. 우리가 사용하는 "사실에 직면하라", "현실을 직시하라"라는 구절은 로마인에게도 똑같은 의미를 가지고 있었을 것이다. 더욱이 우리와 달리 로마인은 현실이 얼마나 소름끼치고 끔찍한 것인지 직접 눈으로 지켜보아야 했다. 우리는 충격적인 장면을 담장 안에 가두어버림으로써 우리 자신을 보호하는 법을 배웠지만, 로마에서는 노예들의 대규모 반란이 있은 후에 로마로 이어지는 주요 도로변에 노예들을 매단 십자가가 1마일 이상 뻗어 있었다. 심지어 우리는 전쟁의 공포도 부분적으로 숨기지만, 플루타르코스의 한 친구가 전쟁터를 방문했을 때 그 전투로 인해서 황제에 오르게 된 자가 여러 무리의 시체를 쌓아놓았는데, 그중 어떤 것은 작은 신전의 처마만큼이나 높았다. 그들이 보았던 대로 명백하고 냉혹한 사실은 대개 혐오스러운 것이었다. 로마인의 오락거리는 인간의 끔찍한 고통과 죽음을 계속해서 보여주었다.

사람은 세상에서 주로 추함을 보면 그것에서 벗어날 피난처를 찾기 마련이다. 로마 문학은, 현실이 그것으로부터 아무런 정신적 기쁨을 찾을 수 없는 것으로 인식되었을 때 문학이 거듭해서 가게 되는 길을 걸었다. 즉 로마 문학의 황금기의 작가들은 로망스를 추구했다.

오늘날 우리가 현실주의라고 부르는 것, 다시 말해서 인생에 아름다움과 의미가 없다는 견해는 늘 로망스를 동반자로 삼아왔다. 그 둘은 나란히 손을 잡고 가지는 않았지만, 하나가 다른 하나를 바짝 뒤쫓고, 때때로 따라잡아서 잠시 동안 앞질렀다가, 그 후 다시 뒤처지곤 했다. 인간의 정신은 분별없는 추함이라는 감옥에서 사는 동안은 오래 살지 못하는 법이다. 불가피하게 낭만적인 반발이 이루어진다. 극단적인 것과는 거리가 멀었던 그리스인은 이중 어느 쪽도 몰랐다. 그들은 사실주의자들이었는데, 그들에게 현실은 아름다웠고, 그렇게 인식하는 정신을 고전예술을 통해서 직접 표출했다.

그러나 현실이 아름다운 것의 반대라고 생각했던 로마인은 결국 불가피하게 그것에서 벗어나 로망스에 의존하게 되었다.

카툴루스는 한 인간 안에 두 조류(潮流) 모두를 수용한 희귀한 예외이다. 그는 완벽한 로마 정신의 대표자였다. 그는 낭만적 사랑의 정점에서 레스비아를 갈망했다. 그는 낯설고 신화적인 생명체들이 펼치는 가공의 매혹적인 이야기들을 썼고, 지상의 모든 것에서 벗어나 하늘 높이 올라갔다. 그러나 그 후 다시 땅에 내려와 추잡스러운 진탕을 보았고, 반신 인물상으로 표현된 인물보다 훨씬 더 추한 실제 주변 인물들에 대해서 시를 썼다. 그에게 현실은 전반적으로 혐오스러운 것이었다. 그는 현실로부터 영구히 벗어나야 했지만 매번 다시 돌아갔고, 또다시 벗어나고자 시도했을 뿐이었다.

심지어 승자에게도 거대한 사업을 성취했다는 환희를 가져다주지 않았던 잔인하고 쓰라린 전쟁을 치르고 도래한 아우구스투스 시대에 로마 문학이 만개했고, 그 시대의 위대한 작가들은 공화국의 자유를 희생시키고 평화를 수립한 자신들의 세계와 현실을 외면하고 로망스의 세계, 그리고 상상에 문호를 개방한 경이로운 지역으로 눈을 돌렸다. 로마 문학의 황금시대는 고전적이지 않고 낭만적이었다.

11

—

낭만적인 로마

베르길리우스, 리비우스, 세네카

많은 작품들이 전해 내려오는 아울루스 겔리우스는 2세기 문학계의 많은 소문을 전해주는 문인으로, 그의 친구가 아이트나 화산(시칠리아 섬에 있는 화산/역주) 분출에 대한 핀다로스와 베르길리우스의 묘사를 비교하는 것을 듣고 기록했다. 이 그리스 시인은 "밤 같은 암흑 속에서 붉은 불꽃이 포효하면서 바위를 휘감아 바다로 떨어뜨렸다. 가공스러운 불의 분수가 하늘 높이 솟아올랐다"[1]고 썼다. 베르길리우스는 "불꽃 공들이 하늘 높이 솟아올라서 별들에 닿았고, 바위들이 거듭해서 쏟아져 나왔으며, 찢어진 산의 내장들과 녹아서 말랑말랑해진 바위들이 세계 던져져 신음하면서 하늘을 향했다"고 썼다. 그 비평가는 자신의

---

1) 아울루스 겔리우스, 「아티카의 밤(*Noctes Atticae*)」(이하 *Noct. Att.*으로 표기) XVII, 8.

친구에게 다음과 같이 지적했다. "핀다로스는 실제로 있었던 일을, 그리고 자신의 눈으로 직접 본 것을 묘사하고 있지만, 베르길리우스의 '별들에 닿은 불꽃 공들'은 쓸모없고 바보 같은 가공물이고, 바위들이 녹아서 신음하면서 하늘로 던져졌다고 한 것은 터무니없는 표현으로 핀다로스는 그런 설명을 전혀 하지 않았다." 이것은 고전적 묘사와 낭만적 묘사에 대한 비교였다. 핀다로스는 그의 눈을, 베르길리우스는 그의 상상력을 이용했다. 물론 두 사람을 비교한 사람은 낭만적 과장을 혐오하는 고전주의자로, 우리가 베르길리우스의 "별들에 닿은 불꽃"에서 보는 웅장함을 보지 못했다.

낭만적 예술가를 엄격한 정확성이라는 잣대로 판단해서는 안 된다. 그는 사실에 얽매이지 않는데, 베이컨이 말했듯이 "영혼 속에서는 사물의 본성에서 찾을 수 있는 것보다 더 풍요로운 위대함, 더 정확한 선함, 더 절대적인 다양함이 있기 때문에 세계는 영혼보다 열등하다." 고전주의자에게 사물의 본성은 진실이고, 그는 오직 그것이 무엇인지를 명확하게 보려고 할 뿐이다. 낭만주의자는 진실을 보여줄 것 같은 낯설고 새로운 것에 이끌리는 모험가이다. 고전적인 작가는 상상력 못지않게 이성에 의존한다. 낭만적인 작가는 경험의 협소한 범위를 넘어서고, 상상력을 발휘하여 경험에 구애받지 않으며, 눈으로 볼 수 없고 귀로 들을 수 없는 세계로 넘어간다.

「아이네이스」는 처음부터 끝까지 순전한 로망스이고, 로마의 가장 위대한 시인인 베르길리우스는 세계에서 가장 위대한 낭만주의자들 가운데 한 명이다.

그는 호라티우스보다 몇 살 더 많았으며, 그를 사랑한 호라티우스는 깊은 애정을 담아 경탄하면서 그에 관해서 썼다. 모든 사람이 그에 대해서 비슷한 감정을 느꼈던 것 같다. 라틴 문헌에 남아 있는 베르길리우스에 대한 언급들은 그가 로마의 다른 어떤 작가보다도 깊은 애정을 받았음을 보여준다. 또한 후대에도 그는 어떤 시인, 어떤 작가보다 사랑과 칭찬을 한몸에 받았다. 그는 그리스와 로마의 작가 가운데 기독교 교회로부터 인정을 받았던 유일한 작가였다. 자주 반복되고 찬송가로 구체화된 전설에 따르면, 사도 바울이 그의 무덤을 방문해서 눈물을 흘렸다. 그의 이름은 예언자들 중 한 명으로 교회 예식에 거듭해서 도입되었는데, 그가 초기의 시 한 편에서 한 아이가 태어나서 황금시대, 평화의 통치시대를 다시 열 것이라고 썼고, 기독교인들은 그것이 그리스도의 탄생을 의미한다고 해석했기 때문이다. 그 때문에 그의 모든 시는 어느 정도 신성시되었다. 이교도의 학문에 대해서 매우 적대적이었던 수도원들도 그의 작품의 필사를 허락했고, 경건한 기독교 신자들은 미래를 알아보기 위해서 「아이네이스」를 펼쳐서 눈에 띄는 첫 구절을 읽어보는 것을 죄로 여기지 않았다. 그가 마술사로 변모하는 것은 다음 단계의 일이었으며, 그렇게 세련되고 온화한 작가가 중세에는 기이한 인물로 간주되었다. 단테에게 그는 "시인"으로 지옥과 연옥 여행의 안내자였고, "나를 영예롭게 해주는 훌륭한 양식을 가르쳐준 나의 스승이며 나의 작가"였다. 그리고 그가 죽은 후 지금까지, 2세기 초에 유베날리스가 "닳아서 해진 베르길리우스를 늘 반복해서 들어야 하는 매일의 일과"에 학교 교사들이 고생하고 있다고 한탄한 이후로부터 매년 6월 말 대학 입학 위원회 앞에 서기까지, 학생들은 필수적으로 베르길리우스를 배워야 했다. 우리 서구세계에서 그의 작품보다 더 광범위한 영향력을 끼친 것은 성서밖에 없다. 이 관점에서 본다면, 베르길리우스는 그리스의 시인들보다 더 중요하다. 모든 서구 민족들에게 그는 1,700년 혹은 1,800년 동안 문학의 대가였다.

이런 낭만적 정신은 뿌리를 내리고 유럽 전역에 퍼진 반면에 고전적 정신은 사라졌다. 그것이 사실이다. 위대한 라틴 낭만주의자들이 이런 변화에 얼마나 기여했는가는 증거로 입증할 수 있는 문제가 아니다. 베르길리우스, 리비우스, 그리고 그들 다음 세대의 작가로 그들보다는 한참 못하지만 영향력 있는 작가인 세네카가 없었다면 어떻게 되었을지 말하는 것은 불가능하다. 거대한 게르만의 숲 속에서도, 아일랜드의 부드러운 바다 공기에서도 그리스에서처럼 날카롭고 명백한 윤곽은 없었다. 빛나는 안개들이 상상력이 원하는 것은 무엇이든 마음껏 볼 수 있는 희미하게 먼 곳들을 만들어냈다. 또한 교회가 권력을 키워감에 따라서, 교리를 합리적으로 설명하려는 신학의 발전과 더불어 "사물의 본성에서 찾을 수 있는 것보다 더 풍요로운 위대함이, 더 정확한 선함이 있다는 것"을 절대적으로 확신하는 동방의 신비주의가 발달했다. 로마 문학 이외에도 낭만주의를 지향했던 것은 많다. 그러나 최소한 베르길리우스와 리비우스가 새로운 정신의 이 운동을 출범시켰고, 세계가 그것을 받아들였다고 확실히 말할 수 있다. 고전주의는 기원전 4세기 초부터 점점 더 얇어지고 건조해졌다. 그것은 까다롭고 현학적이고 번지르르한 외관을 가지게 되었다. 시를 짓기 위해서 학식과 양식이 결합되었다. 이런 경향은 고전적 정신을 따라다니는 악령으로서, 세련되고 박식하고 교양 있는 알렉산드리아 사회가 그 정신에 타격을 가한 이래로 그것을 여러 차례 죽여왔고, 그 타격은 베르길리우스가 등장할 때쯤에는 치명적인 것이 되었다.

괴테는 "재능은 고요함 속에서 형성되고, 성품은 세계의 흐름 속에서 형성된다"고 말했다. 이는 낭만주의적 견해이며, 위대한 시대에 살았던 그리스인들은 격렬하게 반대할 것이다. 그들에게 세계의 흐름은 그들의 눈을 삶에 집중하는 예술가, 즉 고전적 예술가를 발전시켜야 할 곳이었지, 상상력을 발전시킬 곳이 아니었다. 낭만적 예술가들은 사람들이 번잡하게 오가는 곳을 떠나서 시칠리아의 목초지나, 남쪽의 깊고 푸른 바다 근처나, 영국의 호수 근처의 언덕 같은 곳에 아름답고 조용하게 은거하면서 사람들의 눈에 보이지 않은 것을 보고 노래할 것이다. 아우구스투스 시대의 시인들 가운데 유일하게도 베르길리우스는 로마의 생활을 전혀 좋아하지 않았다. 작품을 쓰는 내내 그는 나폴리 만 근처의 시골에서 살았다. 심지어 그를 매우 좋아했고, 일찍이 그의 재능을 알아보았던 아우구스투스조차도 수도로 짧게 여행하는 것 이상으로는 그를 설득할 수 없었다.

그에 대해서 알려진 것은 거의 없다. 그의 고향은 만투아 근처였고, 호라티우스가 공화국의 대의를 주장하다가 패배한 후에 고향을 등졌듯이 그도 고향을 등졌다. 나폴리에서 어떤 사람은 그의 삶의 순수함 때문에, 또다른 사람은 그의 상냥함 때문에 그를 "소녀(maiden)"라고 불렀다. 아마도 두 가지 성질로 인해서 그런 별명을 가지게 되었을 것이다. 언젠가 그는 그리스로 갔는데, 호라티우스가 그렇게 소중한 사람을 싣고 가는 배를 시로 노래했다. 어떤 설명에 의하면, 베르길리우스는 돌아오는 길에 죽었고, 또다른 설명에 의하면 두 번째 항해를 하다가 죽었다. 소문꾼인 겔리우스가 자세히 전하는 바에 따르면, 베르길리우스는 임종의 침상에서 친구에게 「아이네이스」를 불태우라고 부탁했는데, "그가 완벽하게 다듬고 윤색한 부분들은 시적으로 아름다워서 매우 훌륭하다는 칭찬을 받을 터이지만, 죽음에 쫓겨서 미처 다듬지 못한 부분들은 매우 우아한 시인들의 기호를 만족시키지 못할 것이라고 생각했기 때문이다."[2] 아우구스투스가 베르길리우스의 마지막 소원이 실행되는 것을 막았다고 한다. 당연히 이 이야기의 요점은 베르길리우스가 완벽하게 마무리하는 데 심혈을 기울였음을 보여주는데, 이 사실은 그가 각 작품을 쓰는 데 많은 시간을 투자했다는 것에 의해서 확인된다. 「아이네이스」 한 작품을 쓰는 데만 11년이나 걸렸다.

베르길리우스는 「아이네이스」를 쓰기 전에 두 편의 시, 더 정확하게 말하자면 두 세트의 시를 썼다. 첫 번째는 「전원시

---

2) *Noct. Att.* XVII, 7.

(*Eclogae*)」— 영어로는 선집(選集) — 인데, 한 시칠리아 시인의 전원시를 모방한 것이지만 기묘하게 로마화되어 있다. 따라서 목동들은 종종 양 떼와 소 떼, 꽃이 핀 목초지와 아름다운 갈라테아(바다의 요정/역주)를 노래하는 것을 중단하고 정치적 행위들을 토론하고, 카이사르에 대한 찬양을 쏟아내곤 했다. 후자는 「농경시(*Georgica*)」— 그리스어로 토지를 경작하다라는 의미 — 로서 매우 독특하고 아름다운데, 화판에 사랑스러운 과일과 꽃을 그린 것을 문학에 옮겨놓은 것과 같다. "무엇이 밀밭을 웃게 만드는가, 어떤 별이 뜰 때 땅을 갈아야 하고 언제 포도를 느릅나무에 묶는 것이 가장 적당한가, 어떻게 황소를 돌보고, 어떻게 소를 번식시키는가, 검소한 벌들의 국가를 보존하는 데 인간의 경험이 어떤 역할을 하는가, 이런 것들을 이제 나는 노래할 것이다."[3) 이 시는 이렇게 시작한다. 그것은 실용적인 농경법을 다룬 아름다운 시로, 얼핏 보기에는 불가능해 보인 것을 성취했고, 베르길리우스 이후로 누구도 그의 수준에 도달하지 못했다. 각 작물에 필요한 토양, 씨를 뿌리고, 물을 주고, 잡초를 뽑아야 할 시기가 주의 깊게 묘사되었고, 농장의 동물들이 걸리기 쉬운 질병과 그 치료법이 육종하는 법과 함께 자세히 다루어져 있다. 마지막으로 양봉을 하는 데 필요한 것으로 생각될 만한 모든 것을 담고 있는데, 여기에는 베르길리우스 자신도 약간은 놀랐던 사실, 즉 벌들이 다른 생명체처럼 후손을 낳는 것이 아니

---

3) 베르길리우스, 「농경시(*Georgica*)」(이하 *Georg.*으로 표기) I, 1.

라 "나뭇잎과 달콤한 초목에서 입으로 물고 온다"는 사실까지 포함되어 있다.

훌륭하고 상식적인 지침들이 절묘하고 아름답게 묘사되었다. "포도나무를 심기에 가장 좋은 때는 봄이 한창일 때이다. 봄은 숲과 숲 속의 나무들을 풍요롭게 한다. 그때 길도 없이 우거진 숲에 새들의 울음소리가 울려퍼지고, 가축들이 시기에 맞춰 짝을 짓는다. 풍요로운 땅이 소출을 증가시키고, 들판이 따뜻한 서풍에 가슴을 연다. 부드러운 습기가 모든 것 위로 퍼져나가고, 어린 포도나무 가지에 싹이 트며, 잎들이 무성해지기 시작한다. 세상이 처음 생겨나서 최초의 날들이 빛나고, 발전의 길에 들어섰을 때도 이보다 더 아름답고, 더 행복하지 않았을 것이다. 그때도 봄이었을 것이다. 철과 같은 인간 종족이 단단한 땅에서 올라왔고, 짐승들이 숲 속으로 갔으며, 별들은 하늘로 갔던 그때도 거대한 지구는 봄의 물결을 유지하고 있었을 것이다."4)

그러나 이렇게 단편적으로 인용하는 것으로는 실제로 시가 어떤 모습을 했는지 보여주기 힘들 것이다. 이 시의 이야기는 서서히 진행되는데, 농장의 삶에서 일어나는 일들을 하나하나 자세히 언급하고, 땅과 땅의 소산에 대해서 깊은 애정을 표시한 후에, 땅에서 생산해내기 위한 노동의 가치를 이야기하고, 마지막으로 인간의 삶에서 이런 근본적인 것들이 가지는 아름다움

---

4) *Georg.* II, 323.

과 의미에 대해서 느낀 강렬한 감명을 전한다.

이 시에서 베르길리우스와 라틴 시는 고전 시에 가장 가까이 다가갔다.

그러나 때때로 베르길리우스가 고전 예술가들보다 더 뛰어났다. 베르길리우스는 시인이 가축의 병을 다루지 않을 이유가 없다고 생각했고, 양 떼의 "해로운 옴"에 대해서, 칼로 "부풀어오른 종기의 입구"를 어떻게 딸 것인가에 대해서, 병든 돼지가 "콧구멍에서 검은 피를 흘릴 때"와 "그 돼지가 몸을 흔들며 내뱉는 숨 가쁜 기침"에 대해서, 그리고 "경련을 일으키고 피거품을 토하는" 전염병에 걸린 황소의 죽어가는 고통에 대해서 자세히 이야기했다.[5] 이는 격조 높은 시로 재탄생한 수의사의 팸플릿이라고 할 수 있다.

또한 고전적 예술에서는 낯설었던 반면에, 낭만적 예술에서는 늘 고향 같았던 과장하는 음조를 결코 멀리하지 않았다. "황소는, 바다 가운데서 하얗게 커지기 시작해서, 부풀어오르는 돛처럼 거대하게 일렁이며 해안으로 달려가서는, 솟아오른 절벽같이 높은 바위 사이에서 깨지면서 무시무시하게 포효하는 거대한 물결처럼 적과 마주쳤다."[6] 그리고 끝부분에서 시는 거친 낭만주의로 빠져든다. 시인은 벌 떼에서 벗어나 대양의 바다로, 그리고 바다에 살며 "초록색의 번쩍이는 눈으로 노려보는" 모든 종류의 환상적인 생물들로 나아간다. 마침내 베르길리우스는

---

5) *Georg.* III, 440*ff.*
6) *Georg.* III, 235.

신화에 손을 댄다. 이런 마지막 부분에서 오직 한 발짝만 더 움직이면 「아이네이스」의 주제로 넘어가게 된다.

　낭만적 주제가 고전적으로 다루어질 수 있고, 고전적 주제가 낭만적으로 다루어질 수도 있다. 그리스 신의 아름다움은 인간적이고, 고전 예술가는 신을 자신이 보았던 살아 있는 인간의 모습으로 구체화시킨다. 여기서 낭만적 주제가 고전적으로 다루어졌다. 다시 말해서, 로망스가 위축되고 조각상의 인물이 신이라고 불리는 것은 그가 신적인 모습을 하고 있어서가 아니라, 단지 신이라고 이름 붙여졌기 때문이다. 반면에 힌두 신의 낯선 아름다움은 지상에서 결코 본 적이 없는 것으로, 완벽하게 낭만적이다. 힌두 예술가는 인간의 영역을 초월하거나 최소한 벗어난 어떤 것을 상상력으로 구현해냈다. 낭만적인 「아이네이스」와 고전적인 「일리아스」의 비교에서도 똑같은 차이를 구별해낼 수 있다. 「일리아스」는 「아이네이스」 못지않게 낭만적인, 진실로 가장 낭만적인 주제를 다루고 있다. 그 주제는 영웅들과 신들이 믿을 수 없을 만큼 아름다운 여인을 차지하기 위해서 싸우는 전투, 그리고 전투를 보고 이편 혹은 저편에게 승리를 가져다주기 위해서 은시대의 올림포스(그리스 문학에서 유피테르 이전의 사투르누스 시대는 황금시대로, 유피테르의 시대는 은시대로 이야기된다/역주)에서 열린 비밀회의였다. 그러나 호메로스와 베르길리우스의 서술방식을 비교하면 고전적인 낭만주의와 순수한 낭만주의의 차이가 즉각 드러난다.

　「일리아스」에서 아킬레우스가 갑옷을 잃어버리자, 여신인 그의 어머니가 불의 신에게 새로운 갑옷 한 벌을 만들어달라고 간청하기 위해서 간다. 그녀가 방문했을 때 불의 신은 "그의 손으로 직접 만든 청동 작업장에서 부지런히 풀무질을 하느라고 땀을 흘리며 힘들게 일하고 있었다. 그는 스무 개의 삼족 의자를 만들고 있었는데, 모두 금으로 된 바퀴를 장착했기 때문에 앞뒤로 움직일 수 있어서 경이롭게 보였다. 그러나 아직 깔끔한 손잡이가 만들어지지 않았기 때문에, 불의 신이 대갈못을 벼리고 있었다."[7] 그리스 예술가가 신의 조각상을 만들 때 그랬듯이 신을 이렇게 묘사하는 것은 낭만적인 주제를 고전적으로 다루는 것으로, 여기에서는 로망스가 위축된다. 고전적 예술가의 본거지는 지상이고, 그가 하늘로 올라간다고 해도 그 하늘은 지상의 외관을 취한다. 그러나 아이네아스가 갑옷을 잃어버려서 그의 어머니가 똑같은 목적으로 불카누스에게 갔을 때 본 광경에는 지상적인 것이 전혀 없었다. "불을 뿜는 산들로 가파르게 솟아오른 한 섬이 있고, 그 섬 깊숙한 곳에 동굴이 하나 있다. 키클롭스들이 풀무질할 때 일어나는 불에 의해서 움푹 팬 그 동굴에서는 천둥소리가 난다. 모루에서는 힘차게 내려치는 요란한 소리가 들리고, 무쇠가 쉿쉿 소리를 내며 녹아내리며, 용광로의 거대한 아가리에서는 불들이 치솟는다. 이곳이 하늘 높은 곳에서 내려온 불의 신의 집이다. 이곳 넓은 동굴에서 키클롭스들이" 깔끔한 손잡이가 달렸고 부드럽게 굴러가는 삼족 의자가 아

---

7) 호메로스, 「일리아스(*Ilias*)」(이하 *Ilias*로 표기), XVIII, 370.

니라 "위대한 아버지(불카누스의 아버지, 즉 유피테르/역주)가 수없이 지상으로 내던지는 벼락을 만들고 있었다. 그들은 벌써 거기에 세 줄기의 서로 얽힌 소나기와 세 줄기의 비구름과 세 줄기의 발갛게 단 불과 날개가 달린 남풍을 덧붙였다. 이제 거기에 무시무시한 번개와 천둥소리와 공포와 잇단 화염의 노여움을 섞었다."[8] 우리의 진정한 낭만주의자는 가공할 불의 신과 키클롭스들의 풀무질을 이렇게 다루었다. 모든 독자는 천둥은 그렇게 만들어져야 하는 것이라고 느낄 것이다.

나의 주장에 반대하여 「일리아스」 속의 초자연적인 묘사들은 고전적이 아니라 오직 원시적일 뿐이라고 주장하는 사람도 있겠지만, 호메로스에게서 그렇게 뚜렷하게 나타나는 사실주의는 모든 그리스 예술의 검증각인과 근본적으로 똑같다. 호메로스가 유치하기 때문에 사실적으로 세밀하게 묘사했던 것은 결코 아니다. 그가 묘사한 올림포스의 신들은 헤르메스 상이나 밀로의 비너스 상만큼이나 인간적이다.

구약성서의 저자가 "날이 저물어 선들바람이 불 때 야훼 하느님께서 동산을 거니시는 소리를 듣고"[9]라고 말할 때, 그는 호메로스처럼 그런 주제에 대해서 전형적인 고전주의자의 태도를 취했다. 다시 말해서, 그것을 유쾌하고 아취 있고 매력적인 것으로 묘사했다. 그러나 「요한의 묵시록」은 "나는 또 크고 흰 옥좌와 그 위에 앉으신 분을 보았습니다. 땅과 하늘이 그 앞에서

---

8) *Aen.* VIII, 415.
9) 「창세기」, 3장 8절/역주.

사라지고 그 흔적조차 찾아볼 수 없게 되었습니다"[10]라고 묘사하고 있는데, 이는 낭만주의자의 고상한 상상력의 산물이다.

우리는 로망스를 주로 사랑의 열정이라고 생각한다. 그러나 플라톤을 제외하면 그리스인은 사랑을 문학의 주제로 높이 평가하지 않았고, 사실상 무시했다. 심지어 그리스의 비극도 사랑을 거의 다루지 않았다. 낭만적인 연인과 광기는 한 몸처럼 붙어다니지만 그리스인은 온전한 정신을 너무나 애호했다. 확실히 「일리아스」는 헬레네에게 초점을 맞추고 있지만, 호메로스는 세상에서 가장 사랑스런 그 여인을 별다른 열정 없이 무미건조하게 다루었다. 메넬라오스가 파리스를 죽이기 직전에 아프로디테가 파리스를 구해서 트로이에 있는 그의 집으로 데려갔다. 그 후 아프로디테는 헬레네를 찾아서 데려오려고 했다. 그러나 헬레네는 부루퉁한 표정을 지으며 오려고 하지 않았다. 그녀는 아프로디테에게 만약 여신이 그를 그렇게 사랑한다면 직접 그를 보살피라고 요청하면서 이렇게 말했다. "그러면 그가 당신을 아내로— 아니면 하녀로— 맞을 것입니다. 저는 결코 그와 잠자리를 같이하지 않겠습니다." 그녀는 아프로디테가 계속 위협하자 마지못해 돌아가서는 눈을 돌린 채 파리스에게 경멸조로 이렇게 말했다. "싸움터에서 돌아오셨나요? 당신은 마땅히 나의 남편이었던 자의 강한 손에 죽어야 했어요. 한때 당신은 그를 이길 수 있다고 자랑했었지요. 그렇다면 일어나서 그와

---

10) 「요한의 묵시록」, 20장 11절/역주.

계속 싸웠어야지요. 그렇지만 나는 그렇게 하라고 말하지 않겠어요. 그가 당신을 때려눕혀서 죽일 테니까요."[11] 파리스는 아내가 어떻게 말하든 상관없이 자신이 원하는 대로 할 수 있다는 것을 아는 남자처럼 평온하게 그 모든 것을 묵묵히 받아들였다. 파리스는 헬레네에게 그 순간은 메넬라오스가 승자이지만, 다음에는 자신이 그를 물리칠 것이라고 이야기한다. "그러나 지금은 사랑할 시간이오. 여태껏 이렇게 강렬한 욕구를 느껴본 적이 없소. 그는 이렇게 말하고 자신의 훌륭한 침대로 갔고 헬레네가 뒤따랐다." 여기에는 낭만적인 요소라고는 눈곱만큼도 없다. 헬레네는 화를 내고, 비난하고, 마지못해했으며, 파리스는 오직 한 가지 일(잠자리/역주)을 제외한 모든 것에 무관심했다.

베르길리우스도 거대한 사랑 이야기를 할 수 있었다. 아이네아스와 디도는 현존하는 최초의 로망스의 주인공들일 뿐만 아니라 위대한 연인들이었다. 오랜 세월 동안 시인들이 그녀를 노래하는 것을 더 좋아했다는 것에서 알 수 있듯이, 디도가 더 위대한 연인이었다. 그녀는 "이미 깊은 상사병에 걸려 생명의 피로 상처를 키우며 보이지 않는 그 불길에 소진되어가고 있었다."[12] 그와 함께 있을 때면, "그녀는 자신의 마음을 고백하기 시작하다가 중간에 그만두곤 했다."[13] 그가 말할 때면, "그녀는 그의 입술에 매달렸다." 밤이 되어 연회장이 텅 비게 되면, 그녀

---

11) *Ilias*, III, 399.

12) *Aen*. IV, 1.

13) *Aen*, IV, 75.

는 잠자리에서 일어나 몰래 그곳으로 가서는 그가 비스듬히 앉아 있던 긴 탁자에 쓰러져 누웠다. "그녀는 그곳을 떠나서도 거기에 없는 그가 보이고 들렸다."14)

사냥 파티의 에피소드는 로망스의 모든 장식들을 갖추고 예고된다.15) 궁정 문 앞에서 "디도의 말은 자줏빛과 금빛 마구를 찬란하게 걸치고 거품 묻은 재갈을 씹고 있었다." 왕비는 "많은 무리에 둘러싸여 앞으로 걸어나왔다. 그녀는 옷단에다 수를 놓은 자주색 외투를 입었다. 그녀의 화살 통은 황금으로 만들어졌고, 머리채는 황금 고리로 묶였으며, 자줏빛 웃옷은 황금 브로치로 여며져 있었다." 로망스에서 여자 주인공 못지않게 남자 주인공의 아름다움도 중요했다. 아이네아스가 그녀에게 합류했을 때 그는 "겨울 거처인 리키아(소아시아 서남부 지방/역주)를 떠나서 어머니의 집이 있는 델로스 섬을 찾아가는 아폴로와 같았다. 아폴로는 흘러내리는 모발을 부드러운 잎 장식으로 정돈하여 황금 고리로 맸고, 그의 어깨 위에서는 화살들이 철렁거린다. 아이네아스는 그에 못지않게 당당하게 걸어갔고, 그의 빼어난 얼굴과 풍채에서는 그런 매력이 풍겨나왔다." 폭풍우에 의해서 사냥이 중단된 후에 그렇게 빼어난 두 사람에게 완벽하게 어울리는 환경에서, 즉 도레가 그린 동굴처럼 번쩍이는 번개에 의해서 빛나고 천둥소리와 산의 님프들의 고함 소리가 울려퍼지는 동굴에서 그들의 결합이 이루어졌다.

14) *Aen.* IV, 80.
15) *Aen.* IV, 129*ff.*

이야기의 이 지점에서 베르길리우스의 태도, 즉 전형적인 로마인의 태도가 지대한 영향을 끼치게 된다. 디도가 아이네아스와 사랑을 나눈 것은 치명적인 과오로 작용해서, 그녀는 평판을 잃고 결국 높은 지위까지 잃었다. 그러나 아이네아스는 그렇지 않았다. 그에게 이 사건은 단지 지엽적인 것에 지나지 않았다. 그의 평판은 전혀 영향을 받지 않았다. 유피테르가 전령 신을 보내어 로마 민족을 세우는 고귀한 임무를 일깨워주었다. 그 소식을 그는 "어떻게 말문을 열어 전달해야 하나?"라는 번민을 제외한다면, 거의 아무런 고민도 하지 않고 항해를 준비했다. 당연히 디도에게는 모든 것이 끝났다. 그녀는 한동안 아름답고, 부드러운 말로 이렇게 간청했다. "그대는 나에게서 도망치려는 것인가요? 나는 이 눈물들과, 그대의 서약과, 우리의 결합과, 막 시작한 혼인에 걸고 간청하고 있어요. 비참한 나로서는 간청하는 것 이외에는 아무런 수단이 없으니까요. 만일 내가 그대에게 무언가 호의를 베푼 적이 있다면, 나의 어떤 것을 그대가 사랑한 적이 있다면 가지 말아주세요."16) 그러나 신들이 이미 말했고, 아이네아스는 가야 했다. 이미 명성을 잃어버린 디도에게 남은 것은, 이후 오랜 세월 동안 낭만적인 여자 주인공들이 그런 곤궁에 처했을 때 선택하게 될 유일한 피난처, 즉 죽음밖에 없었다.

이렇게 베르길리우스가 디도를 다루는 방식은 호메로스가 헬

---

16) *Aen.* IV, 314.

레네를 다루는 방식과 크게 달랐다. 여자의 운명은 그렇게 판이하게 달라졌다. 「일리아스」에서 헬레네는 전혀 책망받지 않았다. 가까이에 있는 남자가 그녀에게 무슨 행동을 하든 순응하는 것 이외에 여자가 무슨 일을 할 수 있겠는가? 모든 책임은 파리스에게 지워졌다. 「오디세이아」에서 텔레마코스가 자기 아버지의 소식을 묻기 위해서 메넬라오스의 궁정으로 갔을 때, 헬레네는 아름답고 편안한 모습으로 중앙의 큰 홀로 내려왔다. 한 하녀가 그녀를 위해서 훌륭한 의자를, 다른 하녀는 은 반짇고리를 가져왔다. 헬레네는 의자에 앉아 일을 하면서 차분하게 폐허가 된 트로이에 대해서 이야기했고, 남자들이 찬탄하면서 그녀를 쳐다보았다.17) 호메로스는 논리적이다. 그 시절에 여성은 무기력했기 때문에 그녀에게 잘못이 있을 수 없었다. 그러나 로마의 여성은 결코 그런 존재가 아니었다. 그들은 책임을 지는 인간, 무시할 수 없는 힘을 가진 존재였다. 디도가 선택의 여지없이 아이네아스에게 굴복해야 했던 것은 전혀 아니다. 따라서 기묘하게 균형이 바뀌면서 모든 책임이 그녀에게 지워졌고, 아이네아스는 전혀 책임을 지지 않았다. 이것이 로마인의 견해였는데, 이는 루크레티아와 비르기니아, 그리고 그와 유사한 로마 초기 시대의 모든 이야기들과 부합했고, 베르길리우스의 시에서 구체화되어 서구세계 전체로 퍼져나갔으며, 19세기 말까지 결코 도전받지 않았다. 트롤럽도 베르길리우스만큼이

17) 호메로스, 「오디세이아(*Odysseia*)」(이하 *Odys.*으로 표기) IV, 120.

나 단호하게 주장했다. 사랑스런 여인이 어리석은 일을 저질렀다면 그녀가 택할 수 있는 유일한 피난처는 죽는 것이었지만, 반면에 아이네아스가 그랬듯이 그런 경우 남자는 다른 여자와 결혼했다.

여성에 대한 철저하게 낭만적인 견해는 엘리스(19세기 말에서 20세기 초에 활동한 근대 성심리학의 개척자/역주)가 "바보천사(silly angel)"라고 명명했던 여성처럼 베르길리우스에 의해서 오직 희미하게만 예시되었다. 실제로 그런 여성상이 로마에서 결코 확고한 기반을 확립할 수는 없었다. 로마의 기혼녀였던 디도는 죽어가면서 그녀가 훌륭한 도시를 건설했고, 형제의 죽음을 복수했음[18]을 떠올리면서 위안을 삼았다. 그러나 후대에 이루어질 발전의 기반이 이미 로마 시대에 마련되었고, 수백 년간 로망스의 주인공으로 등장하게 될 여자 주인공들, 즉 사랑스럽고, 무구하며, 신의가 있지만 배반당해 파멸에 이르게 되는 여성들의 긴 족보는 「아이네이스」에서 기원했다.

영웅적 행위, 전투에서의 위대한 행동, 그리고 영광스러운 죽음보다 더 낭만적인 것은 없다. 그리스 문학은 이 모든 것을 기필코 피하고자 했다. 「일리아스」는 전투를 소재로 한 시이지만 어떤 종류의 영광도 거의 노래하지 않았고, 특히 고귀한 죽음의 영광은 전혀 언급하지 않았다. 호메로스의 영웅들은 모두 영웅적으로 행동해야 할 때와 그렇지 않을 때가 있다는 것을

---

18) 저자는 이렇게 말하고 있으나 「아이네이스」 IV, 656에 따르면, 사실은 남편의 죽음을 복수하느라고 형제와 맞섰다/역주.

잘 알고 있었다. 그들은 자신보다 더 강한 전사와 마주쳤을 때, "이토록 쓰라린 슬픔이 가슴을 후비는구나, 헥토르는 언젠가 내가 그의 얼굴을 보고 도망쳤다고 자랑할 것이다"라는 말에서 알 수 있듯이, 비록 마지못해서 후퇴했지만, "밤에라도 파멸을 피해서 도망치는 것은 결코 수치가 아니다. 곤경으로부터 도망치는 것이 곤경에 빠지는 것보다 훨씬 더 낫다"는 말에 담겨 있는 상식에 근거한 견해를 결코 잃지 않았다. 사무적인 분위기가 바람 불고 소리가 울려퍼지는 트로이의 들판에 만연했다. 아이아스가 용기를 내어 헥토르와 싸우고, 그의 공격에 견뎌내자 그날이 끝날 때 큰 상이 내려졌다. "널리 통치하는 아가멤논이 아이아스의 명예를 기리기 위해서 [구운] 황소의 긴 등심을 통째로 주었다."19) 호메로스의 영웅들은 정말 많은 양을 먹고, 마시고, 요리했다. 간 치즈, 포도주, 보리로 마시기 좋은 음료수를 어떻게 만드는지, 어떤 안주가 포도주와 가장 잘 어울리는지 등등의 조리법도 제시되었다. 이렇게 일상적인 것들이 용맹스러운 행위들과 "전투의 기쁨"만큼이나 두드러진 역할을 했다.

이 모든 것들이 「아이네이스」와는 판이하게 달랐다. 「아이네이스」에서 영웅들은 인간적인 존재가 아니라, 인간보다 크고 강하고 웅대한 존재였다. 「일리아스」에서 헥토르가 전투에 나아갈 때 "그는 여물통에서 배불리 먹고, 밧줄을 끊고 평야로 의기

---

19) *Ilias*, VII. 322/역주.

양양하게 쏜살같이 달려가는 군마와 같았다. 혹은 "청동으로 된 모든 것들이 '아버지 유피테르'의 번개만큼이나 그를 빛나게 했다." 이 구절은 이 시에서 가장 낭만적인 묘사 가운데 하나이다. 그러나 똑같은 경우에 아이네아스는 "아토스 산만큼, 또는 에릭스 산만큼, 또는 아버지 아펜니노 산이 반짝이는 참나무들을 입고 울부짖으며 눈 덮인 머리를 하늘을 향해 자랑스럽게 높이 들고 있을 때만큼 거대했다."[20] 혹은 "전하는 말에 따르면, 아이가이온은 백 개의 팔과 백 개의 손이 나 있고 유피테르의 벼락에 맞서 쉰 개의 방패를 부딪치고 쉰 자루의 칼을 빼들었을 때, 역시 쉰 개의 입과 쉰 개의 가슴에서 불을 내뿜었다고 한다. 꼭 그처럼 아이네아스도 승승장구하며 온 들판을 휩쓸었다."[21]

「아이네이스」에서 디도를 제외하면 누구도 현실적이지 않았다. 그들은 모두 겁이 없었다. 그들은 오직 영광을 얻기 위해서 싸웠고, 영광을 추구함에 원탁의 기사들 혹은 샤를마뉴의 12용사 못지않게 죽음을 두려워하지 않았다. "전사들은 수많은 상처를 입고도 영광스러운 죽음을 향해 돌진한다." 그들은 죽게 해달라고 기도했고, 기꺼이 죽음을 맞이하려고 했다. 한 부상당한 전사는 아이네아스를 향해 달려들면서 "나는 죽음을 두려워하지 않는다. 나는 죽으러 왔다"고 외쳤다. 패배한 다른 전사는 "저를 불쌍히 여기십시오. 저를 암초나 바위에 부딪치게 해서

---

20) *Aen.* 12. 701*ff* / 역주.
21) *Aen.* 10. 565*ff* / 역주.

저의 수치를 아무도 모르게 하여주십시오"라고 기도했다. 아이네아스는 트로이가 멸망할 때 죽지 않은 것을 비통해하면서 한탄했다.[22]

오오! 일리움의 잿더미여, 내 동포들을 화장하던 화염들이여,
그대들은 증언해주시오. 그대들이 쓰러질 때
나는 그리스인들의 어떤 칼도 피하지 않았고,
만약 내가 싸우다가 죽을 운명이었다면
내 이 손이 죽음을 가져다주었으리라는 것을.

그러나 호메로스의 영웅들은 결코 죽기를 원하지 않았다. 죽음은 모든 병 중에서 가장 나쁜 것이었다. "그제야 헥토르는 그의 가슴에 진실을 알고서 말했다. 그래, 이제 정말 사악한 죽음이 매우 가까이 왔는데 피할 길이 없구나. 그가 말을 마치자 죽음의 검은 그림자가 그를 덮쳤고, 그의 영혼이 몸에서 빠져나와, 아름다운 젊음과 활력을 뒤로한 채 운명을 애통해하면서 하데스의 집으로 갔다."[23]

진실로 죽음을 바라보는 방식보다 고전주의자와 낭만주의자의 차이를 더 명확하게 보여주는 것은 없다. 대체적으로 라틴문학에서 죽음은 바람직한 것으로 묘사되었다. 모든 로마 작가들 가운데 가장 고전적인 호라티우스에게조차도 "자기의 조국

---

22) *Aen.* 2. 431*f*/역주.
23) *Ilias*, 22, 300, 361*ff*/역주.

을 위해서 죽는 것은 달콤하고 아름다운 일이다." 영국 시도 뚜렷하게 같은 경향을 보여주는데, "감동적이고 정의롭고 위대한 죽음", "소중하고, 아름다운 죽음, 정의의 보석"과 같은 사례가 수없이 많다. 이런 낭만적 견해는 인생이 풀 수 없는 신비한 영혼에 매력을 느끼고, 미지의 것이 가질 수 있는 모든 것을 느끼며, 최후의 거대한 모험에 전율을 느낀다. 그러나 고전주의자에게 죽음은 늘 사악함 그 자체이다. 이 점에서 호메로스의 영웅들은 모든 그리스를 대변한다. 죽은 자들을 지배하기보다는 이 세상에서 종노릇하는 것이 좋다는 호메로스의 유명한 말은 그리스인의 태도를 잘 보여준다.

병사들의 기념비를 장식하기 위해서 사용되었던 인용구들이 라틴어에서는 매우 많았지만 그리스어에서는 그렇지 않았다. 그리스의 영웅주의는 늘 차분한 분위기를 띠었고, 과도하게 뽐내는 일은 결코 없었다. 그리스인들은 병사들의 기념비에 새겼던 비문들에서 영웅적 죽음을 찬양하거나 영광을 노래하지 않았다. 그리스 문학 전체에서도 이 두 가지에 대한 이야기는 거의 없다. 그들은 그런 죽음이나 영광에 수반된 고통을 너무나 명확히 알고 있었다. 로마 젊은이가 불속에 손을 집어넣은 것은 도전정신을 보여주는 웅장한 몸짓으로 의심할 나위 없이 숭고한 행위이지만, 필자의 생각에 그리스인들은 그런 행위를 이해하기 어려웠을 것이다. 그리스인들은 몸짓을 몰랐다. 거대한 폭풍우가 몰려왔을 때 아이네아스는 하늘을 향해 두 손을 들어올리고 "오, 트로이의 성벽 아래에서 죽을 운명을 타고났던 자들은 서너 배나 행복하도다"24)라고 크게 외쳤다. 이 말은「오디세이아」에서 따온 것이지만 다른 방식으로 이야기되었다.「오디세이아」에서 오디세우스는 배 바닥에 웅크리고 앉아 비참하게 자기 자신에게 그런 말을 했다.25) 그리스의 영웅이 바람과 파도에게 그런 말을 한다는 것은 상상도 할 수 없었다. 그러나 라틴 영웅들에게는 완벽하게 어울리는 일이었다.「아이네이스」의 모든 이야기는 장대하다. 낭만주의자인 베르길리우스는 일상적인 것은 서사시에 전혀 어울리지 않는다고 생각했다. 그러나 고전주의자인 호메로스는 전혀 다르게 생각했다.

「일리아스」의 실제 주제가 아킬레우스의 분노이듯이,「아이네이스」의 실제 주제는 아이네아스가 아니다. 그것은 낭만주의자인 베르길리우스가 위대한 과거를 보면서 인식했던 로마와 로마 제국의 영광이다. 이 작품의 최초 제목은「로마인들의 행적(*The Deeds of the Roman People*)」이었다. 아이네아스는 로마의 운명을 이끌었기 때문에 중요하다. 그는 숭고한 운명의 포고에 의해서 로마의 창설자가 되었다.「아이네이스」는 로마를 만들었던 사람들의 이름을 반복적으로 열거함으로써 로마인의 빛나는 역사를 고귀한 시로 표현했다. "애국심과 끝없는 명예욕이 승리를 거두게 될 것이다. 저 데키우스 가문 사람들과, 드루수스 가문 사람들과, 무자비하게 도끼를 휘두르는 토르콰투스와, 군기를 도로 가져오는 카밀루스를 보라. 위대한 카토여, 위대한

24) *Aen.* I, 92.
25) *Odys.* V, 306.

코수스여, 누가 칭찬하지 않고 당신들을 지나치겠는가? 누가 그라쿠스 가문 사람들과 아프리카를 정복한 전쟁의 벼락들인 두 스키피오를, 적은 것으로 많은 일을 해낸 파브리키우스와 직접 쟁기질한 밭고랑에 씨를 뿌린 세르라누스를 그냥 지나치겠는가? 내 생각에 다른 종족은 청동을 두들겨 살아 숨쉬는 것 같은 형상을 만들어내고, 대리석에서 살아 있는 얼굴을 이끌어 낼 것이고, 탁월한 웅변으로 변론할 것이며, 또다른 자들은 하늘의 움직임을 막대기로 추적하여 언제 별들이 뜰지 예언해줄 것이다. 그러나 로마인이여, 명심하라. 너희 예술은 최고의 권력으로 여러 종족들을 다스리고, 평화의 관습을 확립하고 패배한 자들에게는 관대함을 베풀고, 교만한 자들은 전쟁으로 분쇄하는 것임을."26)

이 구절들은 리비우스의 역사를 시로 압축한 것이다. 누구도 두 사람의 연관이나 친분에 대해서 전혀 언급하지 않았지만, 그들의 작품들은 매우 긴밀히 연계되어 있다. 리비우스는 베르길리우스보다 상당히 젊었지만, 베르길리우스가 죽기 약 10년 혹은 12년 전부터 「역사」를 서술하고 있었다. 두 사람은 서로의 작품을 알고 있었음에 틀림없다. "이 위대한 도시의 건설, 그리고 현재 불멸하는 신들에 버금가는 권력을 가지고 있는 제국의 확립"에 대한 리비우스의 생각은 정확히 베르길리우스의 생각이었다. 두 사람은 똑같은 주제를 다루었고, 산문작가인 리비우

---

26) *Aen*. VI, 823.

스는 운문작가인 베르길리우스 못지않게 낭만적으로 다루었다. 즉 리비우스의 생각에 의하면, 로마는 신의 섭리의 도구들인 위대한 성품을 가진 사람들, 즉 타락한 문명의 소산들과 거리가 먼 소박한 선함을 표준으로 삼은 사람들이 건설했다.

리비우스의 책 전체를 통하여 장엄한 인물들, 즉 로마를 위해서 죽음을 이겨내고 영원히 불후의 존재가 된 모든 영웅들, 병사들, 정치가들, 애국자들의 장엄한 행렬이 이어진다. 테렌티우스의 친구이자 그리스인으로 위대한 로마 역사가가 된 폴리비오스는 고전주의자였기 때문에 사실을 확인해야 한다고 생각했다. 따라서 그는 한니발의 로마 진군로에 대해서 쓰기 전에 그의 이동 경로를 확인하기 위해서, 당시에는 끔찍하게 힘들었음에도 불구하고, 직접 알프스를 넘어 여행했다. 그는 또한 오래된 비문이나 오래된 책을 읽기 위해서 여기저기를 바쁘게 찾아다녔다. 그러나 리비우스는 그런 것에 전혀 신경쓰지 않았고, 오직 한 가지만을 확신했으며, 그것을 자신의 근거로 삼았다. "로마는 공개적인 전투 혹은 동등한 조건의 전투에서 결코 패배하지 않았고", 로마가 치른 모든 전쟁은 "정의롭고 경건했으며", 로마의 모든 적들은 비열하고 믿을 수 없었다. 그는 자료들이 다른 이야기를 하는 경우, 주저하지 않고 로마에 가장 우호적인 설명을 선택했다. 역사가로서 그는 틀림없이 폴리비오스에 미치지 못한다. 그러나 너무나 정확했고 너무나 단조로웠던 폴리비오스가 학자들의 도서관 밖에서는 거의 영향을 미치지 못한 반면, 리비우스는 역사를 쓴 이후 오랜 세월 동안 활발하게 영향을 끼쳐왔다. 폴리비오스는 크게 공들여서 정확하게, 그러나 너무나 무덤덤하게 한니발에 대해서 묘사했다. 로마인이 위대한 끈질김과 인내로써 최종적으로 한니발을 패배시켰다는 설명과 마찬가지로 우리가 가지고 있는 한니발에 대한 생각, 즉 그가 전쟁의 찬란한 천재, 알프스를 넘은 불굴의 정복자, 이탈리아에 재앙을 안겨준 사람이라는 생각은 리비우스의 창작물이다.

리비우스는 열정과 거대한 상상력을 갖춘 위대한 작가이다. 그가 때때로 도취되어 마음대로 창작했다고 가정해서는 안 된다. 그는 오직 진실만을 쓰고자 했던 양심적인 사람이었다. 그는 서문에서 이렇게 말했다. "나는 로마 시가 건설되기 이전 혹은 건설될 시기의 일로, 순전하고 믿을 만한 기록에 근거하기보다는 시인들이 쓴 전설에 의해서 전해오는 것들을 옳다고 주장하거나 틀렸다고 반박할 생각이 없다." 그가 정직했다는 것에는 의심의 여지가 없고 다만 비판정신이 약했을 뿐인데, 예술가가 비평가 역할을 겸할 수는 없는 노릇이다.

"영국 작가들에게 영감은 모든 것이지만 숙고는 아무것도 아니다"라는 괴테의 위대한 안목에서 나온 진술은 리비우스에게 정확하게 적용될 수 있다. 리비우스는 역사의 무대에서 주인공들만을 보았고, 역사의 연극을 초래한 원인들과 막 뒤에서 진행되는 것에 대해서는 전혀 관심을 기울이지 않았다. 그의 실질적인 관심은 인류의, 정확히 말하면 로마 민족의 선하고 위대한 자들이었다. 그에게는 그토록 유쾌한 성품, 낭만주의자들이 빈번히 동료로 삼았던 성품, 즉 열정이 있었다. 리비우스의 역사에 등장하는 인물들은 그들이 행한 일이나 겪은 것이 리비우스를 감동시켰기 때문에 의미 있는 인물들이 되었다. 그럼에도 불구하고 리비우스는 인간 본성의 근본적인 진실들을 정확하게 파악하고 있었고, 뛰어난 상상력에 근거한 통찰력을 가지고 있었다. 리비우스는 자신을 위대한 로마인 가운데 한 명의 반열에 올려놓을 수 있었고 정확한 직관으로 자신을 이해할 수 있었듯이, 초기 로마 공화국 시절의 소박함, 역경을 견뎌내는 용기, 자기를 희생하는 애국심을 열정적으로 사랑했고, 그 이전 혹은 이후의 누구보다 훌륭하게, 진정으로 로마적인 위대한 자질들의 결합을 확고하게 파악할 수 있었다. 이 때문에 그는 문학작품 속의 어떤 주인공들 못지않게 많은 것들을 경험한 로마 민족의 특징을 뛰어나게 묘사할 수 있었다. 우리가 지금 알고 있는 로마는 리비우스의 로마이다.

리비우스는 우리가 사용하고 있는 의미의 역사가로 분류하기 어렵다. 그는 역사가 이상의 존재였다. 그는 정확성에서 완전히 벗어나서 별도의 관심사를 가지고 글을 썼다. 만약 이런 말을 쓸 수 있다면 그는 위대한 낭만적 역사가였다. 베르길리우스처럼 그는 초자연적이거나 초인간적이지 않으며, 비록 아직 실현되지는 않았지만 곧 실현될 것으로 여겨지는 이상을 제시하면서 최고의 로망스를 보여주었고, 수많은 독자들을 감동시켜 그 이상의 실현을 갈망하게 만들었다.

그러나 고전주의는 늘 사실을 열정적으로 추구하는 정신을 잃어버리고 오직 정확함만을 추구하면서 생명을 잃어버린 무미건조한 피상성과 현학성에 빠지기 쉬우며, 마찬가지로 낭만주의는 그 정신적 태도에 수반되는 병폐인 감상주의에 빠지기 쉽다. 낭만주의와 감상주의의 경계는 너무 엷어서 중복되기 쉽다. 베르길리우스는 그 경계를 여러 번 넘었다. 낭만주의자는 상상력이 풍부하지만 감상주의자는 비현실적이다. 낭만주의자는 이상을 추구하지만, 감상주의자는 허위의 것을 추구한다. 감상주의자의 뚜렷한 징표는 진지하지 않음이다. 다시 말해서, 감상주의는 의식하지 못한 채 진지하지 않다. 이와 달리 낭만주의자는 고전주의자 못지않게 진지하다. 다만 그들은 진실에 대한 생각이 다를 뿐이다. 그러나 감상주의자는 진실에 대해서는 전혀 신경쓰지 않는다. 그는 늘 자신이 믿고 싶어하는 것만을 믿을 수 있다.

리비우스와 베르길리우스가 죽은 직후에 감상적인 로망스가 로마에 출현했고, 그 후 줄곧 감상적 로망스에 개방되었던 분야, 즉 연극을 장악했다. 로마인이 감상적인 희곡을 만들어낸 것은 거의 불가피한 일이었다. 과장과 감상주의 사이에는 밀접한 관련이 있다. 감상적인 사람은 늘 과장하는 자가 되곤 하며, 천성적으로 과장하는 경향이 있었던 로마인은 특히 감상적인 사람이 되기 쉬웠다. 감상적인 로망스에서는 모든 것이 허용된다. 작가의 유일한 목적은 청중의 관심을 끌기 위해서 그들이 듣고 싶어하는 것을 말하는 것이다. 그리고 청중의 관심을 끄는 데 작가가 선택할 수 있는 영역의 범위가 매우 넓었다. 작가는 관중들이 좋아할 것만을 추구했기 때문에 어떤 것이 자연스러운 것이지, 그럴듯한 것인지 고민할 필요가 전혀 없었다. 시대와 국가에 따라서 감상주의의 형태는 다양했지만, 그들의 공통적인 원천은 늘 쉽게 관찰된다. 물론 로마의 감상주의는 인간의 본성이 웅대하고 영웅적이라고 강력히 주장한다. 로마의 로망스에서 청중의 공감을 얻는 모든 등장인물은 반드시 불굴의 용기와 흔들리지 않는 강인함을 가지고 있어야 했다. 설사 로마가 실제보다 몇 세기 더 오래 유지되었다고 하더라도 "사랑스런 무력감(lovely helplessness)"이라는 개념은 로마에서 결코 발전하지 않았을 것이 확실하다. 그러나 대체적으로 로마 시대의 감상적인 생각의 전반적인 범위는 오늘날과 비슷했다. 대중적인 영웅들은 남자든 여자든 늘 죽음을 하찮은 문제로 본다는 점에서 로마 영웅들의 후예들이다. 현대의 감상주의자들과 정말 똑같이 로마의 감상주의자들에게 모든 남자는 나라를 위해서 기꺼이 죽으러 갔고, 모든 어머니는 똑같은 이유로 아들을 보내기를 원했다. 빈자와 하층민이 부자와 권력자들보다 더 행복했다. 소년 시절의 낡은 농장이 대리석으로 만든 저택보다 애호되었고, 어머니는 늘 어머니였다.

이 모든 것은 그리스인이 원했던 것과 완전히 정반대였다. 사실 그리스의 비극은 늘 낭만적인 주제를 다루었다. 그리스 비극은 "일상에서 크게 벗어나서 낯섦", 즉 위대한 영혼들이 거대한 재앙을 겪는다는 생각을 중심으로 삼았지만, 그리스인에게 그것은 고전적으로, 다시 말해서 감상적인 것과 정반대로, 조금도 과장하지 않고, 자연스러운 것에서 벗어나지 않게 제시되어야 했다. 따라서 그리스의 비극에는 우리가 이해하고 있는 의미의 대중적인 호소력이 전혀 없었다. 그것은 엄격하고, 삼가고, 경직되었다고 할 정도로 까다로운 예술의 산물이었다. 그리스의 비극은 그렇게 매우 어려운 방식으로, 즉 형용사의 사용, 묘사, 세밀한 것의 언급을 엄격하게 절제하면서 작성되었다. 그것에는 또한 로마인이 이해했던 의미의 대중적인 호소력이 없었다. 베르길리우스가 죽은 직후에, 매우 유능한 한 사람이 그리스의 비극을 로마인의 취향에 맞게 다시 써야겠다고 생각했고, 그럼으로써 그는 감상적인 연극의 아버지가 되었다.

그의 이름은 세네카이다. 그는 몇 년간 로마의 정치를 주도했던 정치가로, 스토아의 학설을 헌신적으로 설파했던 사람으로 잘 알려져 있다. 그러나 그가 무엇보다 오래 지속될 명성을 얻은 것은 연극에 영향을 끼쳤기 때문이었다. 그는 스토아주의자였을 뿐만 아니라 열렬한 낭만주의자였다. 그는 로마의 청중들이 원하는 것을 제공하기 위해서 그리스의 희곡을 낭만적인 연극으로 만들었다. 그의 작품을 읽는 것은 확대경으로 로망스와 로마를 보는 것과 같다.

그렇게 해서 나온 작품들 가운데 아마도 가장 이목을 끄는 예는, 에우리피데스의 비극에 근거한 「트로이의 여인들」일 것이다. 두 작품을 비교해보면 감상적 낭만주의자의 방법을 매우 명확하게 알 수 있다.

두 작품 모두 트로이가 멸망한 후 어느 날의 전쟁터에서 시작된다. 에우리피데스는 전장의 땅바닥(트로이 근처에 있던 아가멤논의 막사 앞/역주)에서 잠들어 있는 한 늙은 여인을 보여준다. 그녀는 날이 훤하게 밝아오자 잠에서 깨어나서는 고통스럽게 몸을 일으킨다. 그녀는 더없는 비참함에 빠진 늙은 여인이 말하듯이 너무나 조용하게, 아무런 생기도 없이 혼잣말을 한다.

오 비참한 여인이여 땅에서 머리를 들어라,
고개를 들어라. 여기 이곳은 더 이상 트로이가 아니며—
따라서 나도 더 이상 트로이의 왕비가 아니다.
너는 힘껏 노력해서 운명을 견뎌내야 한다.
……
여기 그리스 왕의 막사 앞에 앉아 있는
나는 누구인가.
죽은 자를 위해서 홀로 애통해하고 있는
여인에게는 고향이 없다.[27]

이렇듯 헤카베의 말 전체가 완전히 인간적이다. 여기에는 우리가 여왕다운 정신이라고 생각할 만한 것이 전혀 없다. 세네카는 이런 모습은 너무나 빈약하고, 여왕에게 어울리지 않으며, 로마의 청중들을 떨어져나가게 할 뿐이라고 확신했다. 따라서

---

27) 에우리피데스, 「트로이의 여인들(*Troades*)」(이하 *Troad.*으로 표기), 98.

세네카의 헤카베는 눈을 번뜩이며 곧추 일어선다. 머리끝에서 발끝까지 여왕다운 기품이 넘쳐흐르는 그녀가 우주를 향해서 연설을 한다.

누구든 왕권에 믿음을 거는 자,

거대한 궁정에서 통치하는 자, 부를 믿는 자,

그로 하여금 당신 트로이를 보고, 나를 보게 하라.

그렇게 자부심 강한 자들이 기대고 있는 것이 얼마나 무른 것인지를

운명이 이보다 더 명확하게 보여준 적이 없었다.

이제 웅대한 기둥이 깨지고 무너진다 — 강대한 아시아가 무너진다.

나와 나의 것들에 적대적인 신들이여,

당신들을 증인으로 부릅니다, 위대한 아들들이여, 나의 자식들이여

나는 너희들 또한 부른다. 증언해다오,

나 헤카베가 나에게 닥칠 모든 재앙을 보았다는 것을.

나는 제일 먼저 그것을 보았고, 말하는 것도 두려워하지 않았다.

너희들에게 말했다.28)

이 연설 어디에도 가여움이나 인간의 연약함이 담겨 있지 않는다. 세네카의 헤카베는 고통받는 여인이 아니라, 어떤 재앙도 그녀의 용기를 꺾을 수 없는 위대한 여왕이다. 그녀는 또한 로마의 대중들이 그녀에 대해서 생각하고 있었듯이, 어떤 주제에

---

28) 세네카, 「트로이의 여인들(*Troades*)」(이하 *Troad.*으로 표기), *1ff.*

대해서도 자신의 마음을 이야기할 준비가 되어 있고, 늘 "내가 그렇게 말했다"고 이야기할 수 있는 로마의 권위 있고 힘 있는 가모(家母)였다. 당연히 그녀는 죽음을 완벽하게 경멸한다. 그녀와 트로이의 여인들은 "프리아모스가 죽었다고 한탄하지 마세요", "전장에서 죽은 모든 사람이 그렇듯이 그는 죽었지만 행복합니다"라는 말을 서로 주고받는다. 그러나 에우리피데스의 헤카베는 이렇게 말한다.

> 아이야, 죽음은 삶과 같을 수 없다.
> 죽음의 컵은 비어 있고 삶에는 늘 희망이 있다.29)

이렇게 에우리피데스의 헤카베는 영웅적이지 않다. 그녀는 그리스의 우두머리들이 그녀와 그녀의 동료들을 차지하기 위해서 제비를 뽑았고, 자신이 트로이의 가장 지독한 적들 가운데 한 명에게 떨어졌다는 소리를 듣고 오직 한탄할 뿐이다.

> 나를 위해서 슬퍼해주십시오.
> 가련하게도 나에게 가장 나쁜 제비가 뽑혔으니 말이오.30)

그러나 세네카의 헤카베는 그리스의 우두머리들 가운데 누구도 그녀를 뽑는 것을 원하지 않았다 — 독자들은 매우 잘 이해

---

29) 에우리피데스, *Troad*, 632.
30) 에우리피데스, *Troad*, 288.

할 수 있었던 성향— 는 소식을 듣고 의기양양해져서 이렇게 외쳤다.

그들이 나를 두려워한다! 나 홀로 많은 그리스인들을 겁먹게 한다.[31]

두 연극의 절정은 헥토르의 핏줄을 끝내기 위해서 반드시 죽여야 했던 안드로마케의 어린 아들의 죽음이다. 에우리피데스의 연극에서는 매우 인간적인 사자가 소년을 데리러 와서는 고통에 휩싸여 있는 어머니, 안드로마케에게 부드럽게 이야기한다.

이 아이에게 명령이 내려졌소. 오, 어떻게 이야기한단 말인가?
당신의 아들을 죽여야 한다는 것이 그들의 뜻이오…….
안타깝지만 그렇게 해야 하오.
그대는 좀더 현명하게 처신하시오.
그렇게 격렬하게 그 애에게 집착하지 마시오.[32]

우두머리들이 보낸 사자의 이런 말은 로마의 청중들을 감동시키지 못했을 것이고, 세네카는 그의 말이 강대한 헥토르의 아들의 죽음을 예고하기에는 너무 맥 빠진 것이라고 생각했다. 세네카의 사자는 마음속 깊이 공포에 사로잡혀 두려움으로 사지

---

31) 세네카, *Troad*, 62.
32) 에우리피데스, *Troad*, 725.

를 떨면서, "나는 보았소, 나 자신이 직접"이라고 첫마디를 선언
하면서 입장한다. 그것은 당연한데, 그가 태양이 어두워지고,
끔찍한 지진이 바다를 크게 진동시키고, 절벽을 무너져내리게
하고, 숲을 가라앉히고, 땅을 갈라서 끔찍한 구멍을 여는 것을,
그리고 나서 그곳으로부터 마치 죽은 자들에게서 나오는 것 같
은 숨결을 내뿜는 것을—아킬레우스의 유령을 인도해내기 위
해서—그 자신이 보았기 때문이다.

　에우리피데스는 그 고통을 그때까지의 어떤 것보다 감동적으
로 그려내기 위해서 아들에 대한 안드로마케의 작별 인사를 이
용했다.

　내가 가장 사랑하고, 가장 소중히 여기는 아들아,
　너는 사나운 자들의 손에, 나를 여기에 홀로 남겨두고,
　죽게 될 것이다…….
　내 아들아 너는 울고 있느냐?
　그러면 안 된다, 나의 작은 아들아.
　너는 누구도 너를 구하러 오지 않을 것임을 알지 못하느냐.
　나의 자그마한 아들아, 내 팔에 웅크리고 앉아 있는 너의
　목 주변에서 달콤한 체취가 나는구나……입 맞추어다오. 한번만.
　이제 다시는 못 할 테니까—.[33)]

---

33) 에우리피데스, *Troad*, 740.

세네카는 이런 묘사를 좋아하지 않았다. 그리스의 위대한 시인인 에우리피데스가 위대한 신화적 인물인 트로이의 왕자비를 지상으로 끌고 내려왔기 때문에, 그녀는 다른 평범한 여자들이 고통에 휩싸였을 때 느끼는 것만을 실감했다. 로마의 청중들은 헥토르의 아내에게 좀더 훌륭한 것을 원했다. 세네카의 안드로마케는, 무대에 올려진 어머니들의 가장 웅대한 측면을 부각시킨 "위대한 어머니"였다. 그녀는 트로이의 여인들에게 자신은 헥토르가 죽었을 때 자식만 없었다면 당연히 자살했을 것이라고 말했다.

> 그가 나를 붙잡았어요. 나를 좌우한 것은 그예요.
> 나로 하여금 죽지 못하게 한 것은 바로 그예요…….
> 아, 그 때문에 나는 가장 큰 불운이
> 가져올 수 있는 최고의 보상,
> 즉 아무것도 두려워하지 않는 것을 차지하지 못했어요.[34]

그 후 그녀는 아들을 숨기고, 그리스인들에게 그가 죽었다고 말하기로 결심한다. 그러나 아들은, 로마 소년의 최고의 전통에 따라서, 그렇게 비굴하게 행동하는 것을 자부심 강한 몸짓으로 거부한다. 그녀는 아들이 이렇게 훌륭한 정신의 소유자임을 입증하자 기뻐한다. "너는 안전하게 숨을 수 있는 곳을 경멸

---

34) 세네카, *Troad*, 419.

하는구나, 나는 네가 고귀한 태생임을 잘 알고 있다"고 그녀는 외친다. 그러나 아들은 어머니의 강권에 마지못해서 몸을 숨겼고, 그를 데리러 온 오디세우스(라틴 식으로는 울릭세스)는 즉각 속임수를 의심한다. 그는 만약 그녀가 아들을 넘겨주지 않는다면 고문을 하겠다고 위협했고, 가해질 고문을 상세하게 이야기했다. 물론 그녀는 전혀 동요하지 않았다. 그녀는 오디세우스에게, 어머니란 결코 자식을 위해서는 겁에 질리지 않는다고 말한다. 심지어 그녀는 마침내 아들이 발견되었을 때도 당당한 태도를 잃지 않는다. 그녀는 그리스인들이 아들을 두려워하기 때문에 죽이려고 한다고 지적하면서 아들에게 기뻐하라고 명령한다. "너는 작은 소년에 지나지 않지만 이미 그리스인들이 두려워하는 존재이다."

에우리피데스의 희곡에서 사자(使者)가 죽은 아이의 시체를 가지고 돌아왔을 때, 어머니는 그를 죽인 자들의 포로로 그리스의 배에 실려가버렸다. 할머니가 손자의 시체를 받고는 조용히 말했다.

불쌍한 것.
조상들의 성벽이 무참하게 네 머리털을 뜯어놓았구나…….
네 엄마가 그토록 자주 빗겨주며 입 맞추어주었건만.
그곳에서는 이제 박살난 두개골 사이로 살육이 비웃고 있구나.
아, 하늘이여, 저는 더 이상 볼 수가…….
오, 가끔 호언장담하던 귀여운 입이여,

영원히 다물었구나.[35)]

그 후 그녀와 다른 여인들이 "그의 낮은 무덤"에 묻기 위해서 시체를 "하얀 아마포"에 싸서 옮겼다. 헤카베의 이 짧은 대사를 제외하면 죽음의 공포는 언급되지 않는다.

세네카의 사자는 죽은 아이의 시체를 가져오지 않는데, 그가 상세하게 설명했듯이, 아이를 너무 높은 곳에서 떨어뜨렸기 때문에 땅속 깊이 가루가 되어 박힌 것들 이외에는 남은 것이 없었기 때문이다. 그러나 사자는 아이의 어머니에게 소년이 위대한 정신으로 죽음을 견뎌냈으니 자랑스러워해야 한다고 말한다. 소년은 결코 머뭇거리지 않는 발걸음으로 죽음이 기다리는 곳으로 걸어갔다. 꼭대기에 도달했을 때 그는 그리스인의 무리를 두려움 없이 쳐다보았고, 그들 모두가, 오디세우스 또한 울었다. 고귀한 그 소년을 제외하면 모든 사람의 눈이 마르질 않았다. 그러고 나서 소년은 그를 붙잡고 있던 자들의 손을 밀치고 스스로 뛰어내려서 산산조각이 났다. 안드로마케는 "그의 아버지처럼"이라고 말했고, 죽음만을 원한다는 헤카베의 결론으로 희곡이 끝난다.

최고의 작품들로만 문학을 구성한다면 라틴 문학에서 세네카는 중요하지 않지만, 그가 개척한 연극의 유형은 오늘날까지도 인기를 잃지 않았다. 만약 영향력만으로 문학의 위대한 인물을

---

35) 에우리피데스, *Troad*, 1173.

선정한다면 세네카는 최고 수준에 속할 것이다. 그의 희곡들에서 로마의 생각과 감정의 경향들은 모든 사람이 확연하게 인식할 수 있을 정도로 뚜렷하게 표출되었다. 그는 그리스의 사고방식과 구별되는 로마의 사고방식의 주요한 윤곽을 확연하게 그어서 누구도 혼동하지 않고 구별할 수 있도록 했다. 또한 그는 우리가 그리스가 아니라 로마의 상속자들이라는 것을 입증하는 또다른 증거이다.

12

유베날리스의 로마와 스토아 학파

아우구스투스 사후에 기묘하고 이해하기 힘든 시기가 열린다. 그가 죽은 후 200년도 채 지나지 않아서 라틴 문학은 실질적으로 끝났고, 로마 제국은 쇠퇴하기 시작했다. 천재들이 2,000년 이상 생명력을 유지할 불멸의 작품들을 썼던 아우구스투스 시대는 신속하게 이루어질 퇴화와 로마 문학의 완벽한 소멸의 전주곡이었다. 역사가들에 따르면, 2세기에 네 명의 위대하고 선한 황제들이 연달아 제위에 올라서 유럽이 다시는 경험하지 못할 평화와 번영을 제공했다. 그렇지만 바로 그 세기에 제국의 거대한 구조가 붕괴되기 시작했다. 네 명 중 마지막 황제였던 마르쿠스 아우렐리우스는 로마의 고귀한 철학인 스토아 철학의 헌신적인 추종자였다. 그는 스토아 철학을 최고의 권위 있는 학문으로 발전시켰고, 그의 기여에 의해서 스토아 철학은 새로운 위대함과 새로운 광채를 얻었다. 그러나 그가 죽자 스토아 철학도 소멸했다. 그 후 지금까지 전해오는 어느 시대의 문학에서도 스토아 철학은 결코 영향력 있는 것으로 이야기되지 않았다. 이렇듯 1-2세기가 지나면서 로마 제국의 위대한 문학은 그 자체의 파멸로 이어졌고, 위대한 통치자들은 동요하는 로마 국가를 유산으로 남겼으며, 위대한 정신적 운동은 최고로 발현된 후에 곧 소멸했다.

누구도 이 세 가지 현상이 연계되어 있다는 것을 의심하지 않는다. 세 현상의 배후에 동일한 원인들이 있을 것이고, 궁극적인 원인은 결국 모든 세계의 밑바탕이 되는 것, 즉 사람들의 정열, 불굴의 인내, 도덕성, 그리고 비전이 약화되고 없어지는 것임에 틀림없다. 이런 일이 이 비참한 시기에 확실히 발생했지만, 당대 문필가들이 제시하는 설명이 너무나 상이하기 때문에, 그들이 말한 것을 일관된 전체로 구성하거나 세부 항목에서 원인과 결과를 명백하게 파악하는 것은 불가능하다.

고대 로마가 죽어가고 라틴 문학이 거의 소멸되었던 200년 동안 세 사람이 두드러지게 뛰어났다. 이전 작가들에 비해 결코 뒤지지 않는 천재 역사가 타키투스, 찬란하면서도 신랄한 풍자가 유베날리스, 감상적 희곡작가이고 현존하는 라틴어 문헌 중 스토아 철학을 가장 잘 설명한 작품들을 남긴 세네카가 그들이다. 세네카의 위대한 계승자인 에픽테토스와 마르쿠스 아우렐리우스는 그리스어로 작품을 썼기 때문에 기술적으로 보면 로마 문학의 범주에 들어가지 않지만, 그들은 스토아 철학이 그리스에서 로마로 건너가서 어떻게 변모되었는지를 보여준다는 점에서 세네카 못지않게 중요하다. 2급의 그리스 철학이 1급의 로마 종교로 변모했을 때 어떤 일이 생겨났는지에 대해서 최후의 스토아 학파 3인으로 매우 유명했던 세네카, 에픽테토스, 마르쿠스 아우렐리우스가 전하는 명백한 상(像)은 타키투스의 역사와 유베날리스의 풍자와 함께 고전고대를 종식시킨 중요한 시대에 대해서 알려주는 가장 뛰어난 자료들이다.

그러나 그것은 서로 일관되지 않는다. 유베날리스와 타키투스의 로마는 스토아 철학자들의 로마와 상이하며, 그 둘을 조화시켜 하나로 만드는 것은 불가능하다. 역사가인 타키투스와 풍자가인 유베날리스에게 로마인의 삶은 조금도 좋게 보아줄 측면이 없는 사악한 것이었다. 반면에 스토아 철학자들에게 그것은 결코 따라올 만한 후손이 없을 정도로 고상한 것이었다. 유베날리스는 혐오스러운 패악(悖惡)이 로마의 사적 생활을 장악하고 있다고 생각했고, 타키투스는 공적 생활이 광적인 공포정치에 의해서 좌우되고 있다고 믿었다. 반면에 세네카의 편지들, 에픽테토스의 논설들, 마르쿠스 아우렐리우스의 일기에는 세계의 다른 문학에서는 거의 찾아볼 수 없는 순수함, 선함, 고귀한 힘의 분위기가 있다. 이렇게 고대 로마의 마지막 시기에는 매우 날카롭게 대립하는 극단들이 나란히 존재했고, 어떤 한쪽의 반동이 다른 쪽을 끌어내지 못했다. 다시 말해서, 인류가 퇴락의 심연 속에 돌이킬 수 없이 침몰했다는 암울한 정신이 인간의 신성함을 추호의 흔들림 없이 확신하는 정신과 대립하며 마주보고 있었다.

세계는 지금까지 타키투스와 유베날리스가 그린 상을 받아들여왔다. 그 상은 매우 생생하고 강력하게 그려졌고, 세부 항목들은 매우 설득력 있으며, 색깔은 너무나 어두우면서도 인상적이어서 압도적인 느낌을 자아낸다. 두 작가의 추행들에 대한 모든 기록은 다른 기록과 비교해보면 근거가 약한 것 같지만, 두 작가의 진지함은 즉각 드러난다. 그들이 괴물이나 할 것 같은 행동들에 대해서 이야기할 때, 독자들은 그런 일이 그들이 묘사한 대로 실제로 일어났으리라고 전혀 의심하지 않았다. 그러나 진실을 이야기하기 위해서는 진지함에 정확함이 더해져야 하고, 그 이상의 것, 즉 공평무사함이 필요하다. 자신이 이야기하고 있는 주제로부터 스스로를 분리하고 개인의 편견을 배제할 수 있는 능력이 제1의 필수조건이다. 이 역사가와 풍자가는 비록 둘 다 위대했지만 그렇지 못했다. 유베날리스와 타키투스 두 사람이 자신들의 과제로 각각 설정했던 것, 즉 자신이 살고 있는 시대를 비난하는 것과 시대의 역사를 쓰는 것에는 특히 균형 있는 판단이 필수적인데, 두 사람 모두 균형을 잡기에는 그들 시대의 악폐(惡弊)에 너무나 가까이 있었다. 그리고 비록 그 이유는 완전히 달랐지만 두 사람 다 불운한 삶을 살았고, 작품 서술에 착수하기 이전에 이미 많은 고통을 겪어서 세상을 뒤틀어보고 있었다.

유베날리스의 생애에 대해서는 그가 1세기 말에서 2세기 초에 걸쳐 활동했다는 것을 제외하면 직접적으로 알려진 내용이 아무것도 없다. 그는 결코 자기 자신에 대해서 언급하지 않았다.[1] 그럼에도 불구하고 그의 풍자를 읽은 사람은 누구도 그가 매우 가난했지만 자부심이 아주 강한 사람이었고, 가난한 자들이 종종 열등한 자들에 의해서, 심지어 노예들에 의해서까지 모욕을 당하고 하찮은 존재로 취급되곤 했던 도시에서 비참하게 살았음을 의심하지 않는다. 유베날리스의 후원자는 결코 마이케나스와 같은 인물이 아니었다. 그의 후원자가 후원을 받는 이들에게 하는 일이라고는 고작해야 때때로 저녁 식사에 초대해서 자기 식탁에 놓인 것과 판이하게 다른 음식들을 대접하는 것이었다. 후원자는 바다가재, 아스파라거스, 코르시카 산 숭어, 시칠리아 산 칠성장어, 살찐 거위 간, 거대한 토끼, 서양송로(西洋松露)를 가미한 수퇘지, 공작을 먹었다—"신들이시여! 수퇘지를 통째로! 통째로! 그리고 공작을 실컷 배불리 먹다니."[2] 반면에 굶주린 피호자들(로마의 피호제도에서 보호를 받는 사람/역주)은 작은 게, 하수구에서 잡은 뱀장어, 그 종류가 의심스러운 버섯을 먹었다. 그들은 "확실히 그가 토끼를 먹다 남긴 찌꺼기나 수퇘지의 엉덩이 살 찌꺼기라도 주겠지"라고 속삭였다. 그러나 그렇지 않았다. 유베날리스는 "만약 당신들이 이렇게 참는다면 이런 대접을 받는 것은 당신들의 책임입니다. 앞으로는 채찍질을 해도 굴종할 것입니다"라고 분개해했다. 그리고 우리는 천재였던 유베날리스가 부글부글 끓는 가슴을 달래면서 겉으로

---

1) 사적인 언급은 오직 세 군데서만 이루어졌다. 유베날리스, 「풍자시(*Saturae*)」 (이하 *Sat.*으로 표기) III, 319; XI, 65; XV, 45 참조.
2) *Sat.* V, 80.

는 당당하게 그의 집으로 걸어가서 다락방에 파묻혔다가, 죽을 정도의 굶주림을 이기지 못하고 이 부자의 집으로 다시 갔을 것이라고 상상해볼 수 있다.

한 구절에서 유베날리스는 어느 학교 교사의 운명을 다음과 같이 묘사했는데, 자신의 개인적인 경험을 바탕으로 한 듯싶다. "가르치시는 분이세요? 학동이 차례로 일어나서 똑같은 것을 똑같은 방식으로 암송할 때면 교사에게는 '철 같은 창자'가 필요합니다. 매일 똑같은 '음식'을 반복해서 먹는 것 같으니까요. 그것은 비참한 교사에게 죽음과 같습니다. 그는 '만약 소년의 아버지가 나만큼 자주 듣는다면 나는 그에게 무엇이든 줄 것입니다'라고 소리칩니다. 그리고 당신은 어떤 대장장이도 참을 수 없는 누추한 '굴'에서 삽니다. 램프에서는 고약한 냄새가 나고, 소년들은 검댕으로 더럽혀진 호라티우스의 작품과 연기 때문에 그을린 베르길리우스의 작품을 반복해서 읽습니다. 오 부모들이여, 교사에게 젊은이들을 밀랍으로 만들 듯, 만들어달라고 요구하십시오. 그리고 그해가 끝날 때 기수(騎手)의 보수만큼 보상해주십시오."[3]

이런 생활을 운명으로 타고난 사람, 즉 자신이 경멸하는 자들이 던져주는 빵 조각들을 받았다는 이유로 자신을 경멸하면서 모든 순간 자신의 타락을 매우 민감하게 느끼는 천재는 인생을 어둡고 절망적인 일이라고 보지 않을 수 없었을 것이다. 그는

---

3) *Sat.* VII, 150, 222.

"만약 자연이 나의 재능을 거부했다면, 분노에 찬 나는 자신을 비난하는 시를 썼을 것이다"라고 말했다.

사람들이 그만을 인정하여 그의 권위를 의심 없이 받아들인 다면, 그는 왜 로마가 멸망했는지를 명확하고, 완벽하고, 설득력 있게 설명할 것이다. 야비하고, 타락한 사람들이 로마에 살고 있었고, 로마에서 덕은 거의 사라져버렸으며, 남아 있는 극히 적은 덕은 오직 고통을 당할 뿐이다. 그곳은 악몽 같은 도시로 사람들은 "금으로 된 포도주 잔에서 거품이 일 때면 독약을 두려워해야 하고,"4) "능숙한 독살자의 기술을 배운 아내들은 남편들의 까매진 시체를 묘지로 옮겨간다."5) "여러 명의 친척들에게 독초를 준 자"6)가 매일 발견되고, "누구도 돈을 사랑하여 유혹에 넘어간 며느리, 덕을 잃어버린 신부, 10대의 간통자들을 생각하느라고 잠을 이루지 못했다."7) "온 거리가 침울한 표정의 방탕자들"8)과 부당한 근친상간의 악행을 축하하는 연회들로 가득 찼고,9) "부드러운 속삭임으로 사람들의 목을 자르는 첩자들"이 득실거린다.10) 정숙한 여자 혹은 믿을 수 있는 남자는 한 명도 없으며, 모든 부가 부당하게 축적되고, 모든 지위는 혐오스

---

4) *Sat.* X, 26.
5) *Sat.* I, 71.
6) *Sat.* I, 155.
7) *Sat.* I, 77.
8) *Sat.* II, 8.
9) *Sat.* II, 132.
10) *Sat.* IV, 110.

러운 수단으로 획득된다. 따라서 "오늘날 뭔가 대단한 사람이 된다는 것은 용감하게 어떤 죄를 짓는 일이다."[11]

이런 지적들을 읽어보면, 유베날리스는 호라티우스가 호의를 얻기 위해서 마이케나스에게 접근했던 한 세기 이전과 완전히 판이한 세상을 묘사한 듯하다. 물론 100년이면 당연히 많은 일이 발생할 수 있지만 그 변화가 너무나 거대하기 때문에, 두 세계의 차이가 조금이라도 두 작가의 차이에서 기인한 것이 아니라 두 세계가 완전히 달랐던 데서 기인했는지 생각해봐야 한다. 호라티우스는 로마의 애국자로서 의무감에 이끌릴 때를 제외한다면, 작품을 쓸 때 특별히 내세워야 할 주장이 없었다. 그는 천성적으로 세상의 밝은 측면 혹은 어두운 측면을 특별히 강조하게 만드는 선입관을 가지고 있지 않았고, 인간 본성을 매우 너그럽게 바라보았다. 그는 많은 사람을 비웃고 조롱했다. 그는 매우 드물게 사람을 정말 선한 존재로 보았고, 때때로 용납할 수 없는 존재로 보았다. 그는 결코 낙관주의자는 아니었으며, 자신의 로마를 철저하게 알고 있었다. 그럼에도 불구하고 우리는 그의 「풍자시」를 읽고 인간세계가 혐오스러운 곳이라는 생각을 결코 하지 않는다. 호라티우스는 그렇게 생각하지 않았다. 그는 나쁜 것뿐만 아니라 좋은 것을 찾아내는 데도 열심이었고, 모든 어리석음과 연약함에도 불구하고 인간을 좋아했다.

호라티우스는 이런 성정을 가지고 있었기 때문에 자기 주변

---

11) *Sat.* I, 73.

의 세계를 진실되게 평가할 수 있었다. 그러나 유베날리스의 성정은 달랐다. 그의 풍자를 읽고 나면, 자신이 살고 있는 세계를 너무나 어둡고 사악하게 보았기 때문에 도대체 그가 좋아했던 것이 있기는 했을까 하는 의문이 든다. 그는 글을 쓸 때면 증오와 광포한 분노에 사로잡혀 절제를 잃고 모든 것을 비난했다. 그는 아무것도 구별할 수 없었고, 모든 곳의 모든 것을 똑같이 혐오했다.

자기 시대의 보고자로서 그의 진실성을 매우 쉽게 판단해볼 수 있는 유명한 여섯 번째 풍자에서 유베날리스의 태도와 방법을 매우 잘 파악할 수 있다. 그것은 "나쁜 여자들의 발라드"라고 불려왔지만, "모든 여성들의 행동방식"이라고 부르는 것이 올바를 듯한데, 모든 여성을 아무런 구별 없이, 즉 의붓아들을 독살할 때나 혹은 그리스어로 수다를 떨 때나, 시인에 대해서 토론하자고 강하게 주장할 때를 전혀 구분하지 않고 똑같이 나쁘고 혐오스러운 존재로 묘사했기 때문이다.

그의 비난을 여기서 제시하기에는 그 내용이 너무 길지만, 전반부의 주요 부분을 다음과 같이 요약해서 제시해도 그의 방법과 문제를 명백히 알 수 있을 것이다. "무슨 소리입니까! 한때 재치가 있었던 당신(포스투무스라는 대화자/역주)이 부인을 맞아들이겠다니요. 그녀는 온갖 뛰어난 고삐로 당신을 지배하는 주인이 될 수도 있습니다. 그러나 그(우르시디우스라는 등장인물/역주)는 아들을 원한다고 말합니다! 그리고 덕 있는 여인을! 오 의사들이여, 어서 와서 너무 많아서 혈관을 부풀어오르게 한 그의 피를 뽑아주세요. 남편을 떠나 검투사를 찾아간 여인을 생각해보십시오. 황후 메살리나(클라우디우스 황제의 부인/역주)가 그런 악행을 저질렀잖습니까. 그러나 이 정도는 여성의 육욕이 그들의 죄 중에서 가장 적은 것에 해당합니다. 여기에 남편에게 재산을 가져다준 여자가 있습니다. 그녀는 지참금으로 자유를 샀습니다. 그녀는 남편의 코밑에서 연애편지를 쓸 수 있습니다. 그리고 이런저런 남자가 자신의 아내에 대한 사랑으로 달아오릅니다. 왜 그럴까요? 당신에게 솔직히 진실을 이야기하자면, 그가 사랑하는 것은 그녀가 아니라 그녀의 얼굴입니다. 얼굴에 주름이 세 개만 늘면 그는 '꺼지시오'라고 말할 것입니다. 그리고 다른 여자를 아내로 맞습니다. 그렇지만 그때까지는 그녀가 집을 지배하지요— 그리고 그녀의 방종이! 더욱이, 매력적이고 부유하고 덕 있는 여자를 찾을 수 있다고 가정해봅시다. 어떤 남자가 그렇게 모든 점에서 완벽한 여자와 결혼해서 견뎌낼 수 있을까요? 오 그라쿠스 형제의 어머니(코르넬리아/역주)여, 당신보다는 매춘부를 아내로 삼는 것이 좋겠습니다. 어떤 남자가 12시간 중에 7시간 동안 증오하지 않을 만큼 그렇게 깊이 그런 여자를 사랑할 수 있겠습니까? 아마 일부 잘못은 사소한 것이겠지만, 남편들은 그것을 참을 수 없을 것입니다. 가령 아내가 계속해서 그녀의 그리스어 솜씨를 과시하는 것을 어떻게 보아주겠습니까? 당연히 당신이 정말로 아내를 사랑한다면 당신은 희망을 잃어버립니다. 어떤 여자도 자신을 사랑하는 남자를 소중히 여겨 가만히 놓아두지 않습니다. 그녀는 당신의 우정을 조정할 것입니다. 옛 친구를 집에 못 오게 하겠지요. 그녀는 '저 노예를 십자가에 처형하세요'라고 외칩니다. 남편이 '왜 그러시오? 저 사람의 목숨이 달려 있으니 소명 기회를 주시오'라고 말하면, 아내는 '바보 같은 사람, 노예를 사람이라고 부르다니. 왜 그래요? 그를 죽이라는 것은 내 뜻이에요'라고 말할 것입니다. 그렇게 그녀는 왕 노릇을 합니다. 그러다가 남편이 싫증나면 다른 사람을 남편으로 맞이하지요. 5년 동안 8명이나요. 또한 당신의 장모가 살아 있다면 평화롭게 지낼 모든 희망을 당연히 포기해야 합니다. 어떤 분쟁에서든 '여자를 찾으십시오.' 법정에서 다투는 어떤 사건의 이면에도 여자가 있기 마련입니다. 이제 그녀들이 (자신의 성[性]을 포기하고) 레슬링과 검투 경기에 몰두하고 있는데, 당신이 무엇을 기대할 수 있겠습니까? 저런 여성들에게 정숙함을 기대할 수 있겠습니까? 그녀는 운동을 하면서 실제로 숨을 헐떡일 것입니다! 그녀가 애인과 함께 있는 것을 당신이 발견했다고 가정해봅시다. 그녀가 부끄러워할까요? 그녀의 말을 들어보세요. '우리는 오래 전에 당신은 당신의 길을 가고, 나는 나의 길을 가기로 동의했잖아요.' 오늘날 여성들은 자정에 큰 굴을 먹고 지붕이 빙빙 돌 때까지 술을 마십니다. 나의 오랜 친구들은 '너의 여자들을 자물쇠와 열쇠로 집에 묶어두라'고 충고했습니다. 맞습니다. 그녀를 지키는 자들은 누가 지킬 것입니까? 여자들은 참으로 다양한 행동을 하는데, 모두 참을 수 없는 것들입니다. 음악을 하는 여자는 늘 악기를 남편이나 가정보다 소중히 여기지요. 제복을 입은 장군들에게 말을 거는 여자들은 중국인이 어떻게 생겼는지에 대해서 당신에게 이야기하지요. 최악은 베르길리우스와 호메로스를 토론하는 여자입니다. 제발 자신이 읽은 모든 것을 이해하지 못하는 여자를 아내로 맞으십시오. 들어보지도 못한 오래된 시인들을 인용하는 여자를 저는 정말로 혐오합니다. 그리고 모든 여자들은 그들의 얼굴에 밀가루 반죽과 연고를 바릅니다. 여자들은 애인을 만나기 위해서 그것들을 씻어내지만, 집에서는 언제 잘 보이기를 원하겠습니까?"

100행 이상 이런 이야기들이 계속되는데, 거기에는 "핫케이크가 검은 것은 계모가 구울 때 독을 넣었기 때문이다"라는 의붓아들들에게 하는 일반적인 경고도 들어 있고, 매일 남편을 살해한 여자를 만날 수 있다는 진술로 끝난다. "모든 거리에 클리타임네스트라가 있다."

이는 유베날리스가 인생을 바라보는 방식을 잘 보여준다. 우리는 그가 로마에 대해서 제시한 상의 전체적인 신뢰성을 여성에 대한 그의 이런 묘사방식으로 평가해볼 수 있다. 그는 여성을 너무나 혐오했기 때문에 분별력 있는 관점을 견지하지 못했다. 좀더 정확히 이야기하자면, 그는 전혀 아무런 관점도 없었다. 그는 끔찍한 범죄나 어리석은 습관을 똑같이 영원히 저주받을 것으로 규정했고, 무슨 일이 일어나든 여자의 잘못으로 돌렸다. 따라서 그의 관점에서 주름 세 개가 늘어서 이혼당한 여자는 희생자가 아니라 악한이었다.

유베날리스의 정직성을 의심할 수는 없다. 그가 쓴 모든 것에서 그의 정직함을 읽을 수 있다. 그는 끔찍할 정도로 진지했고, 필사적으로 성실했다. 그는 자신이 보았다고 말한 모든 혐오스러운 것들을 확실히 보았을 것이다. 그러나 그는 기질적으로, 그리고 불운 때문에 혐오스럽지 않은 것을 하나도 보지 못했다. 그는 기본적으로 현재는 사악하고 과거는 선하다는 뿌리 깊은 확신을 가지고 있었고, 과거로 더 멀리 거슬러올라갈수록 좋다고 생각했다. 그에 따르면, 매우 철저한 교사인 노년이 자신을 장악했을 때, 자기 작품의 명성이 인생의 가혹함을 완화시켰을 때 썼던 마지막 풍자들에서 그의 성정은 상당히 부드러워졌다. 그는 초기 풍자에서 "슬픈 '가난'이 어떻게 노래할 수 있을 것인가?", "호라티우스의 배는 든든하게 채워져 있었다"라고 썼다.[12] 두 사람이 그들의 시대에 대해서 제공하는 상이한 묘사를 고찰하는 데 지금까지의 설명을 반드시 고려해야 한다. 자신이 당한 부당함에 대한 분노는 세계에 존재하는 부당함에 대한 분노와 너무나 쉽게 혼동된다.

유베날리스와 동시대인이고 단연 매우 위대한 작가인 타키투스는 가장 위대한 로마인들 가운데 한 명으로 역시 고통을 겪었고, 유베날리스처럼 인생을 주로 사악한 것으로, 그것도 거의 경감될 수 없이 사악한 것으로 보았다. 그는 유베날리스처럼 가난하지 않았으며, 오히려 부유하고 지체 높은 가문에서 자랐다. 그러나 그는 로마 국가의 상태가 더할 나위 없이 최악이었을 때

---

12) *Sat*. VII, 62.

청소년기의 초반을 보냈다. 아마 그가 10대 초반이었을 때 네로가 살해되었던 듯하고, 네로의 마지막 시절의 흉악함이 소년 시절 내내 친숙한 이야깃거리였을 것이다. 그는 도미티아누스가 왕위에 올랐을 때 성년이 되었고, 그 괴물이 죽었을 때는 생의 전성기를 보낸 이후였을 것이다. 그 시절에는 모든 사람이 침묵을 지켰고, 타락한 아첨만이 판을 쳤다. 타키투스는 이렇게 썼다. "예전에는 자유가 최대한 존중되었지만, 우리는 절대적인 굴종의 시대를 살고 있다. 탄압으로 인해서 일상적으로 말하고 듣는 것조차 못 하게 된 우리는 벙어리가 되었듯이 잊어버릴 수도 있다면, 목소리와 함께 기억 자체를 잃어버렸을 것이다. 이제 드디어 [도미티아누스의 죽음으로] 우리의 숨이 돌아왔지만 정신과 학식이 너무나 심하게 소멸되어버려서 되돌리기 쉽지 않다. 우리는 인생에서 15년을 빼앗겼고, 많은 자들을 잃었을 뿐만 아니라, 우리 자신의 일부를 빼앗기고 비참하게 살아남았다."13) 타키투스는 이렇게 음침하고 심금을 울리는 말들에 배어 있는 정신으로 역사를 썼다.

그가 우리에게 전하는 도시는 도덕적인 측면에서 보면 유베날리스가 전하는 도시와 본질적으로 같지만, 그곳은 정치가와 정신(廷臣)들이 사는 세계였다. 타키투스의 세계는 궁정과 원로원으로 이루어진 상류사회였고, 그는 유베날리스가 접촉하던 세계와는 멀리 떨어져 있는 그 세계 안에서 움직였다. 그것은

---

13) 타키투스, 「아그리콜라의 생애(*De vita Iulii Agricolae*)」(이하 *Agric.*으로 표기) VIII.

키케로와 호라티우스가 알고 있던 로마의 귀족사회였지만, 키케로 및 호라티우스와 타키투스 사이에는 너무나 큰 심연이 가로놓여 있어서 그들이 불과 100여 년 차이를 두고 한세상에서 살았다는 사실을 믿을 수 없을 정도이다.

타키투스가 이야기하고 있듯이, 아우구스투스의 후계자들은 끔찍하고 한없이 거대한 권력을 소유함으로써 미쳐버린 사람들이었다. 문명화된 세계의 절대 지배자가 되는 것, 말 그대로 완전히 "자유롭게" 되는 것, 생각하는 순간 모든 바람을 충족시킬 수 있는 것, 얼마나 터무니없는지에 상관없이 모든 변덕을 부릴 수 있는 것, 어떤 욕구를 가지더라도 세상의 그 무엇, 즉 어떤 사람, 법률, 관습, 종교도 방해하지 않는 것 등등의 소름끼치는 책임을 떠맡게 된 최초의 사람들은 그 무게를 제대로 감당하지 못했다. 진실로 2세기의 지배자들이 똑같은 책임을 잘 감당해냈다는 사실은 로마인의 성품이 최상으로 발휘되었을 때 성취해낼 수 있는 것을 로마 역사의 다른 어떤 사건보다 더 잘 보여준다. 그러나 타키투스가 전하는 대로 1세기에는 혐오스러운 폭군들이 끊임없이 등장했다. 그는 "어둡고 수치스러운 시대"라고 요약했다. "내가 하는 이야기들이 전쟁의 기록 혹은 조국을 위해서 일하다가 죽은 사람들의 기록이라면, 심지어 그때도 독자들은 재앙이 지속되는 것을 보고 혐오감을 느껴서 너무나 비참한 사건들로부터 눈을 돌릴 것이다. 비열한 비굴함과 평화의 시대에 독재자가 뿌린 피의 홍수밖에 없던 곳이었기 때문에 참혹한 사건이 이루 헤아릴 수 없이 많았다."14) 비열한 비굴함은 원로원 의원들의 경우에 가장 두드러졌는데, 타키투스는 이렇게 말했다. "그들은 누가 최고로 아첨을 잘하는 노예가 될 수 있는지 확인하려고 시도했다. 황제[이 경우 아우구스투스의 상속자인 티베리우스]는 원로원 의사당에서 나오면서 자주 '이 사람들은 기꺼이 노예가 될 준비가 되어 있다'고 말하곤 했다." 그들은 믿을 수 없을 정도로 비굴했다. 타키투스에 따르면, 세네카와 시인 루카누스를 비롯한 많은 사람을 희생시킨 네로의 처참한 살육이 일단락되어 "도시에는 유혈이 낭자하고 장례식이 모든 거리를 어둡게 했지만", 가장 사랑하는 사람들을 잃은 자들이 "황제의 집을 월계수로 장식하고 그의 손에 키스를 퍼부었다."15) 그리고 한 콘술 당선자는 "네로가 인간 본성의 한계를 뛰어넘어서 종교적 숭배를 받을 자격이 있기 때문에 신이 된 네로에게 신전을 바쳐야 한다'고 제안했다.16)

이 시대 특별한 공포의 대상은, 유베날리스가 "부드러운 속삭임으로 사람들의 목숨을 끊는 자들"이라고 말했던 밀고자들이었다. 그들은 밀고에 성공하면 유죄 판결을 받은 자의 재산의 일부를 상으로 받았다. 그들은 그렇게 육성되어 사방으로 퍼져나갔다. 타키투스는 "누구도 서로를 믿지 못했다. 친척도 친구도 믿지 못했고, 심지어 벽도 의심의 대상이었다'고 요약했다.17) 이

---

14) 타키투스, 「연대기(*Annales*)」(이하 *Ann.*으로 표기) III, 65.

15) *Ann.* XV, 71.

16) *Ann.* XV, 74.

17) *Ann.* IV, 69.

불명예스런 일의 성공은 쉽게 이루어졌다. 사람들은 매우 사소한 잘못으로 유죄 판결을 받았다. 어떤 남자는 황제가 시든 화관(花冠)을 쓴 꿈을 꾸었는데, 이것이 불길한 징조라는 이유로 사형당했고, 한 여인은 남편의 운명 때문에 "분노를 품었다"는 이유로 추방당했으며, 다른 여인은 아들이 처형되는 것을 보고 슬피 울었다는 이유로 사형당했다. "자연스런 감정이 중죄로, 어머니의 눈물이 반역죄로 처벌되었다." 자주 등장하는 고발의 명목들 가운데 하나는 "마법을 비밀리에 행했다"는 것이었는데, 그런 말들이 성행한 것을 보면 고전고대와 계몽의 정신이 끝났던 듯하다. 독자들은 갑자기 중세로 옮겨간 것 같은 느낌을 받을 것이다. 오늘날의 우리나 고대의 키케로나 "마법"에 대해서 생각하는 것은 정확히 같을 것이다.

이 끔찍한 공포의 시기에 궁정에서는 믿을 수 없는 일들이 만연했다. 모든 황제들이 자신과 가장 가까운 자들을 살해한 이후 폭력적인 죽음을 맞이했다. 그들의 죄악상은 종종 환상적인 것이었는데, 가령 네로는 자신의 어머니를 밤에 갑자기 산산조각이 나도록 계획되어 있는 배에 태워 죽이려고 했고,[18] 황후 메살리나는 황제인 남편이 자리를 비운 사이에 공개적으로, 그리고 매우 성대하게 다른 남자와 결혼식을 올렸다.[19] 타키투스는 메살리나의 행위에 대해서 "마치 전설적인 이야기로 들리겠지만, 허구의 이야기로 즐기려는 것은 내 작품의 의도가 아니

---

18) *Ann*. XIV, 5.
19) *Ann*. XI, 26.

다"라고 논평했다.

그러나 타키투스는 당연히 의도적인 것은 아니었지만, 때때로 환상적인 이야기를 즐겼다. 진정 끔찍한 여인인 네로의 어머니 아그리피나와, 네로의 아내가 된 미묘하지만 훨씬 더 끔찍한 인물인 포파이아가 네로를 차지하기 위해서 벌이는 결투는 생생한 이야기이다. 포파이아는 너무나 매력적이어서, 심지어 타키투스도 그녀를 묘사하면서 엄격함을 누그러뜨렸다. "그녀는 덕을 제외하면 우아한 외모의 고상함, 매력적이고 설득력 있는 화술, 세련된 재치 등등 여성의 성품을 장식하는 모든 특성을 갖추었다. 그녀는 자신에게 이득이 된다고 생각하는 곳에 호의를 보였는데, 특히 정치가에게 호의를 보이는 것을 즐겼다."[20] 네로를 그의 어머니에게서 멀어지게 하기 위해서 그녀가 사용한 방법들은 이런 특징들을 예증한다. "그녀는 황제를 교사의 감독 밑에서 개인적인 자유를 빼앗긴 학생이라고 부르면서 부드럽게 놀리곤 했다."[21] 그리고 진지해져서는 "만약 아그리피나가 오직 황제가 혐오하는 여자만을 며느리로 받아들이겠다면, 자신은 황제가 그런 수치를 당하는 것을 볼 수 없는 땅 끝 먼 곳으로 물러날 것이다"라고 말했다. 그리고 눈물로 말을 끝맺었다. 너무나 폭력적인 성격을 가지고 있던 아그리피나는 매력과 정략을 결합한 그녀를 당해내지 못했기 때문에 결국에는 패하여 죽고 말았다.

---

20) *Ann.* XIII, 71.
21) *Ann.* XIV, 1.

그러나 아그리피나는 죽기 전에 국가를 매우 소란스럽게 만들었다. 이는 그녀가 독이 든 버섯을 황제인 남편에게 먹인 사건을 말하는 것이 아니다. 그것은 결국 여성이 행동하도록 용인된 영역, 즉 가정 내에서 해명되어야 할 행위였다. 그 일 직후에 원로원이 한 일이라고는 그녀가 살인을 저지르면서까지 황위에 올리고자 했던 아들을 권좌에 앉히는 것이 전부였다. 그러나 그녀가 공공생활에 참여하려고 했을 때 로마의 기반들이 흔들렸다. 네로가 즉위한 직후에 어떤 외국 사절들을 접견하려고 할때, 아그리피나가 들어와서는 황제의 자리에 앉아서 접견을 받을 요량으로 보좌로 나아갔다. 타키투스에 따르면, "그 장면을 본 모든 사람들이 공포와 경악으로 대경실색했다. 모두가 혼동에 빠진 상황에서 오직 세네카만이 정신을 차리고 황제 앞으로 나아가 [그녀의 접견을 허락하는 것처럼] 어머니를 맞으라고 요청했다. 그렇게 하여 아들의 예의라는 구실로 국가의 명예를 지켜냈다."22)

이런 점에서 본다면 유베날리스의 풍자 6번이 로마의 남자들이 예전의 좋은 시절에 대체적으로 만족스럽게 지켜졌던 남성의 우위를 적극적으로 지키고자 노력하기 시작했음을 보여주는 유일한 징후는 아니다.

사악한 죄들이 폭력적인 죄와 나란히, 그것 못지않게 이목을 끌면서 성행했다. 로마에서는 그런 범죄가 너무나 많았기 때문

22) *Ann.* XIII, 5.

에 더 이상 감출 수 없는 상황에 이르렀다. 독살은 여전히 상당 부분 사적인 수준에서 행해졌지만, 잔인한 욕망을 충족시키는 장면들은 연회나 거대한 오락거리에서뿐만 아니라 장관을 이룬 게임들에서 공개적으로 행해졌다. 그러나 타키투스는 결코 투기장을 주제로 쓰지 않았다. 그 시기의 다른 작가로서, 경구의 작가로 유명한 마르티알리스가 이런 결투를 훌륭하게 보충했다. 그는 신화의 이야기처럼 믿기 힘든 극악무도한 사악함이 온 도시에서 행해지던 도미티아누스 시절 원형경기장의 모습에 대해서 많은 시를 썼다. 그는 이런 사악함이 늘 온 지상의 유일무이한 지배자의 영광을 위한다는 명목으로 행해졌다고 반복해서 이야기했다.

이런 작가들로부터 같은 시절의 스토아 철학자들로 눈을 돌리는 것은 악취가 나는 빈민가나 시체가 쌓인 전장에서, 산꼭대기 혹은 사람의 발길이 닿은 적 없는 넓은 바다의 해변으로 옮겨가는 것과 같다. 네로가 통치하고 있는 동안, 피로 붉게 물들고 수치스러운 일로 검게 물든 궁정에서 세네카가 글을 쓰고 있었다. "우리는 신전의 문지기에게 그가 모시고 있는 우상에게 다가갈 수 있도록 해달라고 요청할 필요가 없는데, '하느님'(영어로는 God로 되어 있어서 하느님이라고 번역했으나 기독교의 하느님과 혼동해서는 안 된다/역주)이 당신 곁에, 당신과 함께, 당신 안에 있기 때문이다. 거룩한 영이 우리 안에 거하신다."[23]

---

23) 세네카, 「서한(*Epistulae morales ad Lucilium*)」(이하 Sen. *Ep.*으로 표기) 41, 5.

유베날리스가 죽은 지 몇 년 후에, 로마의 한 황제가 다뉴브의
거친 강둑에 설치된 병영에서 굽히지 않고 추구되던 비이기적
인 의무의 관점에서 인생의 비밀을 혼자 힘으로 풀고 있었다.
"매 시간 주어지는 각각의 과제를 정념, 경박함, 이기심, 불만에
서 벗어나서 마치 그것이 마지막 과제인 것처럼 수행해야 한
다……네 안에 있는 인간적인 존재인 '하느님'을 경배하면서,
시민과 병사는 각자의 자리에서 나팔 소리가 울리자마자 이 세
상을 떠날 준비를 하고 있어야 한다."24) 그리고 마르쿠스 아우
렐리우스가 활동하기 얼마 전에 사회계층의 관점에서 보면 정
반대의 위치에 있었던, 즉 네로의 부하들 가운데 노예라는 끔찍
한 운명을 타고났던 한 남자(네로의 피해방 자유민이었던 에파
프로디토스/역주)는 '하느님'의 뜻이 아니라면 어떤 것도 일어
날 수 없기 때문에 어떤 재해도 자신에게는 일어날 수 없다고
선언했다. 그리고 "'하느님'께 찬송가를 부르고, 그를 찬양하고,
그의 은혜를 이야기합시다"라고 말했다.25)

이는 철학이 아니라 종교의 목소리이다. 스토아주의는 출범
초기부터 종교적이었다. 기원전 4세기에 창시자인 제논이 아테
네에서 무한한 권능과 선함을 갖춘 한 분, 최고의 하느님에 대한
믿음을 설파했다. 그분은 신전이 그분의 신성(神聖)을 감당할
수 없기 때문에 신전에서 숭배되지 않으시고, 모든 사람들 안에

---

24) 마르쿠스 아우렐리우스, 「명상록(*Ta eis heauton*)」(이하 Marc. *Aur.*으로 표기)
 II, 5.
25) 에픽테토스, 「담화록(*Discourses*)」(이하 Epikt. *Disc.*으로 표기) I, 16.

거하시며, 부자와 빈자, 남자와 여자, 묶인 자와 자유로운 자의 구별 없이 모든 사람을 하나의 세계로 묶으신다. 350년 후에 사도 바울이 아레오파고스 언덕에서 아테네인들에게 이야기했다. "그분은 하늘과 땅의 주인이시므로 사람이 만든 신전에서는 살지 않으십니다……하느님께서는 한 조상에게서 모든 인류를 내시어 온 땅 위에서 살게 하시고 또 그들이 살아갈 시대와 영토를 미리 정해주셨습니다. 이리하여 사람들이 하느님을 더듬어 찾기만 하면 만날 수 있게 해주셨습니다. 사실 하느님께서는 누구에게나 가까이 계십니다. '우리는 그분 안에서 숨쉬고 움직이며 살아간다' 하는 말도 있지 않습니까?"[26] 사도 바울의 이 말은 스토아 학파의 근본적인 교리, 즉 스토아의 신경(信經)을 축약해서 선언한 것이다.

그러나 스토아주의가 오직 종교일 뿐 철학은 아니라고 결론을 내려서는 안 된다. 제논은 세계의 위대한 종교 지도자들을 압박하고 있던 것, 즉 직관적 신념으로 이루어지는 믿음에다 우주에 대한 합리적 설명을 첨가해야 할 필요성을 강하게 느꼈고, 그 때문에 그의 설명은 지식을 그 자체로 추구하는 것이 아니라 다른 뭔가를 뒷받침하기 위해서 추구할 때 항상 나타나게 마련인 약점 두 가지를 모두 가지고 있었다. 그 하나는 자신의 설명을 매우 뛰어난 논증으로 뒷받침하지 못한다는 것이고, 다른 하나는 자신의 설명이 절대적으로 옳다고 주장하는 것이다. 그 결

---

26) 「사도행전」, 17장 24-28절/역주.

과 그의 설명은 아테네인들에게 큰 호소력을 가지지 못했다. 아테네인들은 천성적으로 지적인 사람들이었고, 소크라테스 학파에서 훈련을 받아서 사심 없이 진실을 추구해야 하고, 그 과정에서 소크라테스의 방식을 따라야 한다고 믿었으므로, "크라틸로스여, 이것이 진실일 수도 있지요. 그러나 그렇지 않을 수도 있어요"를 늘 염두에 두고 있었기 때문이다. 4세기에 아테네인은 믿음과 합리적 증거는 불가분하게 연계되어 있으며, 증거의 합리성은 항상 재검증 대상이라고 생각했다.

그런 토양에서 독단적인 신학은 뿌리를 내릴 수 없었다. 스토아주의는 성장에 필요한 조건을 찾아서 아드리아 해를 건넜다.

로마인은 철학적 성향이 강하지 않았다. 그들은 지식에 대한, 그리고 궁극인(final cause)에 대한 이론을 중요하게 여기지 않았고, 어떤 이론이 기반하는 진실의 근거를 그렇게 많이 탐구하지 않고도 그 이론을 받아들일 수 있었다. 그러나 그들은 문제가 생활에 필요한 지침 원리와 관련되었을 때 무엇이 중요한지를 그리스인보다 더 잘 알았다. 그들은 실용적 식견을 가지고 있었다. 그들은 그리스인이 결코 지각하지 않았던 선악의 대립을 인식했다. 그리스에서 쾌락과 도덕은 서로 대립되는 것으로 간주되지 않았다. 사람들이 말하는 만큼 아름다운지를 확인하기 위해서 소크라테스가 유명한 기생(아스파시아일 것이다/역주)을 방문하고, 그녀와 유쾌한 대화를 나누고, 연인들의 마음을 사로잡는 최고의 방법이 무엇인지에 대해서 충고하며, 그녀의 아름다움에 대해서 매혹적인 찬사를 남겼다는 것은 그리스인의 이런 태도를 보여주는 대표적인 사례이다. 그러나 로마인은 의무와 쾌락의 대립을 절대적인 것이라고 보았다. 인간의 본성은 악하기 때문에, 그것을 엄격하게 통제하는 것이 자신들의 명백한 의무라고 생각했다. 누구든 덕을 아는 자는 덕을 받아들이고 실천한다는 소크라테스의 생각은, 즉 "인간은 가장 고귀한 것을 보면 그것을 반드시 사랑하게 마련이다"라는 함의를 담고 있는 것으로, 전형적으로 그리스적인 것이었다. 그러나 인생을 냉혹한 현실로 보았던 로마인의 심성과는 전혀 어울리지 않는 것이었다.

이런 성향을 가진 로마인에게 스토아주의는 궁극적으로 의지를 강조하는 것으로 받아들여졌다. 스토아주의자의 눈은 지적 진실이 아니라 인생에 고정되었다. 옳고 그름은 이성이 아니라 의지와 관련된 것이었다. 덕(德)에 합당한 행동을 이끌어내지 않는 모든 덕은 헛된 것이다. 이는 로마인의 본성이 간절히 원했던 것에 적합한 학설이었다. 그들은 이해를 추구하는 철학을 원하지 않았고, 행동을 지향하는 종교를 추구했다. 키케로는 "우리는 모든 종족들 가운데 가장 신앙심이 깊다"[27]고 말했는데, 종교가 우주에 대한 설명이 아니라 사람을 개선시키는 힘이라고 파악한다면 그의 말은 진실이다. 로마가 바로 이런 특성을 가지고 있었기 때문에 기독교가 로마를 거의 완벽하게 정복할 수 있었고, 로마로부터 세계의 기독교화 작업을 시작할 수 있었

---

27) 키케로, 「점복의 응답에 대하여(*Haruspicum responsis*)」, 19/역주.

다. 우리가 로마인의 종교관을 파악한다면 이 사실을 쉽게 이해할 수 있다. 로마인은 서구세계의 종교관, 즉 종교는 악을 정복하는 선의 힘이라는 생각을 가지고 있었다.

기독교 교회는 결코 이런 힘의 전능함(all sufficiency)을 스토아주의자들보다 더 강력하게 주장하지 않았다. 자기 안에 있는 신성한 빛을 인식하고, 그것을 밝게 유지하려고 노력하는 자는 누구든 악을 저지를 가능성에서 벗어난다. 고통, 슬픔, 죽음은 자기 내부에 있는 성소로 들어갈 수 없다. 그곳은 평화가 지배하는 곳이고, 어떤 것이 없더라도 문제가 되지 않은 난공불락의 성채이다. 네로 궁정의 공포를 알고 있던 노예 에픽테토스는 노예 상태에서도 자유롭다고 느꼈고, 다른 사람들이 그에게 행할 수 있는 모든 것에 구애받지 않았다. "독재자가 나를 감옥에 가둔다고 말할지라도, 나의 영혼을 가둘 수는 없다. '그러나 나는 너를 죽일 수도 있다.' '천만의 말씀입니다. 당신은 나의 목을 자를 수 있을 뿐입니다.'" 유일하게 중요한 것은 선에 열중하려는 의지이고, 인간은 스스로 그 의지를 완벽하게 제어할 수 있다. 그것만이 우리의 관심사이다. 인생에서 우리의 운명은 그것이 황제이든 노예이든 "하느님"께서 할당하신다. 우리가 해야 할 전부는 하느님이 어떤 역할을 맡기시든, 마치 연극배우가 자신의 배역을 수행하듯이 그 역할을 충실히 해내는 것이다. 외적인 성공과 실패는 아무런 의미가 없다. "덕은 표적을 맞추는 데 있는 것이 아니라 겨냥하는 데 있다." 따라서 가장 열심히 노력하는 자가 가장 성공하는 자이다. 스토아주의의 이상에 따르면,

가장 현명한 자는 가장 열심히 노력하지만 이기기 위해서 게임을 하지는 않는 훌륭한 운동선수와 같다.

실현하고자 하는 이상을 품는 것이 가지고 있는 힘은 로마의 마지막 나날들에 수차례 예증되었다. 타키투스와 유베날리스가 입에 담기조차 힘든 악행이 공개적으로 과시되는 곳이라고 생각했던 도시에서 스토아주의자들은 엄격하게 순수한 삶을 살았다. 그들은 모든 혼외정사를 "불법이고 추잡하기 때문에 수치스러운 것"이라고 주장했다. 그들은 남성과 여성의 동등함을 주장했고— 그들이 놀라울 정도로 근대적이었다는 것을 보여주는 사례— 어느 한쪽에 좀더 많은 방종을 용인하지 않았다. 그들은 "당신 집의 가장이 여성 노예와 간통을 저지르는 것을 허락하십니까?"라고 물었다. "만약 그렇다면 당신은 여주인이 남성 노예와 교제하는 것을 당연히 허락하십니까? 아니죠? 그럼에도 불구하고 남성이 여성보다 우월하다고 주장하십니까? 자신의 욕망을 더 잘 제어하지 못하는데요? 당신의 견해를 유지할 수 없다는 것을 아시겠죠. 만약 남성이 여성보다 우월하다고 주장하려면, 그들은 여성보다 더 절제를 잘 할 수 있어야 합니다."[28]

결코 되풀이될 수 없을 정도로 잔인함이 만연했던 시대에 스토아주의자들은, 잔인한 사람들은 "마음의 끔찍한 병에 걸려 완전히 실성해서 사람이 죽는 것을 보고 즐거워할 지경에 이르렀

---

[28] 랠프 스톱, 「기독교와 고대 문명(*Christianity and Classical Civilization*)」 III, 6, 23에서 축약되었다(Arnold, *Roman Stoicism*에서 인용되었다).

다"29)고 선언했다. 로마 세계에서 그들만이 수세기 동안 지속되던 검투 경기를 비난했다.

또한 오직 그들만이 노예도 인간으로 대우받아야 한다고 가르쳤다. 이런 주장은 "'진실한 빛'이 이 세상에 태어난 모든 사람을 비춘다"는 믿음의 논리적 결과였다. 이렇게 "진실한 빛"을 공유하고 있기 때문에 주인과 노예는 서로 형제가 되었다. 바로 이 점에서 스토아주의자들의 태도는 그들의 시대와 가장 날카롭게 대조된다. 그 무렵 로마에서는 남녀노소를 가리지 않고 400명의 노예가 처형되었는데, 그들 가운데 한 명이 주인을 죽였기 때문이었다.30) 살인자가 밝혀졌음에도 불구하고, 그리고 잔인한 군중들조차 거리에서 그렇게 많은 무고한 사람들이 죽어가는 것을 보고 애석해했음에도 불구하고, 원로원은 자비를 베풀지 않았다. 한 유명한 의원은 "우리가 부리는 자들은 지구의 모든 지역에서 끌어모은 인간 쓰레기들이기 때문에" 그들을 복종시키는 유일한 길은 공포를 가하는 것뿐이라고 말했다.

바로 그 시기에 세네카는 "사람들은 그들을 노예라고 선언합니다. 그렇지 않습니다, 그들은 인간입니다. 노예라고요? 아닙니다, 동료입니다"라고 썼다.31) 그 뒤를 이어 에픽테토스는, 노예는 "당신의 형제로, 당신처럼 '하느님'으로부터 났고……당신과 똑같은 하늘의 후손입니다"라고 선언했다. 역사가들은 모

---

29) 세네카, 「관용에 대하여(*De clementia*)」 I, 25, 3.

30) *Ann.* XIV, 42.

31) Sen. *Ep.* VI, 47.

든 인간이 태어나면서부터 동등하다는 로마 법의 근본적인 원칙이 스토아주의자들에게서 유래했다는 데 동의한다. 설령 스토아주의가 다른 찬사를 요구할 권리가 없다고 하더라도, 바로 이 점 하나만으로도 세계의 위대한 자비로운 활동 가운데서 높은 반열에 올라야 할 것이다.

스토아주의자들이 얼마나 넓게 분포되어 있었는지 알 수는 없지만, 일반적으로 그들의 숫자가 꽤 많았다는 데 동의한다. 만약 그렇다면 이 사실은 로마인의 성품이 강인했다는 것을 대변하는데, 스토아주의가 강자를 위한 종교였기 때문이다. 스토아주의는 덕의 실천을 영원한 불행을 피하기 위한 수단으로 보는 것은 말할 것도 없고, 영원한 행복을 얻기 위한 수단으로 여기는 것도 반대했다. 세네카는 저승을 끔찍한 것으로 묘사하는 이야기들은 허구라고 하면서 "사자(死者)를 기다리고 있는 검은 어둠이나 불의 호수……재탄생할 폭군들의 통치는 없다"고 말했다.[32] 스토아주의자들은 이 세상의 삶에 그들의 관심을 고정했다. 선함은 이 세상에서, 그리고 현재로 충분했다. 선한 사람은 살아서나 죽어서나 무슨 일이 닥치더라도 행복했다. 세네카는 "덕은 그 자체로 보상이다"라고 말하면서, 다른 보상을 요구하지 않았다.

그러나 스토아주의자들은 위로해주고 북돋아주는 신의 존재와 신의 의지를 언제나 느낄 수 있었다. 에픽테토스는 "문을 닫

---

32) 세네카, 「대화편(Dialogi)」(이하 Sen. Dial.으로 표기) VI, 19, 4.

고 방이 어두워졌을 때 홀로 있다고 말하지 말라. '하느님'이 당신 방 안에 계신다"라고 말했다. 그리고 세네카는 "'하느님'은 선한 사람을 좋은 환경 속에 놓아두지 않는다. 하느님은 그를 시험하고, 북돋아주고, 그가 스스로 하느님을 받아들일 준비를 하도록 만드신다"라고 썼다.[33] 따라서 모든 것의 이면에는 목적이 있다는 사실을 알기 때문에 "나는 '하느님'께 복종하는 것이 아니라 그에게 동의하고, 의무감에서가 아니라 몸과 영혼으로 그를 따른다."[34] 에픽테토스는 "내게 열이 있는 것이 '하느님'의 뜻입니까"라고 묻고는 "그것은 저의 뜻이기도 합니다"[35]라고 답한다. 죽음에 대해서 그는, "'하느님'을 우리의 창조자, 아버지, 수호자로 가진다는 사실이 우리를 모든 슬픔과 모든 두려움으로부터 벗어나게 해주어야 하지 않을까요?"[36]라고 묻는다. 한편, 마르쿠스 아우렐리우스는 "당신을 방면시켜주시는 분만큼이나 평온한 마음으로 (이 세상으로부터) 떠남을 받아들이십시오"라고 말했다.

이렇게 로마 제국의 후기에는 가장 고귀한 종교가 가장 극심한 타락과 대립하고 있었다. 두 흐름은 결코 서로 섞이지 않았다. 타락한 자들은 위대하고 선한 사람들이 그들 사이에 있다는 사실에 의해서 높은 수준으로 올라가지 않았고, 스토아주의자

---

33) Sen. *Dial*. I, 4, 7.

34) Sen. *Ep*. 96, 2.

35) 에픽테토스, *Disc*. IV, 1, 89(Arnold, *op. cit*에 의해서 인용되었다).

36) 에픽테토스, *Disc*. I, 9.

들은 혐오스러운 사악함이 주변에 널려 있었음에도 결코 그들의 수준을 낮추지 않았다. 이렇게 해서 로마는 부자와 빈자, 독재자와 노예 사이의 오래된 대립보다 훨씬 더 심한 돌이킬 수 없는 분열에 의해서 갈라진 도시가 되었다. 절대 선과 절대 악이 어떤 중재의 원칙도 없이 서로 대립하고 있었다. 사악함과 덕이 각각 스스로 만족하고 있었다. 스토아주의자들의 신경(信經)은 악에 맞서서 조금도 굽히지 말라고 가르쳤지만, 적극적으로 전쟁을 벌이라고 요구하지는 않았다. 최후의 위대한 작가들이 고대 로마에 대해서 제시하는 상(像)에 따르면, 로마 제국은 피할 수 없는 정체에 빠져 있었고, 진보는 불가능했다.

13

—

고대의 종언

폴리비오스, 리비우스, 플루타르코스, 그리고 다른 작가들의 많은 언급들을 통해서 전해오는 공화정 초기의 위대한 나날들 내내 로마는 쉼 없이 전쟁을 치르는 국가였다. 플라우투스가 태어났을 때 로마는 약 500년이라는 긴 세월의 싸움을 통해서 이탈리아의 절대 지배자가 되었다. 테렌티우스는 로마가 제3차 포에니 전쟁을 승리로 이끌고 지중해를 로마의 호수로 만든 직후에 사망했다. 계속해서 움직이고, 계속해서 성장하던 로마는 이후 동방으로 진출했고, 키케로는 실리시아에서 싸움으로써 로마의 영역을 아시아로 크게 확대하는 데 일조했다. 율리우스 카이사르는 서방을 정복했고, 북아프리카를 속주로 만들었다. 호라티우스 시절 로마는 남쪽으로는 사하라, 북쪽으로는 라인 강과 다뉴브 강, 동쪽으로는 유프라테스 강, 서쪽으로는 대서양에 이르는 대제국이었다.

아우구스투스는 후계자들에게 "제국의 경계를 유지하라"는 유지를 남겼다. 이렇게 해서 800년에 걸친 정복 전쟁이 끝났다. 지속적으로 적대하는 물리적 힘에 맞서서 전진해 나아가는 개척 작업은 본질적으로 영원히 지속될 수 없다. 이제 로마는 그 과업을 끝마쳤다. 로마는 기적을 일구어냈고, 세계의 새로운 틀을 만들었다. 그러나 훨씬 더 힘든 과업이 남아 있었다. 그것은 거대한 물질적 성취에 상응하는 지적, 정신적 성취를 이룩하여 새로운 뼈대가 요구하는 새로운 구조물을 건설하는 것이다. 예전에는 필요 없었던 식견과 지력이 이제 절실히 요구되었다.

카이사르는 그 두 가지 능력을 가지고 있었고, 로마 국가를 재건설할 수 있었던 것 같지만, 로마는 옛 세계가 소멸했다는 것을 깨닫지 못했다. 이런 대립 때문에 카이사르는 사망했다. 카이사르가 시작했던 것을 이어받은 아우구스투스는 당시의 절박한 필요성을 이해했고, 앞으로 몇 세기 동안 효과적으로 작동할 체제를 수립했다. 그러나 로마의 후반기에 등장한 유일하게 건설적인 정치가는 카이사르와 아우구스투스 두 사람뿐이었다. 다른 누구도 사건의 진행에 발맞추어 나아가고 새로운 상황에 맞는 새로운 양분을 제공하지 못했다. 오히려 모든 사람이 한목소리로 옛날에 도움을 호소했다. 키케로에서 타키투스의 저작에 나오는 공화국의 자유를 지키기 위한 최후의 순교자들에 이르기까지 애국자들은 "조상들의 덕으로 돌아가자"고 외쳤다. 라틴 문학은 모두 로마가 소박하고, 경건하고, 역경을 견뎌낼 수 있었던 시절로 돌아가자는 갈망을 표출했다. 그런 사람들이 결코 전에 알려진 적이 없는 곤경에 직면하여 할 수 있는 것은 고작해야 항상 너무나 좋고, 너무나 잘 이해할 수 있는 과거를 바라보고, 수명이 다한 해결책들을 당혹스러운 현재에 적용하는 것이 전부였다.

예전 덕목들은 새로운 시대에 전혀 맞지 않았다. 제국을 건설했던 개척자들과 정복자들의 능력은 거대한 성취의 결과 이루어진 제국을 운영하는 데는 적절하지 않았다. 자연이나 다른 종족을 정복하는 데는 한 묶음의 자질이 필요하지만, 승리를 발전시켜 인류의 발전에 기여할 훌륭할 국가를 건설하는 데는 완전히 다른 자질들이 필요하다. 인간이 소유물을 넓히는 단계를 넘어서 넓힌 것을 현명하게 사용해야 하는 단계에 이르면 대담무쌍함, 자기 신뢰, 인내심만으로는 충분하지 않다. 미개지에서 도로를 건설하는 자의 것이든, 혹은 전장에서 스스로 결단을 내리는 장군의 것이든 개인주의를 극복해야 한다. 그것은 오직 미개지와 전쟁터에만 적합할 뿐이다. 로마가 큰 승리를 거둔 후에 승리의 결실들은 오직 협력해서 일하는 사람들에 의해서만 거두어질 수 있었다. 로마는 그 발전 단계에서 전체의 이익과 개인의 이익이 결합되고, 개인의 이익이 전체의 이익과 결합되는 시점에 도달했다. 그런데 이렇게 양자의 이익을 결합하는 문제는 소박한 사람의 소박한 덕목들로 성취하기에는 너무나 복잡한 문제였다. 가장 먼저 지적, 정신적 통찰력과 지혜와 공평함이 필요했다.

로마 제국의 업적은 로마인이 무엇을 할 수 있었는지를 보여준다. 로마인의 성품은 위대한 자질과 거대한 잠재력을 가지고 있었다. 인민들은 자신들이 서로 의존하고 있다는 것을 깨닫고 공동의 이익을 위해서 협력할 때, 완전히 낯설고 엄청나게 어려운 문제라고 해도 기필코 극복할 수 있다고 믿었다. 그러나 이제 그들은 극단적인 적대자들로 쪼개어졌고, 점점 더 극단적인 자들이 되어 점점 더 책임감을 상실했다. 자기를 보존하기 위해서 세계적인 시야가 필요한 시점에 로마인은 협소한 이기심에 사로잡혀 맹목적인 존재가 되었다.

역사는 반복되며, 그것은 인간이 어리석다는 증거이다. 이 말은 하나의 공리가 되었지만, 그럼에도 불구하고 역사 연구는 학자들과 학생들에게만 맡겨졌다. 그러나 역사는 진실로 우리를 이끄는 지도(地圖), 아니 그 이상의 것이다. 지금 우리가 길을 잃고 헤매고 있는 곳에서 한때 다른 사람들이 똑같은 일을 경험했고, 그들은 앞뒤를 구분하지 못하고 걸었던 길들을 기록으로 남겼다. 우리는 나이를 들어감으로부터 결코 배우지 못하는 청소년과 같다. 그러나 청소년은 젊고, 지혜는 성숙한 자들을 위한 것이다. 어른이 된 우리는 과거가 오랜 세월 기록해놓은 경험으로부터 배우는 것이 가능하다는 사실을 깨달아야 한다.

지난 2,000년간 로마가 이룩한 물질적 성취와 비교할 수 있는 유일한 것은 우리 시대의 기계문명과 산업사회이다. 로마 멸망의 궁극적인 원인은 로마인들이 새롭고 중요한 기회에 능동적으로 대처하고, 새롭고 중요한 사건들의 도전에 적극적으로 대응할 수 있는 마음과 정신을 갖추지 못했기 때문이라는 사실을

우리는 명심해야 한다. 물질적 발전은 이루어졌지만, 로마인의
정신은 그것을 따라가지 못했다. 그리하여 암흑시대가 유럽을
장악했고, 고전고대는 끝났다.

연대표

기원전

753	전승에 따르면, 로마가 창설된 해.
266	루비콘 강까지 이탈리아 정복 완료.
264-241	제1차 포에니 전쟁.
218-201	제2차 포에니 전쟁.
184	플라우투스 사망.
185-159	전승에 따르면, 테렌티우스 탄생과 사망.
167	폴리비오스 로마로 끌려오다.
149-146	제3차 포에니 전쟁과 카르타고의 파괴.
133-121	티베리우스와 가이우스 그라쿠스 개혁을 시도하다.
106	키케로 탄생.
102 혹은 100	카이사르 탄생.
87	카툴루스가 탄생했다고 이야기된다. 연대가 확실한 것은 아니다.
82	술라 독재관 취임.

78	술라 사망.
70	베르길리우스 탄생.
65	호라티우스 탄생.
63	카틸리나의 음모.
60	제1차 삼두정—카이사르, 폼페이우스, 크라수스.
59	리비우스 탄생.
58-51	카이사르의 갈리아 정복.
57	카툴루스 사망. 연대가 확실한 것은 아니다.
49	카이사르와 폼페이우스의 전쟁.
48	폼페이우스가 파르살로스에서 패배하여 이집트로 도망갔다가 거기서 살해당하다.
44	카이사르의 암살.
43	제2차 삼두정—옥타비우스(아우구스투스), 안토니우스, 레피두스. 키케로 살해당하다.
42	필리피 전투. 브루투스와 카시우스 사망.
31	악티움 해전에서 안토니우스가 패배. 아우구스투스가 제국의 단독 지배권 확립.
30	안토니우스와 클레오파트라의 죽음.
19	베르길리우스의 죽음.
8	호라티우스의 죽음.
3(?)	세네카 탄생.

기원후

14	아우구스투스 사망.

17	리비우스 사망.
14-37	티베리우스의 통치. 법을 확대하여 매우 사소한 문제까지 반역죄로 처벌했다. 밀고자들에게 상이 주어졌고, 필요할 때는 죽기 직전까지 억압했다.
37-41	가이우스(칼리굴라). 거의 반은 미쳤다. 병사들에 의해서 살해되었다.
41-54	클라우디우스가 메살리나, 그 후에 아그리피나와 결혼했다. 황제가 아그리피나의 아들 네로를 양자로 받아들인 후에 아그리피나는 황제를 독살했다. 타키투스는 이 황제의 통치 말기에 태어난 듯하다.
54-68	네로. 자신에 대항해서 일어난 폭동을 피해 도망가다가 그를 처형하려는 병사들이 도착하자 자살했다. 카이사르 가문이 끝나다.
65	네로의 명령으로 세네카가 죽다.
69	"세 황제의 해": 갈바는 봉기한 병사들에게 살해되었고, 오토는 비텔리우스에게 패배한 후에 자살했으며, 비텔리우스는 봉기한 병사들에게 살해당했다.
69-79	베스파시아누스. 훌륭한 행정가. 예루살렘을 정복하다. 콜로세움을 건설하다. 그의 아들이 계승했다.
79-81	티투스. 헤르쿨라네움과 폼페이이의 파괴. 그의 형제가 계승했다.

| 81-96 | 도미티아누스. 그의 피해방 자유민과 아내에 의해서 살해되었다. |
| 96-180 | "오현제 시대" : 네르바, 트라야누스, 하드리아누스, 안토니누스 피우스, 마르쿠스 아우렐리우스. 각각 선임 황제의 의해서 지명되었다. |

타키투스는 트라야누스가 통치하고 있던 117년경에 사망한 듯하다. 유베날리스는 도미티아누스의 통치기에 글을 썼고, 아마도 하드리아누스가 통치하고 있던 135년경에 사망한 듯하다.

에픽테토스는 아마도 50년경에 탄생했고, 2세기 초에 사망한 듯하다.

역자 후기

로마인은 누구일까? 로마 역사에 흥미를 느껴 평생을 로마사 공부에 전념하기로 결심한 지도 20여 년이 흘렀다. 서당 개도 3년이면 풍월을 읊고, 10년이면 강산도 변한다는데, 나는 로마사에 대해서 얼마나 깊이 알게 되었을까? 천 년이 넘는 세월 동안 이루어진 로마사의 긴 과정에서 이루어진 수많은 사건들을 연대순으로 암기한다든가, 복잡한 로마의 관직 체계나 민회의 구조 같은 것을 설명하거나 로마의 신분 구조를 이야기하는 것은 어느 정도 해낼 수 있을 듯하다. 그런데 만약 누군가가 로마 혹은 로마사가 아니라 로마인의 성품이나 내면에 대해서 이야기 해달라고 요청한다면 나는 벙어리가 되고 말 것 같다. 도대체 그런 공부를 해본 적이 없기 때문이다. 우리의 학문 연구가 정치사, 제도사, 구조사, 사건사 연구에 집중되어 있기 때문에 로마인의 외형을 밝히는 것은 잘해내지만, 정작 로마인의 심성 깊은 곳으로 들어가서 그들의 정신세계를 하나의 지도로 그리는 데는 미숙하기 때문이다.

이 책 「고대 로마인의 생각과 힘」(원제 : *The Roman Way*)은 학문의 이런 "외형성"으로 인해서 생겨난 기형을 바로잡는 길잡이 역할을 한다. 저자 해밀턴은 엄격하게 이야기하자면, 아마추어 역사가이다. 독일계 미국인이었던 그녀는 중등교육을 받은 후 독일 대학에서 공부를 했지만 전문 연구자의 길을 걷지 않았다. 대학 때 전공도 고전과 신화에 대한 것이었으며, 역사학은 아니었던 것 같다. 또한 57세의 나이로 책을 집필하기 전까지 그녀는 평범한 교육자에 지나지 않았다. 그러나 해밀턴이 1930년에 발표한 「고대 그리스인의 생각과 힘」(원제 : *The Greek Way*)은 그녀의 운명을 바꾸어놓았다. 일약 최고의 작가로 인정받은 해밀턴은 그리스 정부로부터 훈장을 받았고, 미국의 여러 대학에서 명예박사 학위를 받았으며, 미국 학술원 회원이 되었다. 「고대 그리스인의 생각과 힘」 출간 직후에 발표한 이 책도 전작 못지않은 호평을 받았으며, 지금도 고전으로 평가받으면서 읽히고 있다.

해밀턴이 비록 늦은 나이로 세상에 모습을 드러냈다고 해도 소설이나 시와 같은 문학작품을 써서 세계적인 작가가 되었다면, 그녀의 재주가 남달랐기 때문에 가능했으리라고 생각할 수 있을 것이다. 그런 분야의 작업은 원래 학습과 노력보다 천재적인 끼와 재능이 더 필요할 수도 있기 때문이다. 그러나 해밀턴의 작품을 인정한 사람들은 대중뿐만 아니라 학자들이었다. 그들은 해밀턴이 전문가를 능가하는 깊이 있고 해박한 지식으로 학문적인 글을 썼다는 것을 기꺼이 인정하고, 그녀를 새로운

"대모"로 받아들였다. 도대체 이런 일이 어떻게 가능했을까? 그녀가 가진 장점은, 7세 때부터 그리스와 로마의 고전들을 읽기 시작한 습관이 평생 계속되었다는 것이다. 그녀는 호메로스에서 그리스의 희곡작가들, 그리고 베르길리우스를 거쳐 마르쿠스 아우렐리우스에 이르기까지 그리스와 로마의 모든 고전들을 읽고 또 읽었으며, 그 한 구절 한 구절들을 역사와 사회 전체의 맥락 속에서 재구성해낼 수 있었다.

그런데 그녀는 전문교육을 받은 여느 역사가들과 달리 처음부터 로마인의 업적이나 로마의 정치, 사회 제도와 같은 외형에는 관심이 없었다. 책의 머리말에서 밝혔듯이, 그녀는 "로마인이 누구인지"를 알고 싶었다. 다시 말해서, 그녀는 일반적인 의미의 로마사를 쓸 생각이 전혀 없었으며, 로마인이 어떤 존재였는지, 고대의 다른 종족과 구별되는 로마인의 독특한 품성이 무엇인지를 밝히고자 했다. 따라서 이 책은 일반적인 의미의 로마사가 아니라 로마인의 "자화상"을 복원해보려는 시도라고 할 수 있다. 여기서 우리는 역사적으로 위대한 업적을 남겼던 영웅이나 위인의 외형이 아니라 그 내면 깊숙한 곳을 만날 수 있다. 가령 로마 최고의 문인이자 위대한 정치가였던 키케로의 경우, 여느 책들은 그의 정치 역정이나 문필가로서의 위대함에 초점을 맞추어왔지만, 이 책은 그의 인간적인 면모를 집중적으로 조명하고 있다. 로마의 가장 뛰어난 언변가이자 문필가였던 그가 다른 사람들의 인정을 받기 위해서 끊임없이 노력했고, 어떤 일을 결정하는 것을 너무나 어려워했으며, 그러면서도 끝내 정의의 길을 가고자 노력했다는 것이다. 그의 지조와 인생의 번뇌를 이보다 잘 표현한 책은 없을 것이다.

그러나 키케로는 단순히 개인으로 제시되지 않았다. 해밀턴은 그에게서 전형적인 로마인의 심성, 즉 애국심과 신사로서의 예의바름을 읽어내고 있다. 근본적으로 이 책은 단순히 영웅이나 위대한 작가들의 개인적인 면모를 밝히려는 것이 아니라, 그것을 통해서 로마인의 일반적인 심성과 삶의 태도를 읽어내려고 했다. 이 책에 등장하는 여러 작가들과 사상가들의 삶이 이런 식으로 다루어지고 있다. 독자들은 플라우투스, 카툴루스, 호라티우스, 베르길리우스, 마르티알리스, 유베날리스, 그리고 세네카와 같은 작가들의 작품 세계와 그 작품에 남긴 로마인의 삶에 대해서 깊이 있는 흥미로운 탐험을 할 수 있을 것이다.

길지 않은 책이지만 역자의 능력이 부족해서 여러 사람의 도움을 받았다. 특히 이 책은 고전들을 많이 인용하고 있기 때문에, 이 분야의 전문가의 도움이 꼭 필요했다. 연배 차이는 크지 않지만 인생의 스승처럼 느껴지는 강대진 선생님이 많은 도움을 주었다. 그는 원전을 일일이 확인하고 잘못된 번역은 물론, 잘못된 인용처를 바로잡아주었다. 때때로 무례할 정도로 많은 질문과 부탁을 하는 후배를 반갑게 맞아준 그에게 감사드린다.

2009년 1월
정기문

인명 색인